COLLECCAO
DE
TRATADOS E CONCERTOS DE PAZES

COLLECCAO
de
TRATADOS E CONCERTOS DE PAZES
que o

Estado da India Portugueza
fez
com os Reis e Senhores com quem teve relacoes
nas partes

da Asia e Africa Oriental
desde
O principio da conquista ate ao fim do seculo XVIII
por

Julio Firmino Judice Biker
Primeiro Official e Chefe de Reparticao aposentado
da Secretaria d'Estado dos Negocios Estrangeiros, Socio
correspondente do Instituto de Coimbra,
e da Real Academia de Historia de Madrid,
e Official da Academia em Franca

Tomo VII

GYAN

Published by

GYAN

Gyan Publishing House
5, Ansari Road
Daryaganj, New Delhi-110002
Phone: 011-47034999, 9811692060
E-mail: books@gyanbooks.com

Distribution Network
gyanbooks.com
India, USA, Canada, UK, Australia, France

ISBN : 978-81-212-3260-9 (Set)
ISBN : 978-81-212-4779-5 (HB)
First Published, 1885

2nd Impression 2020

Printed at: Gyan Press, Delhi.

Colleccao de Tratados e Concertos de Pazes Tomo VII
Author: Julio Firmino Judice Biker

Collecção
de
Tratados e concertos de pazes
que o
Estado da India Portugueza
fez
com os Reis e Senhores com quem teve relações
nas partes
da Asia e Africa Oriental
desde
o principio da conquista até ao fim do seculo XVIII
por

Julio Firmino Judice Biker
Primeiro Official e Chefe de Repartição aposentado
da Secretaria d'Estado dos Negocios Estrangeiros, Socio correspondente
do Instituto de Coimbra,
e da Real Academia de Historia de Madrid,
e Official da Academia em França

Tomo VII

Lisboa–Imprensa Nacional–1885

Kaiserlich Deutsche Gesandtschaft in Portugal.—Lisbonne, ce 12 mai 1885.

Monsieur.—Mon Gouvernement ayant reçu le 6e volume de votre ouvrage *Collecção dos Tratados da India Portugueza,* que vous avez bien voulu lui faire parvenir, je suis chargé de vous exprimer tous ses remerciments pour votre attention renouvelée.

C'est avec un vrai plaisir que je m'acquite de cet ordre et je vous prie, Monsieur, d'agréer les assurances renouvelées de ma considération très-distinguée.

Le Ministre d'Allemagne,

Baron de Schmidthals.

Monsieur, Monsieur Julio Firmino Judice Biker, etc., etc., etc. Lisbonne.

République Française.—Légation en Portugal.—Lisbonne, le 25 mai 1885.

Monsieur.—Mr. de Laboulaye a transmis au Département des Affaires Étrangères à Paris les volumes 3e à 6e de la Collection publié par vos soins, qui renferment les traités et conventions conclus entre le Gouvernement de l'Inde Portugaise et les rois et souverains de l'Asie et de l'Afrique Orientale.

En accusant réception de cet envoi Mr. de Freycinet me charge de vous transmettre ses remerciments et de vous faire parvenir, à titre d'echange, les documents ci-joints [1].

Recevez, Monsieur, l'assurance de ma considération la plus distinguée.

J. de la Boulinière.

Monsieur, Monsieur Judice Biker.

[1] Rapports sur les travaux de la commission des archives diplomatiques pendant les années 1880 à 1884.

Inventaire sommaire des archives du département des Affaires Etrangères.

Recueil des instructions données aux Ambassadeurs et Ministres de France depuis les Traités de Westphalie jusqu'à la révolution française.

Affaires Etrangères, Archives. — Paris, 12 juin 1885.

Monsieur et cher collègue. — Vous avez eu sans cesse l'extrême bonté d'enrichir la bibliothèque de ce Ministère de vos précieuses publications; grâce à vous et à votre profonde érudition, nous possédons de véritables trésors sur l'histoire du Portugal. Je vous en suis personnellement on ne peut plus reconnaissant et il y a peu de temps, sur ma demande, le Ministre vous a fait envoyer les premières publications de nos archives et j'espère pouvoir vous en faire tenir d'autres qui paraîtront sous peu.

Capable de lire assez bien votre langue, j'ai pris connaissance de vos volumes sur les Indes, car ce sont des questions qui m'interessent plus spécialement. Aussi je me permets aujourd'hui de vous présenter une requête confraternelle. Je vait faire imprimer un recueúil de traités et conventions entre les Etats Européens et ceux de l'extrême orient. Le Portugal doit y figurer à sa belle place, c'est pourquoi j'ai recours à vous pour obtenir copie des anciens traités de votre pays avec la Chine, le Japon, la Cochinchine, le Cambodje, le Siam, le Pégou ou Birmanie. Par exemple, il m'est impossible d'avoir un traité de commerce et d'amitié conclu par Duarte Coelho en 1518 avec le roi de Siam; en 1615 ou 1616 le roi de Siam accorda au Vice roi de l'Inde la permission de bâtir un fort près du port de Martabão; avez vous le texte de cette permission? Dans la publication que vous avez faite du mémoire du Vicomte de Santarem sur Macau, je lis à la page 15 que le Vicomte avait dans sa collection diplomatique la copie de concessions faites par les Chinois aux Portugais en 1583, 1585 et 1587. Peut on avoir copie de ses copies. Enfin, je vous serais le plus reconnaissant du monde si vous vouliez bien m'aider dans mon œuvre, en me procurant ces anciens Traités du Portugal avec ces peuples lointains. Je vous en remercie d'avance, car l'obligeance que vous mettez à nous envoyer vos ouvrages, m'est une garantie du bon accueuil que vous voudrez bien faire à ma demande.

Veuillez agréer, Monsier et cher collègue, les assurances de ma haute et respectueuse considération.

J. Girard du Rialle.

Chef de la Division des archives du Ministère
des Affaires Etrangères à Paris

Affaires Etrangères. — Archives. — 18 juillet 1885.

Monsieur et très honoré collègue. — Grâce à votre savant concours et à votre obligeant empressement, me voilà assuré de ne rien omettre dans mon livre de ce qui touche le Portugal et l'extrême orient. Je vous en suis infiniment reconnaissant et je vous prierai, lorsque l'ouvrage sera paru, d'en agréer un exemplaire a titre d'hommage dû à votre haute autorité d'historien diplomatique. Je dois aussi vous remercier pour l'importante publication relative au grand Marquis de Pombal, et je termine en vous priant d'agréer les assurances de ma haute considération.

J. Girard de Rialle.

Illmo e E. Sr. e meu respeitavel collega.—Tive o prazer de ser brindado por V. com a preciosa offerta dos cinco tomos da *Collecção de Tratados e concertos de pazes relativos ao Estado da India Portugueza.*

Presta V. um serviço relevante ao nosso paiz com esta importante Collecção, e, alem do interesse com que merece ser lida, é um subsidio de primeira ordem para se escrever com verdadeiro criterio a historia social do nosso imperio do oriente. Póde V. gloriar-se de que esta obra não tem tido só o devido acolhimento nacional, mas o justo applauso das corporações scientificas, e dos sabios estrangeiros.

Enviando ao benemerito collector os meus agradecimentos pela offerta que tanto aprecio, confesso-me com toda a consideração

De V.
collega muito attento e amigo obrigadissimo,

D. Antonio da Costa.

Lisboa, 2 de abril de 1885.

Illmo e E. Sr.—Recebi o tom. VI da *Collecção de Tratados e concertos de pazes, etc.*, que agradeço com profundo reconhecimento.

Como todos os precedentes, este novo tomo é uma publicação importante sob todos os respeitos; sobresáe, todavia, entre os diversos diplomas um de inestimavel preço. É a *Relação da Embaixada que El-Rey D. João V mandou no anno de 1725 ao Imperador da Tartaria e China,* escripta pelo Secretario o Padre Francisco Xavier da Rua.

É curiosissima esta *Relação,* não só pelas particularidades relativas ao assumpto principal, mas pelas amplas noticias que dá do Imperio, da organisação dos tribunaes, das qualificações e graus de seus magistrados, das habilitações para o seu provimento e methodos de despacho, do estado de civilisação, habitos e costumes daquelle povo singular, sobre o qual tem estado fixa a attenção do mundo durante a guerra com a França em nossos dias.

Logre V. firme saude, para nos ir illustrando com tão preciosas lucubrações, que ninguem préza tanto como eu, que sou com a mais affectuosa e agradecida estima

De V.
amigo e servo muito obrigado,

Francisco Antonio Rodrigues de Gusmão.

Coimbra, 24 de abril de 1885.

Illmo e E. Sr. — Vim á minha aldeia com demora apenas de dois dias, mas daqui mesmo agradeço, porque não quero demorar o cumprimento deste dever, o tom. VI da sua *Collecção de Tratados, etc.,* que recebi pouco antes de vir para aqui, offerecido pela sua extrema generosidade para commigo, á qual devo ter já uma livraria de historia patria muito importante, e que muito aprecio.

Nem posso exprimir a gratidão de que me acho possuido para com V. por este motivo, nem o louvor de que V. é digno por tão util publicação.

Peço a Deus que lhe dê vida e saude para continuar nella, e para receber de todos aquelles que forem amigos da verdade, da justiça e da patria o merecido galardão de tantos serviços.

De V.
amigo muito affectuoso, muito venerador,
e muito obrigado

Manuel. Bispo Conde.

Carregosa, 1.º de maio de 1885.

Lisboa, 12 de julho de 1885.

E. amigo e Sr. — Restituo a carta de Mr. Rialle, que li com satisfação, e é bom documento do grau de interesse que inspiram lá por fóra os trabalhos do meu amigo. Constituem elles um dos melhores e dos mais completos subsidios de que um futuro Herculano poderá lançar mão para continuar a interrompida obra daquelle nosso amigo. Para a apreciação da nossa influencia na India e no extremo oriente, que immensa luz não vem projectar estes seus volumes da India!

Continue pois a bem merecer dos estudiosos, e vá-se consolando com o apreço dos estranhos de algumas semsaborias que lhe occasionem os conterraneos, sendo porém certo que dentre estes tambem é grande o numero que, com auctoridade maior ou menor, vão seguindo com interesse, e acceitando com gratidão o bom serviço feito ao paiz pelo Sr. Biker.

Seu muito amigo e obrigado,

Henrique de Barros Gomes.

BREVE DO PAPA BENEDICTO XIV A EL-REY D. JOSÉ, PEDINDO-LHE PROTECÇÃO PARA O VIGARIO APOSTOLICO DO REINO DE AVA, E PARA OS MISSIONARIOS QUE RESIDEM EM SIRIÃO NO REINO DE PEGÚ

Breve do Papa Benedicto XIV a El-Rey D. José, pedindo-lhe protecção que residem em Si

(Torre do Tombo. Maço 56 de Bullas, n.º 72.)

CARISSIMO IN CHRISTO FILIO NOSTRO

JOSEPHO, PORTUGALLIÆ ET ALGARBIORUM REGI FIDELISSIMO

BENEDICTUS PAPA XIV

1753 Dezembro 31 Carissime in Christo Fili noster, salutem et Apostolicam Benedictionem. Non dubitamus quin Majestas Tua flagrantissimum Regum Portugalliæ et Algarbiorum Majestatis Tuæ Antecessorum, ac præsertim cl: mem: Johannis Parentis tui optimi, quem eapropter Fidelissimi nomine insignivimus, studium ad Populos barbaros in tenebris et in umbra mortis sedentes æque in suam potestatem redigendos, atque ad Catholicæ Religionis sinum adducendos, ubique terrarum commendatum, non modo æmulari, verum etiam superare cupiens, opportunam necessariamque operam in provehendis adjuvandisque susceptis ab apostolica hac Sancta Sede consiliis statutisque pro majori lucrandarum animarum commodo et incremento, desiderari patiatur. Porrò eadem Sancta Sedes ex certis nuntiis, quamplurimisque relationibus satis super edocta, quod Christifideles in Regno Peguano Spiritualis Jurisdictionis Episcopatus Meliaporensis existentes, sive ob longinqua locorum intervalla, sive ob paucitatem Sacrorum Operariorum, sive ob horum inscitiam et incuriam, ad eam devenissent desolationem, ut salubria Catholicæ Fidei alimenta ipsis quærentibus non esset, qui pro captu etiam, atque lingua illarum gentium subministraret: Eapropter pro supremo sibi divinitus injuncto super omnes Ecclesias onere, injectaque sollicitudine pastorali, in mandatis dedit bo: mem: Carolo Ambrosio Mediobarbo Patriarchæ Alexandrino, Visita-

para o Vigario Apostolico do Reino de Ava, e para os missionarios rião no reino de Pegú

(Traducção particular.)

AO NOSSO CARISSIMO FILHO EM CHRISTO

JOSÉ, REI FIDELISSIMO DE PORTUGAL E DOS ALGARVES

O PAPA BENEDICTO XIV

Estamos certos que Vossa Magestade não permittirá que falte o auxilio opportuno e necessario para adiantar e ajudar os intentos e determinações tomadas por esta sé apostolica para o maior proveito e augmento da salvação das almas; pois Vossa Magestade no ardentissimo empenho geralmente notorio, que os seus antepassados tiveram de sujeitar ao seu dominio, e conduzir ao gremio da Religião Catholica os povos barbaros, que jaziam nas trevas e na sombra da morte, deseja, não só imitar, mas até exceder o exemplo d'esses reis de Portugal e dos Algarves, e principalmente o do excelso pae de Vossa Magestade, Dom João, de illustre memoria, a quem por esse motivo conferimos o titulo de Fidelissimo. Informada porém largamente a santa sé, por noticias certas e por muitas relações, que os christãos existentes no reino de Pegú, da jurisdicção espiritual do bispado de Meliapor, chegaram a tal desolação que não havia quem subministrasse áquelles povos, conforme a sua capacidade e na sua lingua, o salutar alimento da Fé Catholica, pedindo-o elles, o que era devido, ou ás grandes distancias das povoações, ou ao pequeno numero dos sagrados operarios, ou á ignorancia e desleixo d'estes; a mesma sé, portanto, em virtude do supremo encargo de todas as egrejas, que lhe foi divinamente commettido, e pela sua paternal sollicitude, ordenou a Carlos Ambrosio Mezzabarba, de boa memoria, patriarcha de Ale-

1753 Dezembro 31

1753 Dezembro 31

tori Apostolico in Sinis iisque Indiarum Orientalium Regnis, ut perspectæ indigentiæ opportunam conferret opem, quemadmodum per duos illuc missos sacros Operarios, consentaneis facultatibus munitos, providere studuit. Hi autem Operarii, aliique deinde ejusdem Instituti, aperta sibi ad alias regiones via, magno cum animarum profectu suum ministerium obire pergebant; interea illorum Christifidelium numero præsertim in civitate Siriam ejusdem Regni Peguani adaucto, eadem Sancta Sedes, quo commodius propagationi Sacrosanctæ Religionis consuleretur, Apostolicum illarum partium Vicarium constituit Episcopum Clismensem, adjunctis aliquot idoneis, probis, doctisque Missionariis, ab ipso quo ad omnes facultates dependentibus; quorum labore, zelo ac prædicatione magis in dies augebatur credentium in Domino multitudo. Viam vero universæ carnis laudato Episcopo Clismensi atque duobus quoque Missionariis in ministerio sociis fortuito casu ingressis, Venerabilis Frater Paulus Antonius Nerinius, qui a defuncto Episcopo Clismensi Pro-Vicarius Apostolicus deputatus jam fuerat, illuc, nempe ad Civitatem Siriam, unde jam quinquennio aberat, regressus, ita dispersos inibi Christifideles congregare cœpit, ut non solum commoda decensque Ecclesia ædificata sit, sed etiam una quidem domus ad instar Seminarii, more Europæo, in qua Filii Gentilium de Genitorum suorum consensu in Catholicis rudimentis christianisque moribus intruerentur; altera vero tamquam Conservatorium pro Christiana quoque Puellarum eorumdem Gentilium filiarum institutione et educatione sub cura custodiaque unius feminæ ætate gravis, morum integritate insignis, prudentiæque laude commendatæ; etsi autem, hisce omnibus serio expensis, nos pro suprema nostra super omnes ecclesias auctoritate et debito onere memoratum Paulum Antonium Nerinium, quem titulo, dignitate et charactere Episcopi Oriensis in Partibus Infidelium insigniendum mandavimus, pari modo et forma, quemadmodum defunctus Episcopus Clismensis fuerat deputatus Vicarius Apostolicus Regni Peguani, quod Jurisdictioni Episcopi Meliaporensis subjacet, constituere libere potuissemus; optavimus tamen illum Regni

xandria, visitador apostolico nos reinos da China e outros das Indias orientaes, que acudisse opportunamente áquella manifesta necessidade, ao que procurou prover, enviando para alli dous sagrados operarios, munidos das convenientes faculdades. Estes e outros do mesmo instituto, patenteando-se-lhes depois caminho para differentes regiões, iam desempenhando o seu ministerio com grande proveito das almas: entretanto, crescendo o numero dos christãos, principalmente na cidade de Sirião do mesmo reino de Pegú, a Santa Sé, para que mais facilmente se propagasse a sacrosanta religião, nomeou vigario apostolico d'aquelle paiz o bispo *Clismense*, dando-lhe alguns missionarios aptos, bons e doutos, dependentes delle para todos os poderes; e pelo seu trabalho, zêlo e prédica augmentava cada vez mais o numero dos crentes no Senhor. Tendo, porém, o referido bispo *Clismense* e dois missionarios seus companheiros n'aquelle ministerio pago o tributo universal da humanidade por um caso fortuito, o veneravel frei Paulo Antonio Nerini, que já tinha sido nomeado pro-vigario apostolico pelo fallecido bispo *Clismense*, voltando para Sirião, donde estava ausente havia cinco annos, começou alli a congregar os christãos dispersos, de sorte que não sómente se edificou uma egreja commoda e sufficiente, e uma casa como seminario á européa, onde se instruissem nos rudimentos catholicos e na moral christã os filhos dos gentios com o consentimento de seus paes; mas tambem um recolhimento para instrucção e educação christã das donzellas, filhas dos mesmos gentios, sob a direcção e guarda de uma mulher de idade respeitavel, de costumes irreprehensiveis e recommendavel pela prudencia: e ainda que depois de ponderado tudo isto, o mencionado Paulo Antonio Nerini, a quem revestimos do titulo, dignidade e caracter de bispo *Oriense in partibus infidelium*, podesse, em virtude da nossa autoridade suprema sobre todas as egrejas e por dever do nosso cargo, ser constituido vigario apostolico do reino de Pegú, que é sujeito á jurisdição do bispo de Meliapôr, comtudo desejâmos nomeal-o vigario apostolico do reino de Ava, que não está comprehendido na diocese do

1753 Dezembro 31

1753 Dezembro 31 Ave, quod in Diocesi Episcopatus Meliaporensis non comprehenditur, Apostolicum Vicarium destinare. Quoniam autem ex ipso dumtaxat Portu, sive Civitate Siriam, aditus ad Regnum Ave, aliaque Regna et Provincias Asiaticas patet, voluimus et mandavimus, Missionarios eorumque Ecclesiam ædesque pro Pueris et Puellis in Civitate Siriam ædificatas, semper firmas ac stabiles esse ac fore, atque a Vicario Apostolico nostro Regni Ave pro tempore existente in omnibus dependere, eique subjacere; necnon ea omnia et singula, quibus antea fungebantur, munera cum iisdem facultatibus exercere. Multa sane sunt, Carissime in Christo fili noster, momenta, nec sine conscientiæ nostræ angore contemnenda, quæ ad susceptam Apostolicæ hujusmodi providentiæ deliberationem adduxerunt, non certe ut Jurisdictionem Episcopatus Meliaporensis imminuamus, quemadmodum ad Portum, sive Civitatem Siriam Regni Peguani, interdum appellentes Regulares Sacerdotes, tanquam ab Ordinario Meliaporensi missi jactabant, sed potius ut incuriam et defectum tam ejusdem Ordinarii, quam eorumdem Missionariorum pro suprema Apostolica sollicitudine et potestate suppleremus. Episcopus quidem longe abest, nec ipsi Episcopo Operariorum copia; Operarii vero non solum pauci et adventitii et raro illuc appetentes; verum etiam ipsorum habilitas et peritia nulla præsertim linguæ illius nationis, aliarumque Asiæ Gentium, sive inquilinorum, sive propter sua negotia illuc advenientium ita, ut sacras preces et obsecrationes Europæ aliquo idiomate ab ipsis non intellecto ediscere cogerentur, ac pariter Cathechismum et cætera Fidei dogmata; agendi denique, vivendique ratio illorum Regularium haud laudabilis. Magnus omni proculdubio fieret tumultus christifidelium, sive antiquorum (jam trigesimus et amplius annus est, ex quo Missionarii cum Episcopo Clismensi inibi sedem fixerunt) sive neophytorum, qui ab iisdem aliisque ejusdem Instituti Missionariis eruditi, cum ipsis versati, et mutua invicem humanitate et caritate veluti complexi reperiuntur, si viderent eosdem Missionarios, sibi benevolos acceptosque, sine culpa inde expelli, atque alios sibi ne cognitos quidem induci, ab iis eorum Ec-

bispado de Meliapôr. E visto que o porto e cidade de Sirião é escala para o reino de Ava, e para outros reinos e provincias da Asia, quizemos e mandamos que os missionarios com as suas egrejas e casas fundadas para rapazes e raparigas se conservassem e conservem permanentemente na cidade de Sirião, e sejam dependentes em tudo do nosso vigario apostolico existente pelo tempo na cidade de Ava e lhe fiquem sujeitos, e exerçam todos e cada um dos encargos que d'antes desempenhavam, com as mesmas faculdades. Ha com effeito, nosso carissimo filho em Christo, muitos motivos que não se podem desattender sem gravame de consciencia, que nos determinaram a tomar esta providencia apostolica; não de certo para diminuirmos a jurisdicção do bispado de Meliapôr, como por vezes publicavam alguns sacerdotes regulares, que chegavam ao porto e cidade de Sirião, e outros enviados pelo ordinario de Meliapôr; mas antes para remediarmos com o supremo cuidado e poder apostolico a incuria e falta d'aquelle ordinario e dos mesmos missionarios. O bispo está muito longe e não tem abundancia de operarios, que não sómente são poucos, adventicios e apparecem alli raras vezes mas são inhabeis e ignorantes, principalmente na lingua d'aquelles povos e de outros da Asia, que pelo seu negocio vivem naquelle paiz ou concorrem alli, os quaes teriam de aprender as resas e orações, assim como o cathecismo e os dogmas da fé, n'algum idioma europeu desconhecido d'elles; finalmente o modo de procéder e de viver d'aquelles regulares não é louvavel. Não se póde duvidar que se levantaria grande tumulto d'aquelles christãos, quer dos antigos (pois ha mais de trinta annos se estabeleceram alli os missionarios com o bispo *Clismense*) quer dos neophytos educados por estes e por outros missionarios do mesmo instituto, que convivem e estão ligados com elles por mutuas relações de benevolencia e affeição, se vissem expulsar d'aquelle paiz sem motivo esses missionarios estimados e acceitos, e introduzir outros desconhecidos, que haviam de occupar a sua egreja e as casas fundadas para os filhos e filhas d'aquelle povo; se vissem differença no modo de celebrar os officios 1753 Dezembro 31

1753 Dezembro 31 clesiam, ædesque pro suis pueris ac puellis excitatas occupari, sacra aliter peragi, quam consuetum erat, sacramenta aliter administrari, Cathechismum aliter tradi, infirmis aliter adsisti, morti proximis aliter adesse; atque adeo se solitis ad procurandam æternam salutem subsidiis privari. Accedit ad hæc præterea, quod Ecclesia, ædesque, tanquam Seminarium et Conservatorium, fundatæ fuerint per contributionem pecuniarum cujusdam viri præcipui ac divitis nationis armenæ, qui simul atque Conjux, quamvis hæresis labe infecti, ita ad Catholicam Fidem ex accurata eorumdem Missionariorum instructione profitendam propensi erant, ut nobis facile persuadeamus, utrumque Conjugem jam ejurasse hæresim, atque Catholicæ Religioni adhæsisse. A tam præclaro utriusque Conjugis exemplo, et maxima, qua inter suos nationales pollent auctoritate, et bonorum copia, fore in Domino confidimus, ut ex iisdem nationalibus inibi commorantibus maxima quoque fiat conversio ad Catholicam Fidem. Itaque ex hisce omnibus fusius, quam par esse videbatur, Majestati Tuæ explicatis, certo nobis a spectatissima Majestatis Tuæ pietate, sapientia, et ardenti propagandæ Catholicæ Religionis zelo pollicemur, a Te, Carissime in Christo Fili noster, omnem opem, studiumque collatum iri, ut non solum omnia in Civitate Siriam, quemadmodum declaravimus, firmius subsistant et serventur exactius; verum etiam provida nostra pro Regno Ave, aliarumque Asiaticarum Provinciarum inita deliberatio, potentissimo patrocinio tuo, regiisque subsidiis ad majorem Divini nominis cultum animasque Regi Regum et Domino Dominantium Jesu Christo lucrifaciendas novis semper incrementis augeatur. Interim Apostolicam Benedictionem cœlestis præsidii auspicem ad majorem Regnorum Tuorum prosperitatem et accessionem Tibi, Carissime in Christo Fili noster, amantissime impertimur. Datum Romæ apud Sanctam Mariam Majorem sub Annulo Piscatoris, die XXXI Decembris MDCCLIII. Pontificatus Nostri anno decimo quarto.—Caetanus Amatus.

divinos, de administrar os sacramentos, de ensinar o cathecismo, de visitar os enfermos, de acompanhar os moribundos, e se lhes faltassem os subsidios a que estavam acostumados para cuidarem da sua salvação eterna! Alem d'isto a egreja e casas do seminario e recolhimento fundaram-se com o dinheiro de um homem principal e rico da nação armenia, e este e sua mulher, apesar de inficcionados da macula de heresia, estavam tão dispostos a receber a fé catholica por effeito da zelosa instrucção dos mesmos missionarios, que sem custo acreditamos que ambos os esposos terão já abraçado a religião catholica e abjurado a heresia. Confiâmos no Senhor que o exemplo tão excellente d'estes conjuges, a autoridade que têem entre os seus conterraneos, e a sua riqueza, hão de concorrer para que se convertam á fé catholica muitos dos que alli residem. Portanto, depois de explicado tudo isto mais miudamente do que parecia necessario, contando com a reconhecida piedade, sabedoria e ardente zêlo de Vossa Magestade pela propagação da religião catholica, esperâmos que ha de concorrer com todo o seu poder e empenho, não só para que subsistam e se conservem mais firme e exactamente na cidade de Sirião todas as cousas como declarámos, mas tambem para que a nossa previdente deliberação, tomada em beneficio do reino de Ava e de outras provincias da Asia, ganhe sempre novos incrementos com a poderosissima protecção e regio auxilio de Vossa Magestade, para maior honra do nome de Deus e acquisição de almas para Jesus Christo, Rei dos Reis e Senhor dos Senhores. Entretanto, nosso carissimo filho em Christo, lançâmos muito affectuosamente a Vossa Magestade a bençam apostolica, presagio da celeste protecção, para maior prosperidade e augmento dos seus reinos. Dado em Roma, em Santa Maria Maior, sob o annel do Pescador, aos 31 dias de Dezembro de 1753: anno decimo quarto do nosso Pontificado. — Caetano Amato.

1753 Dezembro 31

Tratado de tregoa entre o Vice-Rey Marquez de Tavora, e o magnifico Senhor Savay Imady Sadassiva, Rey de Sunda

(Arch. da India, livro 1.° de Pazes, fol. 466.)

1.°

1754 Maio 25 Desejando o Magnifico Rey de Sunda restabelecer-se na antiga amizade, que sempre houve nos seus dominios, e este Magestoso Estado, havendo-se interrompido por enganos, e falsas informações de alguns de seus ministros, mandou para Pondá com o governo daquella provincia ao honrado Gneãn Lingaya Naurú, seu Ministro, a pretender a paz, sobre o que escreveu o dito Ministro ao Secretario do Estado para que o expozesse ao Illmo e Exmo Sr. Marquez Vice Rey, a quem ultimamente escreveu com os termos mais expressivos da vontade do seu Rey para conseguir a paz, e respondendo-se-lhe que mandasse pessoa sua a fazer propostas della, mandou a Gunu Sinay, o qual pela commissão que trouxe fez a representação seguinte.

2.°

Que as conferencias para huma paz definitiva costumavam ser muito dilatadas, porque quasi sempre se envolviam nella muitos pontos, em que se achavam difficuldades, que de huma e outra parte dependiam de tempo para se resolverem, e que sendo a guerra flagello dos povos, seria conveniente dar-lhes o allivio de huma tregoa emquanto durassem as conferencias para a paz, e ella finalmente se ajustasse.

3.°

Ouvida a proposta por S. Ex.ª tambem se inclinou com benignidade a dar aos povos interinamente o socego que desejavam, sem embargo das vantagens com que se achava dominante das terras de todas as margens dos rios pelas metas, ou fachinas, que tinha estabelecido em varios logares da provincia de Pondá, as quaes facilitaram a S. Ex.ª mandar fazer muitas entradas pelas aldeias interiores daquella

provincia, achandò-se promptò para ordenar outras, e final- 1754
mente conveiu em que a tregoa se ajustasse com as condi- Maio
ções seguintes. 25

CONDIÇÕES DA TREGOA

4.º

Que haverá entre ambas as partes huma perfeita tregoa, e total cessão de armas por tempo de seis mezes, porque tantos serão bastantes para as conferencias da paz, e para a conclusão della.

5.º

Que a communicação e commercio entre ambas as partes em todos os districtos deste Magestoso Estado, e dos dominios do Rey de Sunda até Ancolá, se continuarão por mar, e por terra com a mesma liberdade, e franqueza que se praticavam antes da guerra.

6.º

Que todos os mais vassallos de hum e outro dominio poderão hir e vir frequentemente, e deter-se adonde quizerem, como antes da guerra faziam, e só desta generalidade ficaram exceptuados o barqueiro Pocoló, seus irmãos, cunhados, e todos os barqueiros moradores em Durbata, Bandorá, Marcaim, e de outro qualquer porto em que os haja, porque todos os que forem barqueiros das ditas terras não poderão passar ás do Estado com pena de qualquer delles que seja nellas achado, será havido por inimigo, e castigado como espia.

7.º

Que tendo-se publicado esta tregoa de huma e outra parte, se restituirão reciproca e fielmente os prisioneiros, e desertores que de huma e outra parte forem pedidos, e os que só por este modo se restituirem, se lhe não dará castigo pela culpa que commetteram, e da publicação deste para diante todos os mais desertores serão sem excepção restituidos.

8.º

Que emquanto se não ajusta a paz definitiva, e a conta das despezas da guerra, fará o honrado Gneãn Lingaya Naurú á

1754 Maio 25 fazenda real deste Magestoso Estado a contribuição da quantia de 35:000 xerafins pela maneira seguinte, a saber, 10:000 xerafins entregará antes da publicação da tregua, e 10:000 xerafins dentro de hum mez de trinta dias os primeiros seguintes ao ajuste da tregoa, cujas duas parcellas ficam fazendo a quantia de 20:000 xerafins em dinheiro, e assim tambem entregará 5:000 xerafins em madeira da melhor que houver na provincia, e jurisdicção de Gneãn Lingaya, mandando-se por parte do Magestoso Estado pessoa que escolha, e approve a bondade da dita madeira, não sendo de arvores fructiferas, e será entregue esta parcella até por todo o mez de outubro do presente anno; e o ultimo resto de 10:000 xerafins será entregue dentro de seis mezes em que hade durar a tregoa, e será esta parcella em dinheiro, sendo abonadores della os Dessays de Pondá Vitogi Naique, Sambagi Naique, Narba Naique, Suriagi Naique, e Nagogi Naique; e feito o primeiro pagamento, mandará o Illmo e Exmo Sr. Marquez Vice Rey retirar as guarnições das metas, ou fachinas, que tem na provincia de Pondá, fazendo demolir as ditas fachinas, menos a de Candolem, porque essa, evacuada a gente, se entregará na fórma em que estiver, com condição de que por parte do reino de Sunda se não fará naquelles logares nenhuma reedificação durante a tregua; com declaração que a quantia dos 35:000 xerafins deste ajuste recebidos na fórma já declarada se abonará no ajuste da paz.

9.º

Que durante a tregoa se restituirão, não só os desertores, que de huma e outra parte houver, mas tambem os escravos que tem fugido, e fugirem para os dominios do Rey de Sunda, e aos conductores delles se darão por cada hum dos desertores ou escravos, os xerafins na mesma fórma que se praticava antes da guerra.

10.º

Que quando de huma e outra parte se reconheça não terem sido bastantes os seis mezes do tempo desta tregoa para se concluir a paz, e houverem de durar as conferencias della, se poderá prorogar a mesma tregoa pelo mais tempo em que as mesmas partes convierem, e cumpridas na fórma sobredita as condições desta tregoa, será ella firme, e bem correspondida, e para que tenha inteira validade, será assignada pelo honrado Gneãn Lingaya, Sar Subedar de Pondá, e pelo generoso Antonio Carneiro de Alcaçova, Provedor mór dos contos, a quem o Ill.mo e Ex.mo Sr. Marquez Vice Rey dá todos os poderes necessarios para poder assignar este tratado de suspensão de armas, e se tirarão dois transsumptos deste ajuste, para que assignados possa ficar hum na Secretaria do Estado, e outro nas mãos e em poder do mesmo Gneãn Lingaya Nanru. Feito em Goa aos 25 de maio de 1754.—Sêllo—Antonio Carneiro de Alcaçova.—Assignatura Canará de Gneãn Lingaya Naurú. 1754 Maio 25

Traduzido por mim Ananta Camotym Vaga, Lingua do Estado, com o meu Ajudante Sadasiva Camotym Vaga em os 2 de junho de 1754.—Ananta Camotym Vaga—Sadasiva Camotym Vaga.

Segue-se a fl. 469 o original marata.

Carta do Subedar de Pondá

(Arch. da India, livro 1.º de Pazes, fol. 471.)

Ao possuidor da fortuna e felicidade, conservador da primorosa amizade, generoso, Dr. Antonio de Azevedo Coutinho, Secretario do Estado, cuja amizade seja perpetua. 1754 Novembro 26

Eu Gneãn Lingaya Naurú, Ministro do Rey de Sunda, faço esta com devida cortezia, etc.

Ao Ill.mo e Ex.mo Conde de Alva, Vice Rey escrevo para em execução da real ordem poder ir encontrar-lhe com os poderes e caracter de Embaixador dentro destes oito dias, V. M.cê fazendo presente o referido a S. Ex.a me queira remetter ordem na fórma do estylo e anteciparei a V. M.cê hum aviso do dia em que hei de passar a essa côrte.

Como o tempo de seis mezes de cessão de armas, que eu conclui quando vim de Sunda representando ao Ill.mo e Ex.mo

1754 Novembro 26 Marquez de Tavora, Vice Rey, está quasi acabado, e para eu haver de entrar na conferencia do ajuste da paz, se faz preciso de mais tempo, V. M.^{cê} queira fazer que o dito tempo se prorogue por mais seis mezes, porque ainda que antes disso chegando eu a essa côrte se concluir o negocio com brevidade se faz escusavel, comtudo como he preciso de mais tempo, o peço por esta carta. Depois de eu ir a essa côrte como Embaixador, e offerecendo-se alguns negocios nestas partes, que dependem da minha assistencia, me será necessario ir ou a Massela, ou a Pondá, e de lá recolher-me outra vez, visto estarem todas estas partes, e suas dependencias a meu cargo, a que devo dar as providencias competentes, rasão pela qual faço sabedor a V. M.^{cê} por esta carta, reservando porém dar parte a seu tempo para eu me retirar quando seja necessario: e esta não serve de mais que pedir-lhe tenha-me sempre na sua amizade.

Deus guarde a V. M.^{cê} em a sua divina graça muitos annos com alegria. Massel 10 da Lua crescente do mez Margaxir, e anno Bhaua (24 de novembro de 1754).—Sallamo.

Traduzida por mim Ananta Camotym Vaga, Lingoa do Estado, em os 26 de novembro de 1754.—Ananta Camotym Vaga.

A fl. 472 está o original marata desta carta.

Prorogação do tempo de tregoa

(Arch. da India, livro 1.º de Pazes, fol. 474.)

D. Luiz Mascarenhas, Conde de Alva, do Conselho de Estado de El-Rey meu senhor, Deputado da junta dos Tres Estados, Vedor da Serenissima Rainha Mãe Fidelissima, Alcaide mór de Guimarães, Vice Rey, e Capitão General da India, etc.

1754 Dezembro 4 Faço saber a todos que por justos motivos, que me ponderou o Subedar de Pondá Gneãn Lingaya Naurú para impetrar a prorogação do tempo da tregoa, e cessão de armas, que foi ajustada entre elle e este Magestoso Estado por tempo de seis mezes pelo Tratado de 30 de maio do presente anno; hei por bem de lhe prorogar por tempo de mais seis mezes a dita tregoa, e cessão de armas, e para que tenha inteira observancia esta concessão, e venha á noticia de todos, se publicará este a som de caixas nos logares publicos e costumados desta cidade, suas ilhás, nos das provincias de Salcete e Bardez, e das terras de nova conquista, e registado nos cartorios do crime, ouvidorias das ditas provincias de Salcete e Bardez, e nas camaras geraes dellas, de que os officiaes, a que tocar, passarão sua certidão, e o proprio se entregará na secretaria do Estado. 1754 Dezembro 4

Panelim 29 de Novembro de 1754. — Conde de Alva.

Aos 30 de Novembro de 1754 eu João Affonso, Sargento do numero da Companhia do Michiles, com 4 soldados e hum caixeiro publicámos o Bando atraz pelas ruas publicas e acostumadas desta cidade de Goa, e por verdade passei esta por mim assignada no mesmo dia *ut supra.* — João Affonso da Silva.

Fica registado o Bando atraz no livro dos registos delles, que serve neste cartorio do crime.

Goa, 4 de Dezembro de 1754. — Fragoso.

Tratado de paz entre o Vice-Rey Conde de Alva e o grandioso Sar Dessay de Praganã Cudalle Ramachandra Saunto Bounsuló, capitulado pelo Secretario do Estado Antonio de Azevedo Coutinho e Datagi Probu.

(Arch. da India, livro 1.º de Pazes, fol. 480.)

Sêllo grande.

1.º

Que pelo presente Tratado se ratifica completamente o que foi celebrado pelo Senhor Vice Rey D. Rodrigo da Costa e os Sar Dessays de Cudalle em tudo o que não contradisser a presente capitulação; e quando nesta, ou na referida haja 1754 Outubro 25

1754 Outubro 23 alguma duvida sobre intelligencia dos capitulos, se tratará a sua declaração amigavelmente, antes de algum outro rompimento turbativo da amizade perpetua, em que fica o Magestoso Estado e os Sar Dessays de Cudalle, pondo em esquecimento as queixas passadas, porque promette o Grandioso Sar Dessay de Praganã Cudalle em seu nome, e seus successores viver com a fidelidade devida ao Magestoso Estado.

2.º

Que os missionarios da nossa Santa Religião Catholica Romana poderão entrar, e assistir nas terras dos Sar Dessays a tratar do pasto espiritual dos christãos nellas estabelecidos, e lhes será permittido nas casas, em que assistirem, exercitar as funcções da Religião catholica sem impedimento.

3.º

Que os Dessays de Query, Sanquelim, Morly, e os mais que em Goa juraram fidelidade ao Estado, desde hoje em diante serão reputados por vassallos de Sua Magestade Fidelissima, protegidos, e defendidos pelo dito Senhor sem dependencia alguma dos Grandiosos Sar Dessays, ou de seus successores, que por si, e pelos mesmos successores cedem desde logo para todo sempre todos os direitos, que nos ditos Sar Dessayados lhe tocavam, ou sejam foros das terras, ou da alfandega de Sanquelim, renda do tabaco, cambolins, ou outro qualquer direito, porque desde o juramento de fidelidade que prestaram os ditos Sar Dessays, fica tudo pertencendo ao Magestoso Estado.

4.º

Que os Grandiosos Sar Dessays de Praganã Cudalle cedem desde logo, e para todo sempre, e demitem de si todo e qualquer direito que podessem pretender por si, e por seus successores, ao Magestoso Estado as praças de Alorna e Bicholym, a provincia de Pernem, os goddos [1] de Morly e Saterem,

[1] *Goddo,* ou *Gór,* castello, fortificação.

com todas as suas jurisdicções, districtos, aldeias, vargeas, palmares, e todos os direitos, que a cada huma destas partes pertenciam antes, e assim tambem o forte de Tiracol com districto e logradouros para suas serventias, incluindo-se nesta demissão, que fazem os Grandiosos Sar Dessays, os districtos dos Dessays Ranes, e todo o referido de hoje em diante ficará pertencendo inteiramente ao muito alto e muito poderoso Senhor Rey de Portugal, por ter sido tudo conquistado de suas armas á custa de sangue dos seus vassallos. 1754 Outubro 25

5.º

Que aos Grandiosos Sar Dessays lhe cede o Magestoso Estado as praças de Rarim, e Neuty, e serão entregues depois da publicação deste Tratado com todas as pertenças que tinham no tempo em que foram occupadas pelo Estado, e tudo o que nellas se achar, que a este pertença, assim como artilharia, munições de guerra, petrechos, e viveres, se recolherão a Goa com a sua guarnição. Só conservarão os Grandiosos Sar Dessays o arrendamento feito pelo Magestoso Estado em Rarim, recebendo do rendeiro os Grandiosos Sar Dessays o que elle era obrigado a pagar ao Magestoso Estado até o fim do seu arrendamento.

6.º

Que nenhuma embarcação dos Grandiosos Sar Dessays represará, ou fará embaraço ás embarcações que fizerem viagem dos portos do Estado, ou para elles, antes darão toda a ajuda e favor ás embarcações do commercio dos portos do Magestoso Estado, ou que nelles contratarem.

7.º

Que os portos do Magestoso Estado, e as entradas nelle por terra, serão francos para as embarcações, e para os subditos dos Grandiosos Sar Dessays de qualquer qualidade e condição que sejam, para poderem entrar e sahir sem dependencia de mais passaporte que a publicação desta paz, pagando os direitos do estylo, e das alfandegas, sendo a en-

1754 Outubro 25 trada, ou sahida, por mar, e por terra, e da mesma fórma, e com a mesma liberdade poderão entrar os vassallos do Estado de qualquer qualidade e condição que sejam entrar (*sic*) nos portos, e terras dos Grandiosos Sar Dessays.

8.º

Que tambem poderão as embarcações dos Grandiosos Sar Dessays valer-se dos portos do Magestoso Estado em qualquer occorrente necessidade, e ainda para concerto das mesmas embarcações, pagando as despezas que para este effeito se fizerem.

9.º

Que a navegação do rio Araundem será commum aos vassallos do Magestoso Estado, e aos subditos dos Grandiosos Sar Dessays, e na mesma fórma a utilidade da pescaria, e se determinará sitio que sirva de porto em cada huma das margens do rio, a que só poderão chegar as almadias da passagem, com vigias, ou guardas de huma e outra parte, que registem o que para huma e outra parte se passar.

10.º

Que reconhecendo o Magestoso Estado a impossibilidade que tem os Grandiosos Sar Dessays para reporem o valor das prezas e danos, que fizeram ás embarcações dos vassallos do Estado antes da ultima guerra, e assim tambem as consideraveis despezas della, e o tributo annual, a que são obrigados, e devem desde o anno de 1739 até o presente, por especial graça se lhe perdoa, e cede, attendendo á notoria inclinação e fidelidade, com que o Grandioso Sar Dessay Ramachandra Saunto Bounsuló se tem interessado em muitos particulares do Magestoso Estado; porém, desde a publicação da presente paz ficará o Grandioso Sar Dessay por si, e por seus successores obrigado a pagar, e pagando effectivamente o tributo annual estipulado pelas antigas capitulações.

11.º

Que todos os escravos fugidos, que actualmente se acharem nas terras dos Grandioso Sar Dessays, ou que daqui em diante fugirem, serão restituidos sem demora, nem affectação, para se entregarem a seus senhores, e na mesma fórma os que se acharem nas terras do Magestoso Estado, ou para ellas fugirem, sendo pertencentes a quaesquer subditos dos Grandiosos Sar Dessays. 1756 Outubro 23

12.º

Que todos os soldados, e mais pessoas que fugirem das terras do Magestoso Estado para as dos Grandiosos Sar Dessays, serão restituidos com as armas, e com tudo o que levarem, e se lhe promette não proceder contra elles a pena de morte, e o mesmo se observará com os Sipaes subditos do Grandioso Sar Dessay, e dos seus successores retirando-se para as terras do Estado.

13.º

Que o Grandioso Sar Dessay arrependido dos erros passados promette por sy, e por seu filho herdeiro Quemu Saunto Bounsuló, e seus successores não inquietar, nem perturbar ao Estado, nem dar ajuda e favor a seus inimigos, nem unir-se com elles por nenhum caso, publica ou secretamente, nem consentir que passem por suas terras a fazer hostilidade nas do Estado, antes quando o poder do inimigo seja tão superior ás forças do Grandioso Sar Dessay, que não possa resistir-lhe, fará aviso a tempo que possa o Magestoso Estado tomar a resolução, que lhe for conveniente.

14.º

Que o Magestoso Estado promette ter sempre ao Grandioso Sar Dessay, a seu filho herdeiro Quemu Saunto Bounsuló, e a seus successores debaixo da Real protecção do muito alto e poderoso Senhor Rey de Portugal, cumprindo elles fielmente a vassallagem devida a Sua Magestade Fidelissima, e nas contendas que os ditos Sar Dessays tiverem com seus inimigos, procurará o Estado interessar-se por elles, e concluil-as sem damno seu, e não podendo fazer pacificamente, os soccorrerá com as suas forças por mar, ou

1754 Outubro 25 por terra, em qualquer parte onde não haja inconveniente para acudirem as suas tropas.[1]

15.°

Que do presente Tratado se copiará outro do mesmo theor, e sendo ambos firmados por assignaturas e sellos, se repartirão para que haja de ficar hum na secretaria do Magestoso Estado, e remetter-se outro ao Grandioso Sar Dessay, e pela sua reciproca observancia, e perpetuo cumprimento se extinga totalmente a memoria das discordias, e firme hum indefectivel estabelecimento de paz.

Nesta fórma se tem ajustado a capitulação, fazendo quinze capitulos, os quaes se cumprirão por huma e outra parte. Hoje 7 do mez Hoharamo (25 de outubro de 1754).

Sello pequeno.

Conde de Alva — Pelos poderes de minha commissão, Datagi Probu (em maratha) — Pelos poderes de minha commissão, o Secretario do Estado, Antonio de Azevedo Coutinho.

Traduzido por mim Ananta Camoty Vaga, Lingua do Estado, com o meu Ajudante Sadasiva Camoty Vaga, aos 22 de Novembro de 1754 — Ananta Camoty Vaga — Sadasiva Camoty Vaga.

Original maratha, no mesmo livro fol. 476.

Ratificação pelo Sar Dessay Quema Saunto Bousoló

(Arch. da India, livro 1.° de Pazes, fol. 486.)

1755 Dezembro 30 Aos 30 de dezembro de 1755 na fortaleza de Vadi, estando presente o Grandioso Quema Saunto Bounsoló, filho unico, e herdeiro do Grandioso Ramachandra Saunto Bounsoló, chegou D. Christovão Carcomo Lobo, fidalgo da casa de Sua Magestade, cavalleiro professo da ordem de Christo.

[1] Ás clausulas deste capitulo depois das palavras — *e nas contendas, etc.*, — se refere uma *nota* á margem em letra mais moderna, que diz: *Parece-me que he a primeira vez que se lhe prometteu soccorro, principalmente por terra.*

e Capitão de mar e guerra da Corôa, propoz que o Ill.mo e 1755
Ex.mo Sr. Conde, Vice Rey e Capitão general da India, attendendo á representação, que lhe fez a Sar Dessayni Zanquibay, viuva do Grandioso Sar Dessay Ramachandra Saunto, defunto, mandara-a elle a metter de posse, e reconhecer ao grandioso Quema Saunto Bounsuló por seu legitimo successor no Sar Dessayado de Cudalle, e suas jurisdicções na mesma fórma em que possuia seu pae, e o executava assim em virtude das capitulações estipuladas a 25 de Outubro de 1754, as quaes logo rectificou o Grandioso Quema Saunto Bounsoló, e prometteu observar e guardar inviolavelmente da mesma maneira que guardou, e observou o Sar Dessay seu pae: em fé do que se fez este auto, em que se assignou o Grandioso Quema Saunto Bounsoló, e os honrados Rogunata Dalvi Sabanis, Zivagi Viceramo, e Datagi Porobú Macetari Santor Decar[1], o que assim executando, D. Christovão Carcomo Lobo pelos poderes que trazia do Ill.mo e ex.mo Sr. Conde Vice Rey metteu de posse ao Grandioso Quema Saunto Bounsoló do Sar Dessayado de Cudalle, e das mais terras e fortalezas, que actualmente possuia seu pae, e se assignou no mesmo acto. — D. Christovão de Carcomo Lobo — assignatura maratha de Rogunatha Dolvi Bounsuló, chefe da força militar — assignatura maratha de Givagi Visrama Sabnis[2] Datagi Porbu, Motcari Santordecar, Emissario.

Dezembro 30

Com os dois sellos do costume, o grande no principio na margem esquerda, e o outro pequeno no fim do texto.

Segue-se a traducção maratha com as mesmas assignaturas e sellos, a fl. 487 do dito livro.

Traducção da Carta do Naná (Pestrud de Punen)

(Arch. da India, livro 2.º de Pazes, fol. 107.)

Nobilissimo e Ex.mo escolhido entre os illustres de sua 1754
nação, felicissimo possuidor de alto logar, generoso aos ami- Agosto 13

[1] *Aliás* Motcari Santordecar, isto he, chefe da aldeia Santordem; titulos do mesmo Datagi Porobu.

[2] Sabnis ou *Sabanis* significa secretario.

1754 Agosto 13 gos, e sustentador da primorosa amisade, Grandioso Francisco Assis de Tavora, Marquez de Tavora, Vice Rey assistente no porto de Goa, cuja amizade seja perpetua.

Despois de primorosas expressões do cordial affecto, com que desejo sustentar, e conservar a mesma amizade, faço a presente.

O possuidor da felicidade Ramachandra Malar tem seus pagodes na Provincia de Antruz (Pondá), e por ser preciso para o seu dispendio, fulas, e outras similhantes drogas, tem alcançado com o illustre Rey de Sunda Imadi Sadassiva Naique por mercê a aldeia de Queulá para a Deuza Xantadurgá, e dois bairros da aldeia Priol, o de Mardol para a Deuza Malssá, e o de Manguês para o pagode Manguês, que por todos são huma aldeia, e dois bairros, além de duzentas e cincoenta rupias em dinheiro, de que se tem feito mercê na dita Provincia, e eu as tenho confirmado por cartas d'este meu Sarcar, para o que recommendo a V. Ex.ª que quando forem os administradores para a administração da dita aldeia e bairros, de sua parte não experimentem perturbação alguma assim a dita aldeia e bairros, como Pagodes, e administradores.

Como entre o Sunda e V. Ex.ª ha discordia, queira passar ordens á sua gente para que não entendendo com a referida aldeia e bairros, faça com o Sunda o que quizer, e n'isto não haja duvida.

O pagode Saptacottessuar de Naroá foi conservado naquelle districto desde muito antiguissimo tempo, e pela conquista, que o antecessor de v. ex.ª fez da provincia de Bicholim com sua fortaleza, por desertar aquella aldeia, veio abaixo aquella casa, por cuja causa foi tirado della o Pagode, pois muito antes tinha feito mercê ao dito Pagode da referida aldeia, passando carta por este meu Sarcar; agora espero que v. ex.ª passe carta de mercê da referida aldeia de sorte que com ella possa subster as despezas daquelle Pagode. Escripta aos 18 do mez Xabana (11 de junho). Não sou mais largo. Esta he a carta.

Diz no sello o seguinte.

Rey Xahú, Senhor das gentes, e thesouro de alegria. Seu Secretario Ballagi Bagi Rao. 1754 Agosto 13

Traduzida por mim Ananta Camotim Vaga, Lingoa do Estado, em 13 de agosto de 1754. — Ananta Camotim Vaga.

A carta original maratha a fol. 108.

Auto de juramento de vassalagem, obediencia, e fidelidade que fazem a El-Rey Nosso Senhor, o Dessay de Sanquelim Vitogi Rane, o Dessay de Sanvardem Balú Saunto, e o Dessay de Gullaly Vito Saunto, todos officiaes militares.

(Arch. da India, livro 2.º de Pazes, fol. 108.)

No anno do nascimento de Nosso Senhor Jesus Christo de 1755 a 18 de janeiro do dito anno nesta cidade de Goa no palacio da Casa da Polvora, estando debaixo do seu docel na sala de audiencia o Illmo e Exmo Sr. Conde de Alva D. Luiz Mascarenhas, Vice Rey e Capitão General da India, entraram, e se apresentaram ao dito Senhor os sobreditos Dessays a ratificar com o maior juramento do seu rito a perpetua vassalagem, obediencia, e fidelidade, a que se obrigaram quando o dito Sr. Conde Vice Rey houve por bem de lhes declarar que os receberia na protecção de S. Magestade Fidelissima, admittindo-os a elles, e as suas familias a lograrem o foro de vassalos da Corôa de Portugal despois de concluirem as suas dependencias particulares com a pessoa com quem conferiam por sua ordem para neste juramento se lhe fazer bom o ajuste que tivessem feito, a qual ratificação e juramento fizeram os ditos Dessays apresentando hum papel escripto na sua letra gentilica, que foi por elles entregue no mesmo acto a mim Belchior José Vaz de Carvalho, Secretario do Estado, por mão do Dessay Vitogi Rane, o qual papel dei logo por ordem de S. Ex.ª ao Lingua do Estado Anta Camotim Vaga para o lêr em alta voz na mesma lingua, o que elle executou, e traduzido na lingua portugueza he do teor seguinte: 1755 Janeiro 18

1755 Janeiro 18 Illmo e Exmo Senhor.—Nós Vitogi Rane, Dessay de Sanquelim, Balú Saunto, Dessay de Sanvardem, e Vitú Saunto, Dessay de Gulluly, da provincia de Sanquelim, reconhecendo o justo e legitimo dominio do muito alto e muito poderoso Senhor Rey de Portugal D. José I, Nosso Senhor, na dita provincia de Sanquelim, e mais terras, havemos chegado todos á presença de V. Ex.ª e a seus pés a protestar a sincera obediencia, total sumissão, e perpetua fidelidade, que por nós, por todos os nossos dependentes, e pela nossa descendencia queremos ter a este Estado da India de S. Magestade Fidelissima, e como vassalos de Sua Alta e Augusta Magestade admittidos benevolamente por V. Ex.ª a vivermos debaixo da sua real protecção, promettemos, e nos obrigamos de nossa livre, e boa vontade a cumprir e guardar inviolavelmente todas as obrigações de leaes vassalos, a qual obrigação fazemos, e ratificamos com o maior juramento de nosso rito, que he o de pôrmos as mãos solemnemente nas nossas espadas, como fazemos com effeito ao tempo de se pronunciarem estas palavras, em fé de que inviolavelmente cumpriremos tudo o que prometemos, sob pena de que as nossas mesmas espadas se tornem contra nós a qualquer tempo que faltarmos ao prometido, o que desejamos que Deus não permitta, porque a nossa tenção e firme vontade he de cumprirmos sempre pontualmente tudo o que assim prometemos, e ratificamos com o dito juramento, em fé do que, e para perpetuo testemunho pedimos ao Lingua do Estado Ananta Camotim Vaga que este papel escrevesse, e elle o mandou escrever pelo seu ajudante Sadassiva Camotim Vaga, no qual todos nos assignamos. Escripto hoje neste Palacio da Casa da polvora aos 6 da Lua crescente do mez Mago, e anno chamado Báo.—Vitogi Rane, Dessay de Sanquelim.—Ballú Saunto, Dessay de Sanquelim.

Eu Ananta Camotim Vaga, Lingua do Estado, que estes assignados tomei dos proprios Dessays, traduzi este papel em lingua portugueza no mesmo dia e anno, que em portuguez são 18 de janeiro de 1755, e por verdade me assignei, — Ananta Camotim Vaga.

O qual papel de letra gentilica despois de lido pelo dito Lingua do Estado recolhi eu dito Secretario, e o ajuntei a este auto, que fiz escrever, e sendo lida a sua traducção na lingua portugueza em voz alta pelo official maior da Secretaria João da Costa no mesmo acto, a que concorreu muita parte da nobreza desta terra, o assignei no mesmo dia e era acima. Sobrescripto por mim.—Belchior José Vaz de Carvalho. 1755 Janeiro 18

O papel apresentado pelos Dessays, em lingua maratha, está a fl. 411, e tem no fim em portuguez esta declaração: Eu Ananta Camoty Vaga, Lingua do Estado, que estes assignados tomei dos proprios Dessays, traduzi este papel em lingua portugueza no mesmo dia e anno, que em portuguez são 18 de janeiro de 1755, e por verdade me assignei. —Ananta Camoty Vaga.

Condições concedidas pelo Vice-Rey Conde de Alva aos Dessays Vitogi Rane Balú Saunto e Vitú Saunto, que juraram solemnemente fidelidade ao Estado

(Arch. da India, livro 2.º de Pazes, fol. 410.)

1.ª

Perante o Desembargador Juiz dos Feitos mostraram os ditos Dessays quaes as dos seus Dessayados pertenças, para se lhe conferirem, e o que a esté respeito julgar o dito Desembargador receberam com a resignação de vassallos.

2.ª

Que se dará ao Dessay Vitogi Rane oitenta Sipaes, dos quatrocentos que paga o Estado, dos quaes será elle obrigado a apresentar sessenta em qualquer occasião a que fôr mandado do serviço de S. Magestade.

3.ª

1755 Janeiro 18 Que serão obrigados os ditos Dessays a porem as suas familias nas terras deste Estado no sitio e paragem, que S. Ex.ª lhe determinar, e estarão promptos a executarem em tudo as suas ordens.

4.ª

Por firmeza de todo o referido se formou este papel, rubricado por S. Ex.ª e sellado com o sello das Armas Reaes da Corôa de Portugal. Goa 18 de janeiro de 1755.—Rubrica do Illmo e Exmo Sr. Conde de Vice Rey.—Belchior José Vaz de Carvalho.

Representação do Secretario do Estado e despacho do Vice-Rey D. Manuel de Portugal e Castro sobre os accrescentamentos que se descobriu haver nos Tratados com o Bounsuló, e Auto de vassalagem com os Dessays Ranes, introduzidos depois da conclusão dos mesmos Tratados e Auto.

(Arch. da India, livro 1.º de Pazes, fol. 497.)

1832 Novembro 19 Illmo e Exmo Sr.—Sobre o incluso requerimento, em que Zaibá Rane, Sar Dessay de Sanquelim, pede copia dos autos de juramento de fidelidade, que nesta secretaria do Estado assignaram os seus antepassados nos annos de 1746 e de 1755, a qual copia V. Ex.ª he servido mandar passar, não havendo inconveniente, tenho a honra de informar a V. Ex.ª que pouco antes, e depois de V. Ex.ª assumir o governo do Estado, tendo apparecido no penultimo paragrapho do primeiro dos referidos autos hum acrescentamento de letra e tinta sensivelmente differentes, cujas palavras «*Item, promettemos contribuir ao Estado para sempre 3:000 rupias por anno pelos fóros da dita provincia*», palavras estas que, até devendo fazer materia de hum artigo sobre si, estão escriptas em continuação do citado paragrapho; por esta occasião se examinaram os differentes papeis, que existem no mesmo livro, tratando da mesma materia, e em todos se achou igual acrescentamento tanto em portuguez, como em caracteres e idioma gentilicos. Cotejou-se o sobredito auto com a copia authentica delle, assignada pelo Secretario Luiz Affonso Dantas, que está a fl. 228 do livro n.° 119 das ordens reaes do anno de 1747, em que o Sr. Vice Rey Marquez de Alorna dirigiu a Sua Magestade a conta da data de 2 de Novembro de 1746, participando a conquista de Bicholim e Sanquelim, entre outras; e deste modo certificado o acima referido acrescentamento, o levei immediatamente ao conhecimento de V. Ex.ª, tendo antes feito recolher a hum logar mais bem resguardado aquelle e os outros dois livros, que até ali ficavam no armario do Lingua do Estado, Sacarama Narana Vaga, e debaixo da sua inspecção. Tambem se fez hum exame pelo que respeita á letra gentilica, com prévia auctorisação de V. Ex.ª, pelo Capitão Atama Rama Porobo, o qual, pelo que nelle declara, torna muito suspeito de ser o dito Lingua do Estado o auctor dos ditos acrescentamentos. O que levo com esta á respeitavel presença de V. Ex.ª, para que á vista do exposto se sirva V. Ex.ª resolver sobre o inconveniente que acho na expedição da copia requerida, fazendo V. Ex.ª a sua resolução comprehensiva ás copias que estiverem já expedidas, sem se advertir no supra accusado acrescentamento. Secretaria do Estado, 19 de Novembro de 1832.—O Secretario do Estado, Cypriano Silverio Rodrigues Nunes. 1832 Novembro 19

DESPACHO

Passe-se a certidão pedida, com declaração da differença da letra do acrescentamento mencionado nesta representação, registando-se a mesma representação com este despacho no livro da porta, e onde mais convier, e notando-se á margem, ou por baixo dos documentos pedidos, para não se darem por copia sem esta declaração. Palacio do governo, 20 de Novembro de 1832.—Portugal.

Nota dos accrescentamentos havidos nas traducções da letra gentilica e portugueza, que parecem ser escriptos muito depois da conclusão dos Tratados, e são das palavras seguintes

1832 Novembro 20 A fl. 380, no cap. 11.º[1], tem de acrescentamento as palavras em letra gentilica:

सतर महालचे दर सालीना तीन हजार रुपये इस्तादाने सार्वकाळ भोगावे ।

Cuja traducção: *E da provincia de Satary deve o Estado possuir perpetuamente 3:000 rupias por anno.* Correspondem estas palavras com as igualmente acrescentadas na escripta em idioma portuguez, a fl. 378.

A fl. 435, no cap. 8.º[2], tem de acrescentamento as palavras em letra gentilica:

व सतर महालीं दर सालीना तीन हजार रुपये सरकार महसूल सर देसाय भोसाले भोगीत होते ते इस्तादाने सार्वकाळ भोगावे ।

Cuja traducção: *E na provincia de Satary 3:000 rupias de fóros do Sarcar por anno, que o Sar Dessay Bounsuló percebia, deve o Estado as possuir perpetuamente.* Estas palavras correspondem com as igualmente acrescentadas na escripta em idioma portuguez, fl. 425 v.

A fl. 452, nas ultimas regras do termo assignado pelos Satrogi Rane e outros[3], tem de acrescentamento as palavras em letra gentilica:

ताजा कलम सतर महाल समंधीं सरकार पुर्तगेश यांस दर सालीना तीन हजार रुपये सर्वकाळ फारीक वसूल देत जाऊं ।

[1] He no Tratado com o Bounsoló de 27 de Fevereiro de 1740.

[2] He no Tratado com o Bounsuló de 7 de Abril de 1712, encorporado no outro de 11 de Setembro de 1741.

[3] Em 20 de Outubro de 1746.

Cuja traducção: *Outrosim pagaremos perpetuamente ao Estado portuguez 3:000 rupias por anno da provincia de Satary.* Estas palavras correspondem com as igualmente acrescentadas na escripta em idioma portuguez, a fl. 450. 1832 Novembro 20

O acrescentamento em portuguez que no Tratado, fl. 266[1], está no cap. 11.°, no mesmo Tratado, fl. 425, está no cap. 8.°

Tanto a letra gentilica como a portugueza, nos referidos acrescentamentos, me parecem ser do Lingua do Estado, Saccarama Camotim Vaga, cuja letra em ambos aquelles idiomas me he conhecida. Pangim, a 3 de Março de 1828. — Atmarama Porobo.

Registada com a representação a fl. 407[2], no livro 28.° da porta a fl. 180 e 181, e no livro 7.° de serviço a fl. 15. Secretaria do Estado, 20 de Novembro de 1832. — João Roberto Hoyes Valente.

N. B. O acrescentamento de letra e tinta differente, que se acha a fl. 450 do termo de juramento do auto de vassallagem dos Dessays de Sanquelim, não está na copia authentica do mesmo auto, assignada pelo secretario Luiz Affonso Dantas, que está a fl. 222 do livro das ordens reaes n.° 119 do anno de 1747, que o Senhor Vice Rey, Marquez de Alorna, dirigiu a Sua Magestade com a conta datada de 2 de Novembro de 1746, participando a conquista, entre outras, de Bicholim e Sanquelim, o que tudo he mais um argumento da tal falsidade do dito acrescentamento. — Felizardo Francisco Xavier.

Aos 10 de Dezembro de 1832, sendo passada huma copia do auto a fl. 442 e outros papeis, a requerimento do Sar Dessay Zaibá Rane, se pozeram na dita copia as seguintes declarações:

1.ª

Declaro que as sobreditas palavras: «Item promettemos contribuir ao Estado para sempre 3:000 rupias por anno pe-

[1] He o Tratado com o Bounsuló de 7 de Abril de 1712.

[2] A antecedente representação do Secretario do Estado.

1832 Novembro 20 los fóros da dita provincia». São de tinta e letra differente, e segundo o exame a que com prévia auctorisação de S. Ex.ª procedeu o Capitão de Sipaes, Atmarama Porobo, parecem ser acrescentadas pelo Lingua do Estado, Saccarama Narana Vaga. E esta declaração se poz aqui em virtude da ordem de S. Ex.ª que está a fl. 497 do respectivo livro de que se extrahiu esta copia.

Esta declaração se poz logo depois do assignado do Secretario, Luiz Affonso Dantas, que fica a fl. 450.

2.ª

Declaro, etc. (Tudo conforme a sobredita primeira, á excepção das palavras: «Outrosim promettemos nós sobreditos Ranes pagar ao Estado portuguez perpetuamente 3:000 rupias por anno. *Era ut supra*»).

Esta declaração se poz logo depois do acrescentamento que fica a fl. 454.

Na margem da copia, e nos logares das palavras dos acrescentamentos, se escreveu: «Vide a declaração abaixo».

No fim da copia se poz a seguinte declaração: «E vae escripta em doze paginas, sendo duas destas a primeira e a ultima só escriptas em huma lauda, e vão numeradas e rubricadas. Rubricou e assignou o Secretario do Estado».—O official, servindo de official maior, Felizardo Francisco Xavier.

Auto de juramento de vassalagem, obediencia, e fidelidade que fazem a El-Rey Nosso Senhor o Dessay de Bicholim, Siva Rama Perobu e seu filho Apagi Porobu, e o Dessay de Sanquelim Ragobá Rane, todos officiaes militares.

1755 Março 26 No anno do nascimento de Nosso Senhor Jesus Christo de 1755, a 26 de Março do dito anno, nesta cidade de Goa, no palacio da Casa da Polvora, estando debaixo do seu docel na sala de audiencia o Illmo e Exmo Sr. Conde de Alva, D. Luiz

Mascarenhas, Vice Rey e Capitão General da India, entraram, e se apresentaram ao dito Senhor os sobreditos Dessays a ratificar com o maior juramento do seu rito a perpetua vassallagem, obediencia e fidelidade a que se obrigaram quando o dito Sr. Conde Vice Rey houve por bem de lhes mandar declarar que os receberia na protecção de Sua Magestade Fidelissima, admittindo a elles e a suas familias a lograrem o fôro de vassallos da Corôa de Portugal, depois de terem passado com o seu domicilio nas terras das ditas provincias, a qual ratificação e juramento fizeram os ditos Dessays apresentando hum papel escripto na sua letra gentilica, que foi por hum delles Siva Rama Porobu entregue no mesmo acto a mim Belchior José Vaz de Carvalho, Secretario do Estado, o qual papel dei logo por ordem de S. Ex.ª ao Lingua do Estado, Ananta Camotim Vaga, para o ler em alta voz na mesma lingua, o que elle executou, e traduzido na lingua portugueza, he do teor seguinte: 1755 Março 26

«Ill.mo e Ex.mo Sr.—Nós Siva Rama Porobu e Apagi Porobu, pae e filho, Dessays da provincia de Bicholim, e Ragobá Rane, Dessay de Sanquelim, reconhecendo o justo e legitimo dominio do muito alto e muito poderoso Senhor Rey de Portugal D. José I, nosso Senhor, nas ditas provincias de Bicholim, Sanquelim e mais terras, havemos chegado todos á presença de V. Ex.ª e a seus pés a protestar a sincera obediencia, total submissão e perpetua fidelidade que por nós, por todos os nossos dependentes e pela nossa descendencia queremos ter a este Estado da India de Sua Magestade Fidelissima, e como vassallos de sua alta e augusta Magestade admittidos benevolamente por V. Ex.ª a vivermos debaixo da sua Real protecção, promettemos e nos obrigâmos de nossa livre e boa vontade a cumprir e guardar inviolavelmente todas as obrigações de leaes vassallos, a qual obrigação fazemos e ratificâmos com o maior juramento do nosso rito, que he o de pormos as mãos solemnemente nas nossas espadas, como fazemos com effeito ao tempo de se pronunciarem estas palavras; em fé do que inviolavelmente cumpriremos tudo o que promettemos, sob pena de que as nos-

1755 Março 26 sas mesmas espadas se tornem contra nós a qualquer tempo que faltarmos ao promettido, o que desejamos que Deus não permitta, que a nossa tenção e firme vontade he de cumprirmos sempre pontualmente tudo o que assim promettemos e ratificâmos com o dito juramento; em fé do que, e para perpetuo testemunho, pedimos ao Lingua do Estado, Ananta Camotim Vaga, que este papel escrevesse, e elle o mandou escrever por seu ajudante Sadassiva Camotim Vaga, no qual todos nós assignámos. Escripta hoje neste palacio da Casa da Polvora, aos 13 da lua crescente do mez Chetro e anno chamado Joa.—Siva Ramo Porobu, Dessay da provincia de Bicholim—Apagi Porobu—Signal de Ragobá Rane, Dessay de Sanquelim.»

Livro 2.º de pazes, antes das folhas numeradas.

Com este auto está o papel maratha apresentado pelos Dessays, e tem no fim esta declaração em portuguez:

«Eu Ananta Camoty Vaga, Lingua do Estado, que estes assignados tomei dos proprios Dessays, traduzi este papel em lingua portugueza no mesmo dia e anno, que em portuguez são 26 de Março de 1755, e por verdade me assignei.—Ananta Camoty Vaga.»

Livro 2.º de pazes, no principio antes das folhas numeradas.

Tratado de paz entre o Magestoso Estado, e o Magnifico Rey de Sunda, celebrado pelo Illustre Secretario do Estado Belchior José Vaz de Carvalho, e o grandioso Embaixador Gneân Linguaja Naurú, Ministros Deputados pelos seus respectivos poderes, em 2 de novembro de 1755.

(Arch. da India, livro 2.º de Pazes, fol. 1.)

1.º

1755 Novembro 2 Haverá huma paz constante e verdadeira amizade entre o magestoso Estado e o magnifico Rey de Sunda e seus successores, pondo em total esquecimento as occasiões das discordias passadas, das quaes tem o magnifico Rey de Sunda dado satisfação pelo mesmo Embaixador na presença do Illmo e Exmo Sr. Vice Rey, Conde de Alva, assim pelo que respeita ao attentado que os Cabos Timapayá e Ponvar commetteram em 16 de Abril de 1752, impedindo com a gente armada a procissão da igreja dos christãos de Sinvançar, como das mais alterações que deram causa á declaração da guerra, protestando guardar para o futuro inteiramente a fé de quaesquer capitulações.

1755 Novembro 2

2.º

Em virtude do presente Tratado se renovam e ratificam os que foram celebrados em 4 de Dezembro de 1735 pelo Illmo e Exmo Sr. Vice Rey Conde de Sandomil, e o mesmo Rey de Sunda, e o de 24 de Junho de 1742 por Manuel Soares Velho, Custangi Ráo, e Calapayá Naurú, e o da Tregoa de 25 de Maio de 1754 por Antonio Carneiro de Alcaçova, e o mesmo Embaixador, promettendo a sua observancia de huma parte e outra em tudo o que nelles se contém.

3.º

Ainda que nos mesmos Tratados se tem dado a providencia necessaria, e especialmente nos oito primeiros artigos celebrados em 4 de Dezembro de 1735 a respeito do favor da religião catholica, e dos Padres e christãos, comtudo para que estes hajam individual noticia, se entregará aos Padres missionarios huma copia authentica dos mesmos artigos nos idiomas portuguez e canará, selladas com o sêllo do magnifico Rey, para com ella os ditos Padres em qualquer occasião que lhe for preciso instarem a execução dos mesmos artigos, para que da falta della se não possa allegar ignorancia; e não sendo deferidos nas suas representações pelo magnifico Rey e seus Ministros, depois da sua exposição, se haverá por infracção da paz.

4.º

Como pela ausencia dos christãos de Sivançar tem padecido ruina a sua igreja, permitte o magnifico Rey que se possa reedificar, e se obriga a dar a providencia de mate-

1755 Novembro 2 riaes necessaria a este fim, com a mesma antiga jurisdicção e logradouros, e da mesma sorte se obriga o magnifico Rey assignalar sitio capaz á satisfação dos ditos Padres em alguma distancia da fortaleza de Ancolá, em que os christãos do seu districto possam ter commodidade para o exercicio dos officios divinos, dando toda ajuda e materiaes do mesmo modo acima declarado, e com a jurisdicção e logradouros iguaes aos do logar que antes servia de igreja, a qual se acha demolida, por ser muito chegada ás muralhas da dita fortaleza.

5.º

Como pela execução do Tratado da Tregoa se acham feitas as restituições dos prisioneiros e desertores de ambas as partes, e se deva continuar igualmente a respeito dos soldados e cafres transfugas do Estado, e em todas as outras mutuas obrigações respectivas á conservação de huma bem estabelecida correspondencia: esteja disposto nos tratados que declara o artigo 2.º do presente Tratado, cessa o motivo para nova declaração.

6.º

O magnifico Rey de Sunda se obriga a dar á fazenda real do magestoso Estado 400:000 xerafins á conta das despezas da guerra em quatro pagamentos de 100:000 xerafins cada hum, sendo o primeiro passados trinta dias depois de assignadas estas capitulações, segundo pagamento fará no fim de tres mezes, depois do primeiro, o terceiro no mez de outubro de 1756, o quarto e ultimo em agosto de 1757.

7.º

Cede o magnifico Rey ao magestoso Estado as aldeias de Aveddem, Cottombo, Assolddem e Xelvanna, que ficam situadas entre a fortaleza de Rachol, Serra Chandarnate e Rio que vae para Paroddá, e largará a sua posse ao magestoso Estado ao tempo de fazer o pagamento do primeiro quartel declarado no artigo immediato.

8.º

Consentirá o mesmo Rey que se possa fabricar hum forte de proporção de trinta soldados de guarnição na barra da enseada das Galés, ao sul do rio Baitacóla, que fica junto á praça do Piro na planicie situada entre o mesmo rio, e o forte de Conem, e para a sua construcção dará os aviamentos que houver naquelle districto e pessoas de trabalho, e concede meia legua em circumferencia para o estabelecimento e subsistencia do forte, sem outra alguma contribuição, e para se demarcar o referido sitio hirão pessoas competentes de huma e outra parte. 1755 Novembro 2

9.º

Tambem se obriga o magnifico Rey a dar dois mil pagodes, que são 12:000 xerafins, cada hum anno ao magestoso Estado, pagos pela camara geral da provincia de Zambaulim, em que lhe faz consignação.

10.º

Para a segurança dos ditos pagamentos hypotheca o magnifico Rey o rendimento das camaras geraes das Provincias de Pondá e Zambaulim, ficando em refens huma das pessoas principaes que o magnifico Rey determinar.

11.º

Satisfeito o primeiro pagamento de 100:000 xerafins e tomada a posse das quatro aldeias declaradas no artigo 7.º deste Tratado pelo magestoso Estado, fará entrega ao magnifico Rey da praça de Piro e sua jurisdicção com todas as munições e artilharia que tinha ao tempo que foi tomada pelo magestoso Estado, exceptuando o mantimento e mais generos, e effeitos que não forem pertencentes á defensa da praça, e feito o ultimo pagamento será pelo mesmo modo entregue a ilha e fortaleza de Ximpim.

12.º

Do presente Tratado se tirarão duas copias, em portuguez e em gentilico, do mesmo teor, para serem selladas e assignadas, e entregues a cada huma das partes antes que o grandioso Embaixador se retire, e pela sua reciproca observancia e perpetuo cumprimento se extinga totalmente a me-

1755 Novembro 2 moria das discordias, continuando firme hum indefectivel estabelecimento da paz. Secretaria, 2 de Novembro de 1755.—(Sêllo das armas reaes).—Belchior José Vaz de Carvalho—Gneãn Lingayá Naurú.—(Seu sêllo pequeno.)

Traduzido por mim Ananta Camotim Vaga, Lingua do Estado, com o meu ajudante Sadasiva Camotim Vaga, em 2 de Novembro de 1755.—Ananta Camotim Vaga.

O texto marata deste Tratado com o sêllo das armas reaes portuguezas e assignatura dos Ministros que o ajustaram, está a fl. 5; e tem a fl. 4 esta advertencia:

«Outro Tratado, como este, assignado por mim e sellado com as armas reaes, se entregou ao Embaixador do Rey Sunda Gneãn Lingaya Naurú.»

Secretaria, 2 de Novembro de 1755.—Vaz de Carvalho.

Outra copia maratha está a fl. 34.

Tratado de capitulações particulares ajustadas entre o Vice-Rey Conde de Alva, e o Grandioso Tullagi Angriá Sarquel a respeito do soccorro que pretende para evadir o perigo ameaçado pelas tropas de Balagi Bagi Ráo (Naná), conferidas pelo Illustre Secretario do Estado Belchior José Vás de Carvalho e os honrados Ramagi Ráo Rane, e Canó Panta.

(Arch. da India, livro 2.° de Pazes, fol. 19.)

1.°

1755 Novembro 5 Havendo o Ill.mo e Ex.mo Sr. D. Luiz Mascarenhas, Conde de Alva, Vice Rey, e Capitão General da India, attendido ás demonstrações com que o Grandioso Tullagi Angriá Sarquel mandou representar a satisfação que recebia da paz e amisade do Magestoso Estado, protestando o justo arrependimento das passadas discordias, foi servido esquecer-se de todas, concedendo-lhe a sua protecção e amparo.

2.°

Para evitar o perigo em que se acha o Grandioso Tullagi Angriá Sarquel na actual guerra de Ballagi Bagi Ráo, lhe concede o Illmo e Exmo Sr. Conde Vice Rey, de soccorro, quinhentos homens de tropas, e que estas sejam principalmente empregadas na defensa das praças, e aquarteladas na sua capital de Griem, e nunca se destinarão a occasiões que hajam de separar o corpo do soccorro sem a ordem, e consentimento do seu commandante. 1755 Novembro 5

3.º

O Grandioso Tullagi Angriá Sarquel fará o pagamento pontual ás mesmas tropas pela sua fazenda conforme as listas do vencimento, que lhe hão de ser dadas pela matricula geral do Estado, das quaes levará copia o commandante.

4.º

Igualmente se obriga a que as tropas fiquem aquarteladas com a possivel commodidade na praça de Griem, em logares separados dos gentios e mouros, proporcionados ao modo de viver dos christãos, e que terão a liberdade que lhe for precisa para o exercicio da religião catholica, e culto divino.

5.º

Os viveres, e mantimentos necessarios lhe serão dados por ordem do Grandioso Angriá Sarquel pelo preço corrente desta cidade, de que se lhe ha de tambem entregar huma relação authentica, e como faltam nas suas terras porcos, cabritos, trigo, arroz cosido, e azeite de coco, poderão ser conduzidos desta cidade para a dita praça nas embarcações correspondentes, que lhes fará promptas o mesmo Grandioso Tullagi Angriá Sarquel.

6.º

Aos officiaes das tropas se ha de fazer o pagamento nesta cidade, para poderem comprar o provimento das cousas necessarias para a sua subsistencia, e se conduzirão na fórma do artigo immediato, obrigando-se o Grandioso Tullagi Angriá Sarquel a receber tudo nos seus armazens, e dar entrega de outra tanta quantia sem diminuição alguma.

7.º

1755 Novembro 5 Offerece o Grandioso Tullagi Angriá Sarquel por donativo para a fazenda real do Estado duzentas mil rupias.

8.º

Em segurança do referido, e dos artigos da paz, de que se trata, ficarão nesta cidade em refens os sobreditos enviados, e depois, até serem recolhidas outra vez as tropas, que forem mandadas de soccorro, no fim do verão presente.

9.º

O Magestoso Estado enviará logo huma companhia de granadeiros das de soccorro para a dita praça de Griem, feito o primeiro pagamento de cem mil rupias na fazenda real, e feito o segundo de outra tanta quantia de cem mil rupias, o mais tardar até vinte dias, a que se obriga o Grandioso Tullagi Angriá Sarquel, irá a restante parte do soccorro.

10.º

Que para a introducção deste para a praça de Griem não serão obrigadas as tropas do Magestoso Estado romper a peleja no mar com os inglezes, por ser esta huma infracção da paz, que tem com os mesmos na Asia, e na Europa.

11.º

Do presente tratado se copiará outro do mesmo theor, e sendo ambos firmados por assignatura e sêllos, se repartirão, para o que ha de ficar hum na secretaria do Magestoso Estado, e remetter-se outro ao Grandioso Tullagi Angriá Sarquel; havendo nesta fórma por ajustada a remessa das tropas auxiliares, e que o beneficio desta capitulação seja efficaz meio para huma bem estabelecida correspondencia entre as partes contratantes. Feito na Secretaria do Estado, e assignado em os 5 de novembro de 1755. Sêllo das Armas Reaes.—Belchior José Vaz de Carvalho—Ramagi Rão Ranne—Canó Panta—Custangi Zœtapurcar.

Traduzido por mim Ananta Camotim Vaga, Lingoa do Estado, com o meu ajudante Sadasiva Camotim Vaga. Secretaria, 6 de novembro de 1755. — Ananta Camotim Vaga. 1755 Novembro 5

Documentos relativos a este tratado

Traducção da carta de Tullagi Angriá Sarquel, em que diz o seguinte

(Arch. da India, livro 2.º de Pazes, fol. 9.)

Ao Illmo e Exmo possuidor da fortuna e felicidade, e conservador da amisade, Grandioso Conde de Alva, Vice Rei assistente em Goa, cuja amisade seja perpetua. 1755 Outubro 29

Com grande gosto e estimação recebi a carta de V. Ex.ª e percebi assim a sua materia, como a que me mandou communicar pelo Grandioso Ismal Can, que por ordem de V. Ex.ª veio cá; ao que se me offerece dizer, que desejo haja cada dia maior augmento da amisade na fórma que desde muito tempo corresponde entre mim e V. Ex.ª e de sorte que soccorrendo huma e outra parte mutuamente, seja castigado o inimigo, approveitando estas as suas praças perdidas com o mais respectivo dellas, sobre o que tenho explicado individualmente ao dito Grandioso Ismal Can, tornando a enviar á presença de V. Ex.ª presentemente aos honrados Canó Panta, e Custangi Zætapurcar, pelo que espero, que attendendo V. Ex.ª o que os sobreditos lhe representarão na certeza que as suas palavras são proprias minhas, queira expedir cá com brevidade ao dito Grandioso Ismal Can com o soccorro. Escripta em os 20 do mez Moharamo (29 de outubro de 1755). Tenha-me sempre na sua graça e amisade.

Sêllo grande e pequeno, ambos no alto do papel, o grande na margem esquerda, e o pequeno na direita.

A carta original em Maratha a fl. 11.

Traducção do papel escripto ao mesmo Senhor pelo dito Tullagi Angriá enviando-o na dita carta, em que diz o seguinte

(Arch. da India, livro 2.° de Pazes, fol. 9 v.)

1755 Outubro 29 Para haver huma paz firme, e boa amisade entre mim e V. Ex.ª envio á sua presença ao honrado Ramagi Ráo Ranne, dando-lhe os poderes necessarios, e o que o sobredito ajustar dou por bem feito, obrigando-me a cumprir, e assim me queira V. Ex.ª crer. Escripta em os 2 do mez Moharamo (29 de outubro de 1755). Tenha-me sempre na sua graça e amisade.

Sêllo pequeno.

O original está a fl. 10.

Traduzidas por mim Ananta Camotim Vaga, Lingoa do Estado, em os 3 de novembro de 1755.—Ananta Camotim Vaga.

Traducção da carta de Tullagi Angriá Sarquel escripta ao senhor Secretario do Estado Belchior José Vaz de Carvalho, na qual depois da cortezia diz o seguinte

(Arch. da India, livro 2.° de Pazes, fol. 16.)

Recebi com muita estimação a carta de V. M.ce e fiquei inteirado de tudo o que nella me dizia. Chegou o Grandioso Ismal Can, o qual e os honrados Canó Panta e Custangi Zætapurcar me significaram a boa amisade e benevolencia de V. M.cê para commigo, de que agradeço muito a sua pessoa. Tudo o que havia que dizer da minha parte tenho encarregado ao dito Can, e com os meus poderes dispeço os honrados Canó Panta e Custangi Zætapurcar, esperando que V. M.cê acredite tudo o que os sobreditos communicarem como palavras minhas, e com a brevidade possivel, faça expedir soccorro, e em sua companhia o dito Ismal Can. Eu acabo de dar a V. M.cê a minha procuração, e creio que V. M.cê não deixará de ter empenho a tudo o que me respeitar, sobre que escuso alargar-me mais. Escripta em 20 do mez Moharamo (29 de outubro de 1755). Tenha-me sempre na sua graça e amisade. Esta he a carta. 1755 Outubro 29

Sêllo grande e pequeno, ambos na parte final da carta; o grande na parte esquerda mais alta, o pequeno na parte direita mais em baixo.

O original maratha a fl. 17.

Traduzida por mim Ananta Camotim Vaga, Lingoa do Estado, em 4 de novembro de 1755.—Ananta Camotim Vaga.

Traducção da carta de Tullagi Angriá Sarquel, em que diz o seguinte

(Arch. da India, livro 2.º de Pazes, fol. 13.)

Ao Illmo e Exmo possuidor da fortuna e felicidade, e conservador da amizade, Conde de Alva, Vice Rey assistente em Goa, cuja amizade seja perpetua. 1755 Outubro 28

Eu cordial amigo Tullagi Angriá Sarquel envio esta com cortezia de repetidos sallamos, ficando de saude, e espero que V. Ex.ª me participe suas boas novas.

A amizade que se corresponde entre mim e V. Ex.ª se deve reputar por antiga, ainda que não foi estabelecida formalmente por papel, agora porém, pondo-se em esquecimento as discordias passadas, que se acha firmado o Tratado da amizade entre mim e V. Ex.ª solemnemente, se desde aqui em diante faltar V. Ex.ª a ella, lhe protesto por esta com o juramento do seu rito, e na fórma do meu juro pela presente a não faltar á mesma amizade, e nesta conformidade se deve observar de huma e outra parte, soccorrendo mutuamente nas occasiões que se offerecerem, e da minha parte assim o ratifico, communicando tudo o que respeita a esta materia ao grandioso Ismal Can, a quem queira dar inteiro credito na certeza de que as suas palavras são proprias minhas, e permittir que a nossa amizade vá cada dia a novos augmentos. Escripta em 22 do mez Moharamo (28 de

1755 Outubro 28 outubro de 1755). Tenha-me sempre na sua graça e amizade[1].

Sêllo grande e pequeno; este no fim, e aquelle pouco antes do fim da carta.

Traduzida por mim Ananta Camotim Vaga, Lingua do Estado, em 4 de novembro de 1755.—Ananta Camotim Vaga.

O original maratha, a fl. 14.

Traducção da carta de Ballagi Bagi Rao, vulgarmente chamado Naná[2] na qual diz o seguinte

1755 Novembro 9 Nobilissimo e Exmo escolhido entre os illustres da sua nação, felicissimo possuidor de alto logar, generoso aos amigos, e sustentador da primorosa amizade, grandioso Conde de Alva, Vice Rey assistente no porto de Goa, cuja amizade seja perpetua.

Depois de primorosas expressões de verdadeiro affecto, com que desejo sustentar, e conservar a mesma amizade, etc.

Tenho noticia de que V. Ex.ª manda sua armada de soccorro ao Illustre Tullagi Angriá, e não he justo que V. Ex.ª mande a sua armada de soccorro ao dito Tullagi Angriá, havendo entre mim e V. Ex.ª boa correspondencia de amizade. O sobredito tem commettido varias desordens, e para tomar a satisfação dellas tenho nomeado hum exercito, á vista do que V. Ex.ª queira attender que a dita nossa correspondencia se augmente mais, e sobre esta materia já o estimado Ganes Trimbaca tem communicado a V. Ex.ª pelo que não queira soccorrer ao sobredito Angriá. Escripta em os 5 do mez Safar (9 de novembro.) E esta não serve de mais. Esta he a carta.

1 A data da carta supra é de 31 de outubro de 1755, e não 28 de outubro de 1755, como por equivoco escreveu o Lingua do Estado Ananta Camotym Vaga.—O Lingua do Estado, Suriagy Ananda Rau.

2 Peishuá de Punem.

Diz o sêllo assim: 1755 Novembro 9

Rey Xahú, Senhor das gentes, e Thesouro de alegria; seu secretario Ballagi Bagi Ráo[3].

Traduzida por mim Ananta Camotim Vaga, Lingua do Estado, em os 23 de novembro 1755.—Ananta Camotim Vaga.

O original a fl. 71.

Carta do Vice-Rey Conde de Alva ao Naná

(Arch. da India, livro dos Reis visinhos, fol. 106.)

Muito illustre, grandioso, e felicissimo Balagi Bagi Ráo Pradan, cuja amizade seja perpetua. 1756 Janeiro 4

Sempre me são agradaveis as noticias do grandioso amigo, e estas com maior rasão de que Tucú Sinay communicou ao grandioso amigo todas as circumstancias, que concorreram na diligencia em que Tullagi Angriá se valeu da protecção do Magestoso Estado, e nesta nem eu me deixei persuadir de sua amizade, nem tambem havia procurar algum caminho que alterasse a boa amizade que corresponde entre o Magestoso Estado, e o grandioso amigo, e quando não fosse esta causa tão justificada, bastava o conhecimento da pouca fé do mesmo Tulagi Angriá, o qual a conservou de sorte, que me obrigou a mandar recolher as poucas pessoas que lhe permitti para guarda da sua familia, e poder esta recolher-se na fórma que muitas vezes me supplicou, para evitar que esta passasse alguma molestia; pelo que cessando ainda este pequeno obsequio, que em nada se oppunha aos progressos do grandioso amigo, póde ficar na certeza de que da minha parte se conserva sempre igual desejo da nossa

[3] Todos os estudiosos da historia da India sabem que no seculo passado os *Pardanes* ou Secretarios do Rajá de Sattará, chefe dos Marathas, arrogaram a si o supremo poder, e se estabeleceram em Punem, donde governaram soberanamente o estado maratha em seu proprio nome, com o titulo de *Pardanne* e *Peishuá*, conservando apenas no sêllo do estado o nome do Rajá.

1756 Janeiro 4 boa correspondencia, e que esta cresça mais cada dia a maior augmento. Deus alumie ao grandioso amigo em a sua divina graça. Goa 4 de janeiro de 1756. — Conde de Alva.

Carta do Secretario do Estado ao Naná, remettida por Tucú Sinay

(Arch. da India, livro dos Reis visinhos, fol. 103 v.)

Muito illustre, grandioso, e felicissimo Balagi Bagi Ráo Pradan, cuja amizade seja perpetua.

Recebi com muita satisfação a carta do grandioso amigo, e com a mesma igualdade desejarei ter occasiões de dar-lhe gosto em tudo o que for do seu agrado.

Pelo que respeita á noticia que remetteu ao grandioso amigo o cabo que está no Angriá de que o Magestoso Estado concedeu soccorro ao dito Angriá para a defensa das suas terras, lhe posso segurar ser menos verdadeiro, por quanto ainda a guarda, que com Ismal Can se permittiu ao sobredito Angriá, foi tão sómente para salvar a sua familia, com expresso regimento de não pelejar contra as tropas do grandioso amigo, ou qualquer outro capitão, que estivesse em paz; e como o sobredito Angriá se houve com tanta infidelidade que forçou a dita guarda para ir a Carepatan, lhe foi logo ordem do Illmo e Exmo Sr. Conde Vice Rey para se recolher a esta Côrte, aonde se acham ha muitos dias, sem que ali ficasse pessoa alguma que diga respeito ao Estado, o qual sempre ha de conservar a mesma paz, que existe de tantos annos a esta parte; e o mesmo informará Tucú Sinay, a quem vão remettidas as precisas ordens para esta diligencia com toda a clareza, e eu em tudo procurarei o augmento desta boa amizade. Deus alumie ao grandioso amigo com a sua divina graça. Goa 4 de janeiro de 1756. — Belchior José Vaz de Carvalho.

Carta do Secretario do Estado a Tullagi Angriá

(Arch. da India, livro dos Reis visinhos, fol. 108 v.)

Recebi as cartas de V. M.^{cê} nas quaes me pedia representasse ao Illmo e Exmo Sr. Conde Vice Rey a retirada, que sem permissão de V. M.^{cê} fizeram o corpo das tropas de soccorro, que lhe foi concedido pelo Magestoso Estado, o que logo executei; e como o mesmo Senhor responde a V. M.^{cê} com toda a instrucção, póde satisfazer a fórma do procedimento. Não tenho mais que dizer a V. M.^{cê} nesta materia, em que sempre a V. M.^{cê} offereço todos os bons officios, desejando interessar-me em tudo o que for do seu agrado. Deus guarde a V. M.^{cê} etc. Goa 29 de janeiro de 1756.— Belchior José Vaz de Carvalho. 1756 Janeiro 29

Carta do Vice-Rey Conde de Alva ao Angriá

Com grande estimação recebi as cartas de V. M.^{cê} nas quaes me representa a retirada das tropas, que eu mandei de soccorro para a defensa das praças, que se achavam atacadas pelas tropas do Maratha, no que o commandante não commetteu desordem que eu haja de castigar, por quanto me informa o mesmo Commandante, e officiaes do corpo, e o Capitão de Mar e Guerra Ismal Can, de que pela parte de V. M.^{cê} se faltou á observancia dos capitulos ajustados com os seus ministros em muitas partes; e como para a instrucção que deviam praticar na assistencia dessas terras, lhe dei a copia da mesma capitulação, ordenando ao commandante que de nenhuma sorte consentisse na falta de observancia, por cujo motivo procurou antes retirar-se a esta cidade com o corpo de soccorro, do que ser obrigado a algum rompimento pela recommendação efficaz que eu lhe determinei, para que de nenhuma sorte consentisse insulto algum, ou desordem nas terras de V. M.^{cê} ou da pessoa da sua jurisdicção.

1756 Janeiro 29 Pelo que respeita á boa amizade que V. M.^{cê} protesta, póde confiar de mim a mesma correspondencia, pois me não póde parecer mal que V. M.^{cê}, persuadido de que lhe não seria util, ou necessario o soccorro que lhe enviei, seguisse o caminho que lhe parecesse mais conveniente, ou ás pessoas que nesta materia o aconselharam; porque eu sempre devo mostrar a V. M.^{cê} que não foi pela minha parte a pouca observancia do ajuste, antes procuro adiantar os interesses da alliança dos Nababos, pelos quaes se embaraçam os progressos das armas do Naná nas terras de V. M.^{ce} como já me informam com certeza, e que os Inglezes são por si os que intentam a conquista para o seu dominio, cujas circumstancias são attendiveis segundo a capitulação referida para eu não ter o procedimento, que V. M.^{cê} me insinua, com os officiaes, ainda que em tudo desejo empregar-me nas occasiões do seu agrado. Nosso Senhor, etc. Goa 29 de janeiro de 1756.— Conde de Alva.

Traducção da carta do Enviado do Naná, ao Lingua do Estado na qual diz o seguinte

(Arch. da India, livro 2.º de Pazes, fol. 111.)

1759 Setembro 9 Aos merecedores da real honra, e estimação, srs. Ananta Camotym Vaga, Lingua do Estado, e seu Ajudante Sadasiva Camotym Vaga.

Eu criado Madagi Quessoá, Enviado do felicissimo Panta Pradhan (Naná), com devida cortezia, e rogos faço esta.

Os Portuguezes fazendo ajuste com o honrado Tullagi Angriá de lhe remetter sua armada para o soccorro de Vizaedurga (Griem) receberam as rupias seguintes:

A pessoa do Vice Rey........................	200:000
De presentes particulares aos Portuguezes Ministros distinctos........................	45:000
Somma...............	245:000

Nesta fórma se receberam 245:000 rupias; he informado antecedentemente o felicissimo Sr. (Naná) de que o grandioso Belchior José Vaz de Carvalho, Secretario do Estado, era Procurador do dito Angriá, e que offerecendo-se-lhe por conta dos presentes particulares 20:000 rupias, elle secretario do Estado as não recebeu; e como V. M.cês estariam presentes na dita negociação, lhes peço me queiram participar em resposta desta quaes são os Portuguezes distinctos, que receberam as sobreditas 45:000 rupias de presentes particulares, porque terça feira (.... do corrente) me hei de despedir de cá para me recolher a Punem, aonde muitas vezes se costuma offerecer occasião de informar similhante materia, por cujo motivo faço esta a V. M.cês, que não serve de mais que o rogar-lhes me tenham na sua amizade. 1756 Setembro 9

Traduzida por mim Ananta Camotym Vaga, Lingua do Estado, em 9 de setembro de 1759.—Ananta Camotym Vaga.

O original maratha, a fl. 112.

He precedida desta declaração.

A carta inclusa fl. 111 de Madagi Quensou, por outro nome Madagi Panta, Enviado do Naná, que se acha nesta côrte, recebeu o Lingua do Estado em 9 de setembro da era presente, e trazida no mesmo dia ma apresentou, á qual se não respondeu, e a mandei ajuntar a este livro. Secretaria 10 de setembro de 1759.—Vaz de Carvalho.

Tratado de paz para se moderarem alguns dos artigos da que foi ajustada entre o Magestoso Estado e o Magnifico Rey de Sunda, em 2 de novembro de 1755, capitulado pelo Illustre Secretario do Estado Belchior José Vaz de Carvalho, e o grandioso Embaixador Srinivás Ráo, em 29 de fevereiro de 1756.

(Arch. da India, livro 2.º de Pazes, fol. 27.)

1.º

O Magestoso Estado attendendo ás justas e repetidas supplicas, que o Magnifico Rey de Sunda propoz pelo seu Minis- 1756 Fevereiro 29

1756 Fevereiro 29 tro Embaixador Srinivás Rao ao Illmo e Exmo Sr. Vice Rey Conde de Alva, a sua antiga alliança e fidelidade, e a ter-se ratificado e renovado os Tratados, que foram celebrados em 4 de dezembro de 1735 pelo Illmo e Exmo Sr. Vice Rey Conde de Sandomil, e o Magnifico Rey de Sunda, o de 24 de Junho de 1742 por Manuel Soares Velho, Custām Rao, e Calapaya Naurú, e o de Tregoa de 25 de Maio de 1754 por Antonio Carneiro de Alcaçova e Gniān Lingaya Nauru, os quaes agora se ratificam com o sobredito de 2 de Novembro de 1755 pelo illustre Secretario do Estado Belchior José Vaz de Carvalho, e o Embaixador Gniān Lingaya Nauru, resolveu deste ultimo moderar os artigos 6.º, 7.º, 10, 11, pela maneira seguinte.

2.º

Que o Magnifico Rey de Sunda se obriga a dar na fazenda real do Estado quatrocentos mil xerafins á conta das despezas da guerra em seiš pagamentos, sendo logo o primeiro de cem mil xerafins, e os cinco restantes pagamentos serão feitos em cinco quarteis de sessenta mil xerafins cada hum, o primeiro em Novembro do presente anno de 1756, e os mais no mesmo tempo em cada hum dos annos successivos.

3.º

Fará o Magnifico Rey de Sunda pontualmente os pagamentos dos quatrocentos mil xerafins, e no caso da contravenção, poderá o Magestoso Estado por si tomar posse, e desfructar as aldeias de Sirodá, Marcaim e Cundaim, da Provincia de Pondá, inteiramente sem outro encargo, ou pensão alguma, excepto as que respeitarem aos vassallos do Estado, até ser inteiramente satisfeito do principal, e despezas que nesta contemplação acrescerem.

4.º

Na parte em que o Magnifico Rey de Sunda se obriga pelo artigo 4.º do dito Tratado de 2 de Novembro de 1735 se obriga pela sua fazenda á reedificação das igrejas de Sivanssara e Ancolá, estará tambem pelo ajuste particular respectivo a algum prejuizo dos Padres Missionarios das mesmas igrejas.

5.°

Receberá o Magestoso Estado sessenta e cinco mil xerafins no proximo pagamento, e pelos trinta e cinco restantes dará seis mezes de espera, no fim dos quaes serão pagos pelo Magnifico Rey com as mesmas condições e obrigações na fórma do artigo 3.° deste Tratado, e feito o pagamento dos ditos sessenta e cinco mil xerafins, lhe entregará o Magestoso Estado a Praça do Piro, e sua jurisdicção na fórma já estipulada no artigo 11.° do Tratado de 2 de Novembro proximo passado; e da mesma sorte acabada a obra do Forte de Conem, e logo que receba a sua guarnição, se entregará ao Magnifico Rey a fortaleza de Ximpim. 1756 Fevereiro 29

6.°

Serão descontados nos ultimos cinco pagamentos proporcionadamente trinta e cinco mil xerafins, que o Magnifico Rey entregou na fazenda real do Magestoso Estado, em attenção ao armisticio capitulado em 25 de Maio de 1754, por terem sido satisfeitos com esta condição pelo artigo 8.° do mesmo Tratado.

7.°

Os artigos da paz celebrada entre o Illustre Secretario do Estado Belchior José Vaz de Carvalho e Gnean Lingaya Naurú em 2 de Novembro de 1755, que não vão citados no presente Tratado, se observarão inteiramente em tudo o que por este se não acha reformado, e de ambos se darão mutuamente copias assignadas e selladas a cada huma das partes. Secretaria do Estado, 29 de fevereiro de 1756.—Belchior José Vaz de Carvalho.

Texto maratha, a fl. 30.

Cartas do Naná (Ballagi Bagi Ráo, Peishuá de Punem)

(Arch. da India, livro 2.° de Pazes, fol. 75.)

Nobilissimo e Excellentissimo escolhido entre os Illustres da sua nação, possuidor de alto logar, generoso aos amigos, 1756 Maio 22

1756 Maio 22 e conservador da primorosa amizade, grandioso Conde de Alva, Vice Rey assistente no porto de Goa, esteja sempre com alegria.

Depois das primorosas expressões do cordeal affecto, com que desejo sustentar a mesma amizade, lhe faço presente que me foi muito estimavel a carta que recebi de V. Ex.ª e fiquei inteirado de tudo quanto o estimado Tucú Ananta me explicou da boa correspondencia e amizade de V. Ex.ª e he justo que cada dia cresça a maior augmento a nossa sincera amizade correspondida desde muito tempo, a qual guardando V. Ex.ª fielmente, da minha parte não haverá minima falta, cujas varias materias encarregando a...[1], despeço á presença de V. Ex.ª por cuja expressão lhe será presente as noticias que eu posso dar a V. Ex.ª destas partes, são as seguintes:

Pelo Abdul Haquimo Caná, que he o Nababo de Saunser, tomei á minha fazenda ametade das terras de Saunser, e ajustando as pazes por onze laques de rupias, e cobrando em parte algum dinheiro, para a restante tomei entre outros refens a fortaleza chamada Bancapur, e deixando todo o referido em boa ordem, vim perto a este rio chamado Tungabadra, e ficam tambem concluidos os ajustes de tributo de outras todas jurisdicções, ou dominios.

Em companhia do Nababo Salabatgenga, que veiu a soccorrer-me, se achava Mr. Bussy, ao qual separou o dito Nababo de si, pela desunião que houve entre elles. Ao dito Mr. Bussy admitti eu no meu serviço, e dei licença para ir a sua casa a Massalipatão, o qual passado o tempo de inverno virá commigo, e para que V. Ex.ª seja sabedor desta feliz noticia, lhe communico por esta. Escripta em os 22 do mez Xabana (22 de Maio). E esta não serve de mais. Esta he a carta.

Significação do sêllo.

Rey Xahu, Senhor das gentes, e thesouro de alegria. Seu secretario Ballagi Bagi Ráo.

1 Está em branco no original maratha este logar, onde se devia pôr o nome do Enviado.

Traduzida por mim Sadasiva Camoty Vaga, ajudante do Lingua do Estado. Campo de Rachol, 16 de Junho de 1756.— Sadasiva Camoty Vaga.

1756 Maio 22

O original maratha está a fl. 76.

Ao possuidor da fortuna, e felicidade, Illustre Belchior José Vaz de Carvalho, Secretario assistente em Goa, cuja amizade seja perpetua.

Depois das expressões do affecto.

Recebi a carta, que se me remetteu, e percebi toda a materia dessa parte de V. M.[cê] pelo que me communicou o estimado Visnú Naique. Como V. M.[cê] se acha nessa grande côrte procedendo com firme intenção, se concluirão os negocios importantes, e com elles a amizade crescerá cada vez a maior augmento, cuja materia será a V. M.[cê] presente pelo que o dito Visnú Naique lhe communicar largamente por escripto junto com o honrado Hari Rama, que tambem me communicou a mesma materia.

A noticia que posso dar he que tomei á minha fazenda ametade das jurisdicções do Nababo de Saunser Abdul Haquino, ajustando o tributo em onze laques de rupias, das quaes pagou algumas de contado, e pelas restantes deu os refens, em que entra tambem a fortaleza de Bancapur. Deixando esta dependencia em ordem, acampei junto ao rio Tungabadra, concluindo tambem os tributos das mais terras.

O Nababo Salabatgenga, que tinha vindo para me soccorrer, professa commigo huma estreita amisade, e por haver despedido do seu serviço a Mr. Bussy pelas differenças que entre ambos se offereceram, o dito Bussy pretendendo querer-me servir, deferi a sua pretensão admittindo-o para o meu serviço, o qual para se continuar, virá acabado o inverno, porque de presente com licença minha se recolheu para sua casa em Massalipatão, e para que desta feliz noticia seja V. M.[cê] sabedor, lhe participo por esta carta; e como se faz preciso concluir negocios importantes augmentando cada vez mais a amizade de ambas as partes, sendo a intenção de concluir algum negocio, mande pessoa sua fidedigna, recolhendo-me

1756 Maio 2 á minha capital, e assim o fique entendendo. Escripta em os 22 do mez Xabana (22 de Maio). E esta não serve de mais.

Traducção do papel que veio incluso na dita carta, em que diz o seguinte

(Arch. da India, livro 2.º de Pazes, fol. 78.)

Memorial ao Secretario Belchior José Vaz de Carvalho, cuja amizade seja perpetua.

Como se me mandou dizer por Tucú Ananta que lá havia bons cavallos da casta arabia, e que mandando eu pessoa que os soubesse escolher, conduzisse comprando-os, mando a[1] V. M.cê permitta que elle possa comprar os cavallos daquella qualidade, e assim o fique entendendo.

Escripta em os 22 de mez Xabana (22 de Maio).

Diz no sêllo o seguinte:

Rei Xahu, Senhor das gentes e thesouro de alegria. Seu Secretario Ballagi Bagi Ráo.

Traduzida por mim Ananta Camoty Vaga, Lingua do Estado, em 15 de Junho de 1756.—Ananta Camoty Vaga.

Originaes a fl. 79 e 80.

Relatorio de Francisco de Assis Pacheco de Sampaio a El-Rey D. José I dando conta da Embaixada ao Imperador da China, no anno de 1752

(Collecção dos meus Mss.)

1756 Agosto 31 Senhor:—Quiz Vossa Magestade nos principios do seu felicissimo governo mostrar ao mundo todo, que o zêlo da propagação da fé nos Monarchas portuguezes passa de paes a

[1] Está em branco o logar, onde no original se devia escrever o nome da pessoa.

filhos como herança da natureza, e a este fim foi servido nomear-me seu Embaixador ao imperio da China, para cultivar por este modo a amizade do Imperador actual, promover a conservação e augmento das missões do mesmo imperio, restabelecimento do real padroado, e outros interesses politicos, cuja honra devo muito mais que ao meu merecimento, á minha fortuna.

1756 Agosto 31

Para esta expedição sahi de Lisboa no dia 23 de Fevereiro de 1752, e com cinco mezes e dezessete dias de viagem cheguei a Macau a 11 de Agosto do mesmo anno. Já n'esta cidade se sabia que vinha Embaixador, por avisos particulares que se adiantaram em os navios de Londres, e por esta razão logo que a nau se reconheceu pela bandeira, foi recebida com uma salva geral de todas as fortalezas, sendo este cortejo com que o Governador D. Rodrigo de Castro annunciou ao povo a minha vinda, o primeiro objecto que provocou toda a espectação dos Chins, pelo respeito que sempre lhes mereceu esta embaixada.

Nos dias seguintes em que a nau se deteve pelas difficuldades de entrar a barra, fui cumprimentado pelos officiaes da Camara, Governador, Cabido, Prelados das religiões e mais pessoas de distincção da cidade; e tendo-se concluido a ponte que o Senado mandou fazer para o meu desembarque, no dia 15 se executou esta funcção com o maior apparato que costuma praticar-se nos estados da India, esperando-me ao saltar em terra os mesmos que me anteciparam os primeiros obsequios, e por entre duas alas de infanteria da guarnição das fortalezas me conduziram até á casa que para minha assistencia se havia preparado com o preciso aceio.

Sem perder tempo entrei a conferir o importante negocio da embaixada com os Padres que podiam votar com acerto e experiencia na materia: todos me propozeram seria impraticavel conseguir dos Mandarins de Cantão a minha entrada neste imperio sem o titulo de tributario, e que o recorrer immediatamente á Côrte seria o melhor meio de cortar esta indecencia; porque, supposto o Imperador pela

1756 Agosto 31 desigualdade das suas resoluções, em dezessete annos de governo ainda não tinha dado a conhecer o verdadeiro caracter do seu genio, se servia ao presente de dois Ministros que saberiam distinguir com attenção e respeito o merecimento de uma embaixada de que devia gloriar-se eternamente aquella monarchia.

Com este voto tão conforme ás minhas intenções expedi logo dois proprios a Pekim, com as cartas que trazia de recommendação para o Padre Agostinho Halerstein, e repeti as vias pelo correio ordinario. Ao mesmo Padre referi muito individualmente todas as advertencias de que podia servir-se n'esta occasião, e lhe mandei um succinto memorial feito ao Imperador, para usar d'este, sendo preciso. Escrevi tambem ao Bispo D. Polycarpo de Sousa e aos Prelados do collegio e residencias, convidando a todos para assistirem ao Padre Halerstein n'este empenho, por ser de interesse commum da religião, parecendo-me conveniente esta cautela, por algumas circumstancias que observei nos Padres de Macau.

Feita esta diligencia, deu a Camara noticia aos Mandarins da minha vinda pelo commum expediente das suas chapas, e com a sua resposta se excitou a questão da minha entrada, que esteve indecisa no espaço de dois mezes e meio; porque logo deram á embaixada o titulo de tributo, e entraram a tratar esta acção por um modo tão pouco civil, que bem mostrou terem as perturbações dos annos de 748 e 749, e ainda mais a providencia que n'esse tempo deu Goa a estas desordens, acabado de reduzir ao maior abatimento o nome portuguez n'aquelle imperio.

Pretendiam os Mandarins não só dar-me o titulo, mas sujeitar-me em tudo á lei do tributario. Quizeram que eu lhe désse uma relação das cousas que trazia para pagar o tributo, como elles diziam, e que entrasse para Cantão sem esperar ordem do Imperador; para este fim citavam nos seus papeis o exemplo de outras embaixadas, e com estas instancias pretenderam que eu passasse pelo mesmo ceremonial que elles actualmente praticavam com o Embaixador de Sião, que concorreu no mesmo tempo a offerecer o seu tributo dos elephantes. 1756 Agosto 31

Foram respondidas com desembaraço estas proposições: dizia-se a elles que a Corôa portugueza não pagava tributo a Monarcha algum do mundo, antes na Asia o recebia de muitos Reis; que eu me não atrevia a dar-lhe a lista que me pediam, sem resolução expressa do Imperador, porque só elle podia a seu arbitrio declarar-me o modo de fazer-lhe manifesto o que trazia para lhe offerecer em nome de Vossa Magestade, e ultimamente que, sem ordem sua e se ajustar primeiro o tratamento que devia ter por todo o imperio, não dava um passo fóra de Macau.

Veiu de proposito o Chykien da villa de Hianxan, expedido pelo Suntó e Vice-Rei, a praticar estas duvidas com o Senado, e depois de propôr as suas razões e de as querer provar com documentos dos seus Tribunaes, se retirou com a mesma resposta; e porque a disputa não só era impertinente, mas indecorosa, declarei aos Officiaes da Camara, que se as chapas não mudassem de estylo no modo de tratar-me, eu não as queria ver, e que isto mesmo respondessem aos Mandarins.

Assim o fez o Senado, e esta resposta produziu uma suspensão de semelhantes praticas, que durou o tempo de mez e meio. Esperava eu que em Pekim tivessem melhor successo as minhas negociações, por me constar que o Imperador lia com emulação na chronica de seu pae as embaixadas de Roma, Portugal e Moscovia, e anciosamente desejava lisonjear-se com os mesmos obsequios; e tendo aquelle refugio em que salvar os respeitos da Corôa, sem offender a piedade d'esta expedição, entendi que não devia sacrificar-me cegamente ao arbitrio d'estes Mandarins, á vista de todas as nações da Europa que observavam com a maior vigilancia os progressos d'esta disputa.

Não esteve ociosa a minha obrigação emquanto durou este silencio: procurava por todas as vias que me eram possiveis, saber os projectos dos Ministros de Cantão: Francisco Roth, director da Companhia oriental de França, por

1756 Agosto 31 intervenção do Padre João Silvano Neuviali, que me serviu na versão das chapas, por ser nas letras sinicas o mais perito dos que assistem em Macau, me participou todas as conferencias que os Mandarins faziam, em que eu não tinha poucos votos a meu favor, remettendo-me com esta occasião a copia de alguns papeis que, sem despeza sua, soube tirar dos Tribunaes.

A 3 de Novembro chegou a primeira noticia do bom successo que tiveram em Pekim as minhas prevenções; porém ainda tão confusa que inquietou a todos! Dizia o aviso que se preparassem casas para um Enviado na Côrte, que vinha receber-me e conduzir-me á presença do Imperador, e parecia não caber no tempo que esta resolução fosse effeito das minhas cartas! Mas com outro papel se desvaneceram no dia 6 esses receios, porque n'elle se referia que eram dois Ministros, um d'elles o Padre Halerstein, Presidente do Tribunal da mathematica, e se pedia uma exacta relação da minha familia, para expedir-se o que fosse preciso para a nossa conducção por todo o imperio.

Respondi a estes avisos, que os Mandarins me haviam tratado em varios papeis com o titulo de tributario, e que sem eu receber uma satisfação condigna a este aggravo, ociosamente procuravam aposentadorias para os grandes Enviados da Côrte, porque sem ella nem sairia de Macau, nem lhe daria o rol que me pediam. Appareceu com effeito a satisfação no dia 14, posta em editaes publicos; n'elles se declarava que o reino de Portugal não pagava tributo á China, e promettia rigorosos castigos a todos os que se atrevessem a dar-me o nome de tributario; e assim se concluiu esta impertinente disputa, ficando eu só com o cuidado de pôr-me prompto a partir, logo que chegassem os meus conductores.

Passados alguns dias me certificaram as cartas de Pekim da felicidade que até áquella hora só conhecia pelos effeitos, no differente modo com que me attendiam os Mandarins: dizia-se n'ellas que chegando os meus avisos a 2 de outubro, fôra immediatamente o Padre Halerstein fallar ao Xu-

Tagin, Governador da cidade, que possue o segundo logar no Ministerio e valimento do Imperador, e lhe participára que eu estava em Macau e desejava passar á Côrte; que este Ministro o ouvira com summo gosto, e lhe pedira uma representação por escripto para a mandar á Tartaria, onde o Imperador estava n'esse tempo divertindo-se na caça dos tigres, exercicio em que costuma empregar os mezes do outomno de cada anno. 1756 Agosto 31

Assim o fez o Padre, e correu o negocio com tanta expedição que no dia 10 se lavrou o primeiro decreto, que ordenava se escolhesse um Mandarim do Tribunal do Nuy-Vu-Fu (que é a Camara imperial) e que este, com o Presidente da mathematica, partisse pela posta a Macau, para ambos me receberem e conduzirem á Côrte; e successivamente se expediu outro ao Suntó e Vice-Rei de Cantão, dando-lhe noticia do primeiro, e com expressa recommendação para que me tratassem de sorte que eu me não desgostasse, e me dessem em seu nome um banquete com a maior grandeza e solemnidade que costuma praticar-se na China, e mandou que o expresso fizesse precisamente seiscentos lizes de caminho por dia, que corresponde ao numero de sessenta leguas portuguezas.

Notavam as cartas dos Padres muitas circumstancias que justamente davam a entender a distincta estimação que o Imperador fazia da embaixada: a todas excedia no meu conceito a de dar estas ordens antes de receber o aviso dos seus Ministros de Cantão, e sem preceder consulta do Tribunal dos ritos, sendo esta a praxe recebida como lei n'aquelle imperio, supposto consistir todo o systema do governo da China na infallivel observancia dos seus estylos, não duvidando a cada passo prescindir das forças da razão, só por conservar a auctoridade dos costumes.

Tinham os Mandarins (comprehendidos na demora do seu aviso) recebido estas ordens com susto; e por satisfação ao engano com que até áquelle tempo me suppozeram no maior aperto, não duvidavam affirmar que por meios naturaes não era possivel se tivessem adiantado tanto as minhas

1736 Agosto 31 negociações na Côrte; faziam todas as disposições para ali me receberem com o maior cortejo, mas não podia encobrir-se o desgosto que tiveram de não dar-me as leis na formalidade da minha entrada.

Fez-se esta paixão notoriamente mais sensivel ao Suntó, que no poder do cargo e altivez do genio dava maior exercicio ao odio com que aborrece aos Europeus, que devia participar de seu irmão o Conde Ne-Cum, auctor da ultima perseguição das christandades, que ha poucos annos, tendo o primeiro logar na estimação do Imperador, pelo mau successo da guerra de um rebelde, onde serviu como General supremo, perdeu de um mesmo golpe a graça e a cabeça, horoscopo fatal em que parece terem nascido no presente governo d'aquelle imperio quasi todos os validos.

A 14 de Dezembro chegou a Macau o Padre Halerstein, e no dia seguinte o seu companheiro, que era um Tartaro Mongú, e ambos foram recebidos com iguaes cortejos do Senado e Governador, que os mandou salvar com grande differença aos mais Mandarins que costumam ir á mesma cidade. Na primeira visita que logo me fez o Tartaro, conheci que em muitos accidentes de sinceridade disfarçava uma artificiosa simulação do orgulho, que ao depois lhe declarou o tempo no decurso da viagem: fui pagar-lhe a visita no mesmo dia, por não faltar ao rito mais recommendado nas politicas da China; e esta foi a primeira vez que sahí de casa e fui visto depois do meu desembarque, sendo a noticia d'este recolhimento e da boa disciplina em que conservei a minha familia, os motivos mais efficazes que até ao throno do Imperador me grangearam o respeito e estimação com que sempre me trataram.

Quando o Padre passou por Cantão, já os Mandarins haviam recebido a resposta dos avisos, que a Côrte ainda não tinha quando elle partiu para conduzir-me; e um d'elles que não seguia a parcialidade do Suntó, lhe confessou que o Imperador resolvêra que eu tinha obrado em tudo com acerto, que elles me não deviam obrigar a dar-lhe a lista que me pediam, o que eu poderia fazer voluntariamente, se quizesse; e a noticia d'esta resposta empenhou mais ao Padre em mandar a relação ao Tagin, Governador de Pekim, porque elle desejava lisonjear ao seu Monarcha, antecipando-lhe a certeza do que vinha no presente. 1756 Agosto 31

Não duvidei satisfazer ao empenho do Padre, em que tambem se interessava o Tartaro seu companheiro; e como para se escrever esta relação na phrase sinica, com as individuações precisas e letras correspondentes á preciosidade das cousas e alto respeito da Magestade que as mandava, era conveniente que se vissem, fomos todos a casa do Governador, para onde tinha passado o presente com publica solemnidade, por satisfação ao reparo que já se fazia, em que agora se não praticava o mesmo que observára no tempo do Imperador Yum-Chym, e ali se escreveu a lista, e eu tive esta occasião de ver o Governador em sua casa, que desejando-o fazer em correspondencia dos repetidos obsequios e continua assistencia que lhe devi, me não atrevia a cumprir este desejo, supposta a pouca reputação em que os Chinas têem aquelle logar.

Na tarde do dia 20, ajustado para a nossa partida, sahi de Macau: constava a minha comitiva de setenta e uma pessoas, contando neste numero os dois Jesuitas da vice-provincia, que ficaram na Côrte, um a titulo de mathematico, outro de cirurgião, e os vinte soldados e alferes da guarnição da nau, que entre todos fizeram a melhor especie, para o agrado e attenção dos Chinas; o Governador, Senado da Camara, Prelados das religiões, e mais pessoas que constituem o corpo civil d'aquella cidade, me acompanharam até uma legua de distancia, onde a noite poz o ultimo termo a esta cortezia.

Continuou-se a viagem nos dias seguintes, e a 25 fiquei uma legua distante de Cantão; n'este logar recebi os primeiros cumprimentos das nações da Europa, que ao depois se multiplicaram com visitas de todos os directores das companhias que alli assistem, e com repetidas descargas de infanteria que tinham formado nas feitorias, esmerando-se cada um no modo de festejar-me com tal excesso, que mui-

1756 Agosto 31 tas vezes discorri ser a necessidade que teem de falar a lingua portugueza n'aquelle paiz, para melhor expedição dos seus negocios, a que lhe influia nos corações uma vassallagem de affecto não menos extremosa que a dos naturaes no empenho de obsequiar esta embaixada.

Repetia-se por todas as vias a noticia do resentimento do Suntó e Vice-Rei, e esta certeza me trazia no maior cuidado; e ainda que os Chins sejam conhecidos no mundo pelo especial dom de saber dissimular inimizades nas acções publicas, pareceu-me providencia mais segura não acceitar a aposentadoria que me tinham preparado em terra, porque com este arbitrio seriam menos as occasiões de expôr-me ao perigo que temia: communiquei ao Padre Halerstein o meu pensamento e o modo com que podia cortezmente desembaraçar-me dos Mandarins, se elles me instassem para que saísse da barca, e o Padre concordou em tudo com o meu voto, assegurando-me que esta resolução era a menos arriscada em semelhante conjunctura.

Vieram com effeito o Ju-Chyn-su, e outros Mandarins cumprimentar-me da parte do Suntó e Vice-Rei, e me convidaram para as casas que havia tempo estavam destinadas para a minha accommodação: respondi-lhe que, como o Imperador tinha mandado dois grandes Enviados pela posta para me conduzirem á sua presença, era justo que eu correspondesse a este excesso, mostrando-lhe os desejos que tinha de possuir sem demoras uma honra tão estimavel, e que assim antes de chegar á Côrte, determinava não entrar em outra casa que não fosse a barca; e como esta resposta se ajustou cabalmente á idéa que todos conservam do respeito que se deve ao seu Monarcha, foi constante que tivera entre elles notavel acceitação, e os provocara a maior diligencia para me expedirem sem dilações, assignando logo o dia seguinte para o jantar, e que no outro estaria tudo prompto para eu continuar a minha jornada.

Muitas vezes tinha eu praticado com o Padre sobre os logares de banquete, e elle me assegurava que nenhuma duvida poderia haver em dar-se-me o primeiro, supposto que o convite não dizia relação a outro algum dos assistentes: este era tambem o meu conceito, regulando o discurso pelo que refere a historia das politicas da China; porém, com o mesmo aviso de que só esperavam os Mandarins que eu fosse para se dar principio a esta funcção, veiu tambem por escripto o ceremonial que deviam seguir os convidados, em que se me dava o terceiro logar, assignando o primeiro e segundo para os meus conductores. 1756 Agosto 31

Logo o Padre ponderou ao mensageiro que veiu apresentar-lhe o ceremonial por commissão do Suntó, que n'elle havia erro, de que sem duvida resultaria alguma questão, que difficultosamente se comporia, porque o Embaixador, sendo o principal convidado, havia querer o primeiro logar, que justamente lhe tocava; respondeu elle a esta proposição, que todos sabiam que o primeiro logar era do Embaixador, pois o que alli se dava aos conductores se não devia contar para a preferencia, e só lhe pertencia pela ordem de conduzir.

Deu-me o Padre a noticia do que passava; não cabia no tempo dilatar a resolução, nem dictava a prudencia executar a primeira que me occorreu para desfazer esta machina do Suntó, em um paiz onde se não percebem as immunidades de uma Embaixada, e em conjunctura tão critica, que claramente se conhecia ser todo o empenho d'este Ministro malquistar-me na presença do Imperador, e procurava o meio mais proprio de alimentar-lhe a desconfiança, defeito transcendente a todos os nascidos n'aquelle Imperio, dando-lhe parte de qualquer alteração que houvesse, com as côres que quizesse introduzir-lhe a sua maldade.

Obrigou-me, sobretudo, a causa final d'esta expedição a ir ao banquete, ajustando com o Padre que elle questionaria com o Suntó esta duvida, sem referir-me cousa alguma do que praticara na disputa, dizendo-lhe que eu não sabia ainda o que o ceremonial mandava; que em uma só palavra poderia participar-me o successo das suas instancias, porque eu no ultimo aperto tomaria o partido de fazer-me desentendido, e de rogar ao mesmo Suntó, me assignasse

1756 Agosto 31 algum Mandarim para guiar-me nas ceremonias d'aquella solemnidade; porque sendo differentes os estylos da Europa, queria ter um conductor a quem imitar o melhor que me fosse possivel n'esta occasião.

Esta foi ultimamente a conclusão da disputa que o Padre teve com o Suntó, que sustentou, ainda mais com a autoridade do cargo que com as forças da razão, que o logar dos conductores não fazia numero para a preferencia dos assentos; e dizendo-lhe o Padre que um só bastava para a acção de conduzir, quando entrámos na sala em que estavam as mezas, tomou a quarta, ficando o Tartaro seu companheiro na primeira, eu na segunda, e o Secretario na terceira.

Não podia occultar-se o empenho com que o mesmo Tartaro meu conductor, desvanecido com a honra de Enviado do seu Monarcha, seguiu o partido do Suntó nesta occasião, e não houve mal fundadas suspeitas de ser elle o autor desta idêa que ambos defenderam contra o sentir dos mais Mandarins assistentes; e esta foi a unica acção que em todo o progresso da embaixada ainda hoje me conserva escrupuloso, nos desejos que tenho de proceder no serviço de Vossa Magestade com o maior acerto.

No dia 28 destinado para as mais dependencias da minha expedição, mandou o Vice Rei pelo Thesoureiro da fazenda real entregar-me o passaporte para os transitos da viagem, e mil e cem taéis, com um recado que dizia que, segundo as leis d'aquelle imperio, a todos os Embaixadores se fazia assistencia de mil taéis; porém, que recommendando o Imperador que me tratasse com excesso aos meus antecessores, se resolvia a fazer aquelle augmento, por cumprir com a differença desta recommendação. Bem sabido é o estylo da Asia vulgarmente praticado com os Embaixadores nestas assistencias, e não ignorava eu que todos os que me precederam no emprego haviam recebido os mil taéis, e com esta certeza respondi ao Thesoureiro, que supposto não carecia de cousa alguma para fazer os gastos da jornada, era obrigado a acceitar as grandezas do Imperador, por dar-lhe gosto na execução das suas ordens.

Soube o Tartaro meu conductor o que se passava com esta assistencia, e veiu logo advertir ao Padre, que daquelle dinheiro seria preciso dar contas em Pekim, e não sabia se eu o quereria receber com este encargo, parecendo-lhe melhor que o levasse algum dos Mandarins dos que haviam acompanhar-me, os quaes o poderiam distribuir no que me fosse preciso no caminho: participou-me o Padre o que havia neste particular, e ainda que eu facilmente lhe mostrei nas memorias das embaixadas antecedentes, que esta advertencia não tinha fundamento, e era toda uma chimera inventada pela perversidade do seu companheiro, conclui que estimava muito o reparo, porque me dava boa occasião para não servir-me daquelle dinheiro sem offensa do Imperador. 1756 Agosto 31

Para este fim fiz que o Padre o levasse ao Thesoureiro da fazenda, e da minha parte lhe dissesse, que eu devera ao meu conductor o beneficio de fazer-me semelhante aviso, o qual me obrigava a repôr aquelle donativo na sua presença, e lhe pedia o quizesse deixar, porque não podia dar-se caso em que eu necessitasse d'elle; nem me era decente receber prata de que houvesse dar contas, pois só a Vossa Magestade as daria do meu procedimento, que as de dinheiro eram emprego muito humilde para a distincção do meu caracter.

Quiz o Thesoureiro satisfazer-me, e logo respondeu que semelhante obrigação era supposta; porém como o Padre lhe assegurou, que eu sem duvida a não acceitaria segunda vez, com o parecer do Vice-Rei se entregou a prata ao Ul-fu que me acompanhava; e ainda que elle em muitas occasiões a mandou offerecer pelo decurso da viagem, teve o trabalho de a guardar e restituir da mesma sorte que a recebeu, porque sempre lhe respondi que me sobrava muita da que trazia para as minhas despezas.

Com estes exemplos do orgulho do meu conductor saí de Cantão no dia 29, já determinado a evitar, com o pretexto de alguma molestia, todas as occasiões de concorrer com elle em publico; mas não foi preciso affectar causas para observar este preceito, porque as asperezas do clima, no desabrigo das barcas e maior rigor do inverno, me pozeram in-

1756 Agosto 31 capaz de receber nas metropoles das provincias os cumprimentos dos Mandarins, e assim passei até á Côrte, sem ter contestação alguma no ceremonial com que devia ser tratado; porque, como o Padre já vinha prevenido para que eu seguisse o estylo tartaro no modo de corresponder ás visitas por escripto, que he hoje o mais polido e pratico entre os Ministros principaes d'aquelle imperio, fiquei livre da maior oppressão que podia ter no cuidado de sustentar a dignidade do meu caracter, sem offender nas respostas a civilidade d'estas attenções.

É este uso o mais grave na acceitação de todos os Mandarins, e além de ser o mais facil de observar, corre entre elles como argumento infallivel da grandeza das pessoas: os que presidiam ao governo civil e militar das cidades e villas mandavam o seu papel de visita a encontrar-me na distancia de duas e tres leguas; ao depois vinham pessoalmente com o mesmo papel, e toda a correspondencia destas cortezias consistia em se lhe acceitar, e restituir-se-lhe logo que eu o via, dizendo-se-lhe que já me constava o favor que me faziam.

Esta formalidade de tratar os Mandarins de menos graduação acautelou aos Vice-Reis que assistem nas capitaes, para me não mandarem semelhantes papeis, porque facilmente perceberam a boa instrucção que eu trazia na politica que devia com elles praticar, e assim cada um se escusava por diverso modo, e o de Han-cheu mandou dizer-me que não me offerecia o seu papel de visita, porque da mesma sorte que elle não conhecia as letras da Europa, não entenderia eu as da China.

A 20 de Abril, quando já estava na provincia de Péchi-li, da cidade de Tien-Cin-Fu, se adiantou o Quin-Chay tartaro a dar parte á Côrte do logar em que me deixava, que assim se entendeu ser preciso pelas noticias que vinham de que o Imperador me esperava com impaciencia, e julgava proceder a demora de algum descuido dos conductores; a 27 tornou para as barcas e me assegurou seria preciso fazer a minha entrada em Pekim até ao primeiro de Maio, porque o

Imperador queria logo dar-me audiencia, e estava summamente ancioso de receber a Embaixada sem maiores dilações; e isto mesmo certificavam todos os Padres que nos mesmos dias vieram a cumprimentar-me naquelle sitio. 1756 Agosto 31

Isto supposto, tomei a resolução de sahir das barcas antes de chegar a Chankia-van, ultimo logar em que é navegavel aquelle rio; porque com as poucas aguas que havia neste tempo, precisamente teria a demora de muitos dias para vencer tres leguas, que só me restavam de caminho. A este logar mandei vir cincoenta cavallos que já tinha comprados, e no dia 30 fui pernoitar a uma casa que se tinha preparado por minha ordem, a uma pequena legua de Pekim, onde achei um Official das ordens do Xu-Tagin, Governador da cidade, que vinha visitar-me da sua parte, e perguntar quando queria fazer a minha entrada publica, para elle dar providencia a tudo o que fosse preciso para o socego e applauso desta solemnidade.

Respondi-lhe, que supposto o beneplacito do Imperador, entraria no dia seguinte pelas tres horas da tarde; e disposta a occasião com a formalidade que exponho no papel junto a esta conta, entrei na Côrte á hora determinada: não bastou a experiencia de ter visto nas mais cidades deste imperio um numero de homens quasi infinito, para que me não servisse agora de novidade a multidão; pareceu-me que via o mundo todo em cada rua, e não era maior o concurso que o pasmo com que todos admiraram a gravidade e luzimento desta acção, nem foi menor o respeito que os soldados e Mandarins, que defendiam os logares do nosso transito, fizeram observar aos assistentes, não permittindo que algum a visse de cavallo ou dentro de carruagem.

Foi a observancia desta ordem o primeiro testemunho publico que o imperador deu na Côrte, da estimação que fazia da embaixada, querendo que a minha aposentadoria lograsse o mesmo privilegio; porque a guarda tartara que assistia na primeira porta, fazia apear, sem distincção, a todas as pessoas que entravam na rua e assim passavam todo o espaço que occupava a frontaria das casas, e com grande

1756 Agosto 31 incommodo do povo não consentia que passasse carruagem alguma, ainda das que servem ao transporte de mantimentos, nem homem descoberto ou que viesse sem barrete de ceremonia; e era o logar tanto a proposito para o continuo exercicio destas attenções, que não havia instante do dia em que estivessem ociosos os soldados.

Pouco depois de entrar em casa tive recado do Xu-Tagin, que vinha visitar-me, e a antecipação deste aviso me deu tempo para o receber com o mais distincto cortejo que podia compôr a assistencia de toda a minha familia: chegou elle com pouca demora, e com particulares demonstrações de agrado, de que é fertil aquella nação, festejou a minha vinda.

Entre as pessoas da sua comitiva trazia este Ministro um filho seu, já Mandarim da terceira ordem, que ficou de pé com os mais assistindo á visita; advertido pelo Padre que servia de interprete, de quem era, o convidei para sentar-se, porém não consentiu o pae que o fizesse, e a todas as minhas instancias satisfez com a resposta de que era um pequeno Mandarim, que não devia ter assento na minha presença.

Disse-me que o Imperador quereria ver-me no dia 4, se eu já estivesse descançado da molestia que precisamente me daria uma jornada tão grande em tempo tão rigoroso. Respondi-lhe que estava expedito para ir á presença de Sua Magestade quando fosse do seu real agrado, e desejava muito que se me abreviasse o tempo de possuir esta honra; e com isto se despediu, deixando a todos os Padres que na mesma hora me assistiam, cheios de admiração e alegria por esta visita, attenção que elles reputaram por uma das maiores felicidades da embaixada, e que não tinha exemplo, nem devia esperar-se, segundo o inalteravel systema com que aquelle imperio se governa.

No dia seguinte 2 de Maio fui formalmente avisado de que o Imperador determinava dar-me audiencia no dia 4 pelas 8 horas da manhã, e que instruido no ceremonial das embaixadas mais solemnes do tempo de seu pae, declarara que o Xu-Tagin me havia introduzir na sua presença, que elle receberia a carta credencial pela sua propria mão, e ao depois faria eu a ceremonia das cortezias; que seria interprete o Padre Agostinho Halerstein, satisfazendo-me por este modo a tudo o que eu podia desejar nestas disposições. 1756 Agosto 31

Não se occultava ao Tribunal do Lipu, a que pertence privativamente a direcção das embaixadas, que o Imperador na occasião presente prescindia desta formalidade; mas nem por isso desistiu da sua jurisdicção no empenho de se introduzir agora nestas dependencias; e certos os Mandarins que o dia 4 era o destinado para a audiencia, fizeram um memorial ao Imperador, em que lhe davam parte da minha vinda, propondo-lhe o mesmo dia 4 para me admittir á sua presença, e só erraram a hora, porque lhe assignaram por melhor a do meio dia. Respondeu o Imperador a esta representação, que já sabia, e nada mais; e este desengano bastaria para que elles se abstivessem por uma vez de semelhantes diligencias, se não temessem como delicto grave o deixar de persistir no que era emprego proprio do seu ministerio.

Promettia a tarde do dia 3 uma notavel alteração na mudança do tempo; e porque a hora propria de ir ao Paço, ou seja por cortezia ou dependencia, é ao romper da manhã, não se esqueceu o Imperador do incommodo que podia dar-me esta novidade, e já de noite mandou dizer-me que o tempo ameaçava grandes chuvas, e que por esta causa não consentia que fosse ao Paço de madrugada; que até ás dez horas poderia ir, se não chovesse, aliás ficaria transferida para outra occasião a audiencia, pois elle sabia muito bem o aceio e riqueza com que trajava a minha familia, e não queria que se molhassem.

Decidiu a manhã a meu favor a questão desta urbanidade, e não sendo preciso usar de uma attenção que na minha intelligencia excedeu a toda a esfera da politica, fui ao Paço, observando a comitiva quasi a mesma ordem com que entrei na Côrte; e porque a occasião notoriamente me facilitava a liberdade de a dirigir como eu quizesse, não duvidei

1756 Agosto 31 ir em cadeira, levada por oito homens e outros tantos de reserva, tendo para mim, que me era licito não observar o que a minha instrucção me recommendava neste particular, e que seria negligencia manifesta acautelar o perigo que não podia suppôr, perdendo com imprudente receio a melhor conjunctura de augmentar uma circumstancia tão especiosa naquelle Imperio para o lustre e decoro desta acção.

Seriam seis horas quando cheguei á porta principal da parte de oeste: o Official da guarda vendo nos primeiros da familia que se apearam, que todos levavam espadins, advertiu logo ao Padre Halerstein que não podiam entrar com elles. Mandou o Padre dar parte ao Governador, que já estava no Paço, e entretanto me deteve na cadeira; pouca demora teve este embaraço, porque logo veiu ordem que o desvaneceu; e assim fomos conduzidos, depois de passar muitos pateos, até uma sala da guarda interior, que ficava proxima á da audiencia, e até alli nos acompanharam todos os Padres, por mercê especial do dia, merecendo pela qualidade de Europeus o que só poderiam conseguir pelo grau do Mandarins.

Havia nesta sala tres assentos destinados para os que deviamos entrar na audiencia, mercê extraordinaria, por ser logar aonde nem aos Regulos se permitte esta honra; pelas oito horas em ponto entrei na audiencia: o Xu-Tagin me introduziu e levou até ao throno do Imperador, o qual recebendo a carta, a deu a um dos Mandarins do seu lado, que a teve levantada nas mãos emquanto durou aquelle acto. Sahi fóra da sala a fazer as cortezias da parte de leste, que é circumstancia de maior distincção n'esta cerimonia, e entrando segunda vez, logo o Imperador fez signal para que todos se sentassem, e se me dar o chá-tartaro, e immediatamente perguntou pela saude de Vossa Magestade, e se estava o reino em paz e abundancia.

Respondi a esta pergunta, e ouvida por elle a resposta, me deu logar para fazer-lhe uma breve falla, em que lhe disse que os Monarchas portuguezes praticavam em muitas occasiões a maxima politica de imitar as acções mais distinctas de seus gloriosos ascendentes; que Vossa Magestade entrara a reinar dando ao mundo huma manifesta prova desta observancia, porque dos ultimos confins do occidente me mandava de proposito a dar-lhe o parabem da sua exaltação áquelle throno, felicissimo governo de tantos annos, e agradecer-lhe os beneficios com que tratava aos seus vassallos, que existiam nos dominios do seu imperio; que por este modo não só pretendia Vossa Magestade seguir os exemplos de seu augustissimo pae, mas fazer-lhe as mais particulares demonstrações da sua amizade, e dos desejos que tinha que esta correspondencia se conservasse tão segura, como mereciam os antigos e generosos motivos que tivera na sua origem; que este era o unico negocio da minha embaixada; e se o desconhecimento que eu tinha das expressões que poderiam ser mais gratas aos seus ouvidos, me não deixava explicar mais vivamente as sinceras intenções de Vossa Magestade, a sua alta comprehensão devia supprir quanto faltasse na efficacia das minhas palavras.

1736 Agosto 31

Tinha o Imperador ordenado que o Padre Halerstein participaria tudo o que eu lhe propozesse, ao Xu-Tagin na lingua sinica, para que elle lho referisse na tartara, e que por esta mesma phrase corressem as respostas; pareceu cautela para que o Padre as não percebesse da sua bocca, e não se duvidou que o Ministro tivesse a liberdade de as corrigir, se entendesse que assim era preciso; mas não bastaram estas prevenções para que deixasse de ouvir-me com sobresalto, que se deu a conhecer a todos os assistentes, mostrando melhor o susto que tivera, na alegria e agrado de que immediatamente se revestiu, logo que se capacitou do que eu lhe disse.

Respondeu-me que elle tinha retratado no seu conceito o bom coração de Vossa Magestade (esta é na China a expressão que tem melhor energia para agradecer hum favor que se não espera), que sempre tratara os Europeus como seu pae e avós, e que agora os estimaria e trataria melhor; que eu me explicara muito á sua satisfação e o deixava summamente agradado; e com outros elogios que só podiam ter

1756 Agosto 31 fundamento na sua real beneficencia, me despediu da sua presença.

Tem estabelecido a politica d'aquella nação que todos os que falam ao Imperador, depois de possuir esta honra, esperem algum espaço em outra sala, e cada hum mede pela sua propria attenção o tempo desta demora. Já o Padre me tinha lembrado esta ceremonia, e ainda que eu me daria por desobrigado de a praticar, a satisfação com que sahi da audiencia insensivelmente me convidou a seguir o mesmo rito, de que tirei mais hum exemplo da summa advertencia destes homens; porque apenas detive o passo na sala onde esperei antes de entrar, perguntou hum dos Mandarins que motivo me suspendia, e dizendo-lhe o Padre o que era, o Xu-Tagin acudiu logo, que o Imperador não consentia que me demorasse, que nada mais tinha que dizer-me, e só queria que, sem dilação, me recolhesse a casa a descansar.

Creou o Imperador no dia seguinte ao Padre Agostinho Halerstein, Mandarim da terceira ordem, e lhe deu dois mil taéis de ajuda de custo. Dizia o decreto, que lhe fazia estas mercês em attenção ao serviço de me acompanhar e conduzir de Macau á Côrte, e ás despezas que faria por occasião desta viagem; e com este despacho não só teve o Padre augmento na graduação, por ser até alli da quinta ordem, mas tambem na renda, que costuma crescer á proporção dos graus em todos os officios.

No dia 6 foi o mesmo Padre chamado ao Paço; e o Conde Fu, primeiro Ministro, com o Xu-Tagin lhe disseram, que a 11 havia o Imperador receber o mimo e dar-me de jantar na sua quinta de Yuen-Ming-Yuen, assistindo elle em pessoa a este convite; perguntaram-lhe se sabia que eu quizesse ver alguma das cousas notaveis daquella cidade, ou gostaria de alguns dos divertimentos que ali se costumavam fazer, porque o Imperador desejava festejar-me por todos os modos que lhe fossem possiveis, e me havia concedido ampla liberdade para ir aonde quizesse, e só elle teria o cuidado de avisar ao Tagin Governador, para estarem aguadas e limpas as ruas por onde houvesse de passar.

Lembrou-se o Padre que na provincia de Xantum nos agradamos todos de ver a destreza com que huma mulher passou algumas carreiras a cavallo, pondo o corpo em diversas figuras na maior violencia da desfilada, e muito sinceramente lhe deu esta noticia; disse-lhe mais que eu desejava ver as egrejas, a torre da mathematica, e aquelle notavel sino geralmente conhecido no mundo pela fama da sua grandeza. Logo contou ao Imperador esta resposta, porque na mesma noite veiu um Mandarim com recado da sua parte ao Padre, para que me advertisse que o sino estava em hum pagode, que poderia ser que eu não quizesse entrar nelle, e não succedesse desgostar-me de ter sahido de casa inutilmente. 1756 Agosto 31

A 7 teve o Padre segundo aviso do Conde, que o esperava para fallar-lhe, e todo o negocio consistiu em dizer-lhe se gostaria eu de ver o estado do Imperador quando sáe de ceremonia, porque elle ia a Tien-Tan sacrificar ao céu para lhe dar chuva, e fazia solemnemente esta funcção. Respondeu-lhe o Padre que ao seu parecer estimaria eu muito esta honra; e pouco depois de recolher-se a casa, veiu hum Mandarim da parte do Imperador dizer-me que na madrugada seguinte ia fazer hum grande sacrificio ao céu, e desejava nesta occasião ver a minha comitiva, e que eu visse a sua; que se quizesse dar-lhe este gosto, me estaria o Xu-Tagin esperando na porta Cyen-Muen, para me assistir e mostrar tudo o que ali houvesse para ver.

Respondi-lhe que agradecia muito a Sua Magestade o querer fazer-me esta honra, e que eu me considerava o homem mais feliz do mundo, porque os seus favores se ajustavam a todas as medidas dos meus desejos: fui com effeito na madrugada do dia 8, e já na porta me esperava o Governador da cidade: mostrou-me os elephantes, carruagens, e todo o mais apparatoso cortejo que para este fim estava distribuido pelos seus logares, e ultimamente me pediu que mandasse pôr a minha familia em ordem que podesse ser vista sem confusão.

Pouco depois appareceu o Imperador; vinha em huma cadeira de extraordinaria grandeza, conduzida por sessenta e

1756 Agosto 31 quatro homens, seguido de parte da sua guarda, que constaria de quatro mil cavallos tartaros; e apenas me viu, fez adiantar o Conde a repetir-me que fôra sacrificar ao céu, e pedir-lhe a chuva necessaria para a producção das searas, e me dera aquelle incommodo pelo grande desejo que tinha de ver a minha comitiva, e que eu visse a sua; passou ainda quando eu recebia este recado, e com especial attenção e summa benevolencia foi reparando em todos, deixando-me de alguma sorte satisfeito de que poderia o nosso luzimento produzir-lhe uma especie capaz de supprir na sua estimação quanto nos faltou na desigualdade do numero, porque em tão copioso concurso só nos faria logar esta differença.

Sabia o Imperador medir muito bem as occasiões que eu desejava aproveitar, e lembrando-se que com pequeno desvio podia d'ali recolher-me a casa pelo Tribunal da mathematica, tinha ordenado aos Mandarins que me esperassem naquella hora; deu-me o Xu-Tagin esta noticia. Fui ver a torre das observações, aonde ha instrumentos de não menor antiguidade que grandeza; o residente tartaro me convidou com varias mezas de chá e doce, assegurando-me que todos os que me assistiam tinham passado sem dormir, porque o Imperador os fizera avisar que se prevenissem para esta visita, tão fóra de horas que os obrigára a levar a noite toda na diligencia de ter aquelles logares com o preciso aceio.

Já o Xu-Tagin me havia convidado para ver a quinta e casa da recreação, que está contigua ao Paço de Pekim, chamada In-Tay, obra do grande Imperador Yum-lo; fui no dia 9 destinado para este passatempo pelas oito horas da manhã; esperava-me o mesmo Tagin com um dos Coláos do Imperio, o Tartanta, Presidente do Tribunal dos Mandarins, e o U-Fû, primo do Imperador; e primeiro que tudo me mostraram o Tuon-Tyel, que são humas salas de bella architectura, ornadas ao gosto da China, mas com muita riqueza e perfeição.

Deste logar, com assistencia de toda a comitiva, me conduziram a ver os lagos e barcas em que passeia o Imperador, que são de huma fabrica mui vistosa, sem differença na figura e ornato das melhores salas do seu palacio; dellas passámos a uma planicie, que ao seu modo, tem o mesmo uso que as picarias da Europa, na qual vimos hum numeroso concurso de cavalleiros, e ali me communicou o Xu-Tagin, que o Imperador sabendo que eu na provincia de Xantum gostára de ver umas carreiras de cavallo, queria mostrar-me agora os homens mais destros que tinha neste exercicio e lhe serviam para o seu divertimento. 1756 Agosto 31

Fomos todos para o sitio onde o Imperador costuma assistir a estas funcções, e depois de sentados, ao signal que fez hum dos Mandarins, principiaram as carreiras. A velocidade e multidão dos que corriam fez imperceptiveis as acções mais principaes, que eu quizera curiosamente distinguir. Todo o primor das operações que se fizeram, consistiu na destreza e força dos cavalleiros, e elles executaram movimentos tão admiraveis, que, sem arriscar-se verdade na exageração, póde bem affirmar-se que nesta especie não ha mais que ver.

Chegou o dia 11 assignado para a conducção do mimo, e com a mesma ordem que entrei na Côrte o fui acompanhando até á quinta, aonde já estava pelas oito horas da manhã: sem consumir tempo nas duvidas de receber tudo, mandou o Imperador recolher logo os caixões, merecendo-lhe a mesma galanteria o que eu lhe offereci em meu proprio nome; e convidando-me o Xu-Tagin, com outros Mandarins, para entrar em huma das casas do primeiro pateo, ali me deram e a toda a comitiva, em diversos logares, hum esplendido jantar de peixe, que se tinha prevenido d'esta qualidade por ser em sexta feira, que até nestas exacções experimentei a singular advertencia com que sempre me tratou.

Com pouca demora fomos todos conduzidos ao sitio onde havia ser a solemnidade do banquete: havia nelle huma tenda de campanha armada com a mesma figura das salas do palacio; as columnas que serviam para sustentar o tecto distinguiam os logares dos convidados, porque fóra dellas o tiveram os Padres que servem no Paço com as mais pessoas da minha familia, e por mercê especial o teve tambem o Padre Felix da Rocha, pela razão de me assistir em casa como

1756 Agosto 31 interprete nas occasiões em que o Padre Halerstein estava fóra.

Sahiu o Imperador de huma casa que ficava em pequena distancia em cadeira descoberta, seguido de alguns Mandarins da sua guarda; precediam-no dois, incensando-o cada um com o seu thuribulo de oiro; todo o concurso, que era innumeravel, se poz em fórma para o cortejar, segundo o rito daquelle imperio; cantou a musica que estava distribuida em diversos córos; e com a pausa que esta nação observa, como circumstancia necessaria ao decoro e grandeza das pessoas, chegou ao throno.

Apenas se sentou, fez signal para que entrassem todos os que haviam possuir commigo aquella honra; principiou immediatamente a comedia, que constaria de duzentas figuras ricamente vestidas; seguia-se a ceremonia de receber o vinho e chá, que é a principal destas funcções. O Conde seu cunhado e primeiro valido lhe levou o vinho, observando o compasso da musica nos movimentos do corpo, com huma affectação tal, que só teria desculpa nas invenções desta nação. Concluido este acto, fui chamado ao throno; acompanhou-me o Xu-Tagin e o Padre Halerstein; deu-me o Imperador da sua mão hum copo de oiro com vinho, dizendo-me que bebesse o que podesse; bebi hum pouco, e depois de agradecer-lhe esta grande attenção, lhe disse que naquella hora acabava de cumprir com todos os negocios que me tinham conduzido á sua presença, que, entregue a carta e o mimo, só me restava que Sua Magestade me assignasse o dia em que devia retirar-me para Macau.

Por este modo satisfiz á minha instrucção, e elle me respondeu que muitas vezes se lembrava que Vossa Magestade desejaria já ver-me em Portugal; porém que de nenhuma sorte havia de assignar-me o dia da partida; a esta attenciosa resposta repliquei que eu estava ás suas ordens naquella Côrte, e Sua Magestade havia permittir-me que não tivesse arbitrio proprio nesta eleição; mostrou que se agradara muito desta instancia, e disse para o Padre interprete: «Pois bem, tu escolherás a occasião que te parecer melhor», alludindo a ser o Padre Presidente do Tribunal da mathematica, onde se costumam escolher os dias faustos, posto que este Imperador não crê, nem usa de similhante superstição. 1756 Agosto 31

Retirei-me, depois desta pratica, para o meu logar; foi o Imperador distribuindo por todas as pessoas da minha comitiva os pratos que tinha na sua mesa, e ao mesmo tempo me convidou para que visse a comedia e estivesse a meu gosto, porque elle bem sabia que aos Europeus era summamente violento aquelle modo de assentar-se; era preciso usar desta faculdade do Imperador, e assim tive a occasião de vêr alguma cousa da comedia, privilegio que poucos lograram naquelle acto; porque os Mandarins que assistiam, nem se atreveram a lançar os olhos ás representações que se fizeram, observando-se que o respeito que têem ao seu Monarcha, até parece que lhes tira a propriedade de viventes, porque nem a mesma respiração se lhes percebe.

Acabado o banquete, o Conde valido, o Xu-Tagin, outro Coláo que sempre me assistiu, e dois regulos da Tartaria genros do Imperador, me levaram a huma casa para que visse parte do presente que já estava destinado para Vossa Magestade; e depois de me apresentarem algumas cousas, foram mostrar-me aquella grandiosa quinta. Faz-se o transito de huns sitios para outros em pequenas barcas, pelos canaes de agua que a repartem toda em muitas ilhas. Estavam as margens do canal por onde passei bordadas de tanta especie de divertimentos, que a variedade deixou muitas vezes confusa a attenção, para não distinguir a todos: havia representações, musicas, danças, brigas fingidas e outras mutações similhantes, sempre em exercicio, e o Conde não se satisfazia de me repetir que aquelle modo de festejar-me fôra todo da eleição do Imperador.

Depois de vêr varios aposentos, tanques e jardins, ainda que ao seu gosto, magnifico tudo, passámos á casa que por desenho dos Padres se fabricou com o titulo de europêa, em que a naturalidade do architecto deve supprir a que falta na do edificio; havia-se concluido com a maior pressa, pelo

1756 Agosto 31 grande empenho que o Imperador teve que eu a visse na sua ultima perfeição. Esperava-me no portico a musica, a que elle chama tambem europêa, que consta de rebecão, flautas e rebecas, em que tocam algumas sonatas que os Padres lhes ensinaram. Achava-se a primeira sala ornada de muitas alfaias da Europa, a maior parte improprias; mas todas estas impropriedades se reduziam a uma boa harmonia com a excellente pintura dos tectos, obra do grande Castelhoni e de outros Padres que servem no paço.

Desta casa sahi para outras, todas de sumptuosa architetura; e ultimamente, despedido dos Regulos, me levou o Conde á sua quinta, por uma porta particular que a faz communicavel com as do Imperador, e depois de mostrar-me as suas casas, até as mais interiores, nos deu a todos huma ceia com grandeza, acompanhada de comedia, e não duvidou de confessar muitas vezes que o Imperador lhe concedera a mercê de poder convidar-me, pela especial graça que lhe fazia. Concluido o dia nestas funcções, nos recolhemos a casa, onde achei parte do mimo que já tinha visto; e para todos os da familia, menos os que entrámos na audiencia, hum pau de prata que pezava 53 taéis, dez peças de seda para os de primeira ordem, e oito geralmente para os mais.

Já era publico que o Xu-Tagin estava a partir com brevidade para a Tartaria a executar huma commissão particular da Côrte, cujo segredo dava geral assumpto ás conversações daquelle tempo, e que na falta do Conde Ha-Cum, primeiro nomeado para assistir-me na sua ausencia, que no dia do grande sacrificio quebrára um braço da queda de hum cavallo, havia servir-me o Hay-Tagin, Presidente do Tribunal da Fazenda, que já tinha logrado as estimações de primeiro valido do Imperador, e era Ministro de tanta probidade e tão venerado pelos seus merecimentos, que na providencia do presente governo conseguiu o privilegio de conservar a vida, perdendo a graça do seu Monarcha.

Pedia a occasião maior diligencia na paga da visita que me fez, e assim, depois de o prevenir com aviso antecedente, fui no dia 14 a sua casa, onde elle me esperava com o cortejo de todos os Mandarins seus subalternos. Por imitar ao Conde deu-me de jantar e comedia, que entre aquella nação he o mais distincto applauso das visitas. Sobre a mesa que me tocava havia duas caixas de primoroso charão, cheias de varios doces: disse-me que o Imperador, sabendo que eu o visitava, pouco antes lhas tinha mandado, para que as puzesse na minha mesa, que em sua casa não havia cousa tão preciosa, e que a mim me devia possuir agora a honra e riqueza daquelle mimo. Serviu-me ao jantar seu filho mais velho, sem que nenhuma diligencia minha pudesse evitar o excesso desta cortezia.

1756 Agosto 31

Seguia-se fazer a estes Ministros hum presente das cousas da Europa, para de alguma sorte lhes agradecer a assistencia e affecto com que me tratavam; devia principiar pelo Conde, porque nesta mesma preferencia lisonjeava ao Tagin; reparti com elles o que levava preparado para estas occasiões, e o Padre Halerstein foi o interprete dos recados: viu o Conde o que lhe offerecia, e respondeu que elle deixava ficar aquelle mimo, porque sendo meu, o devia tratar com esta veneração; mas que sem o beneplacito do Imperador se não atrevia a acceital-o; que pediria licença, e ficava obrigado a dar-me conta do successo.

O mesmo praticou o Xu-Tagin, e ambos a conseguiram, dizendo-lhe o Imperador, que vindo eu de tão longe, deviam todos cuidar em dar-me gosto, porque assim o recommendava a lei da boa hospitalidade. Só com o Hay-Tagin, que tambem merecia a mesma demonstração de agradecimento, me não foi possivel praticar similhante correspondencia, adiantando-se elle a prevenir o Padre interprete para que eu o não cumprimentasse por aquelle modo, porque não queria pedir ao Imperador a licença que concedêra aos mais.

Ainda o Tribunal do Lipu não desistia de todo das suas pretenções! Fez segundo memorial ao Imperador, referindo-lhe que na fórma dos seus estatutos me devia dar tres banquetes, e outros donativos, a que elles dão o nome de premios; porém que attentos os Ministros ao modo com que Sua Magestade me tratava, não sabiam o que fizessem para

1756 Agosto 31 cumprir com as suas obrigações. Teve esta representação a mesma resposta que a primeira, que já sabia, e a consequencia de ser eu convidado para segundo jantar no dia 18, declarando-se ao mesmo tempo que em Cantão havia receber outro, porque com esta honra queria o Imperador despedir-me da ultima metropole dos seus dominios.

Não desconhecia o Padre Halerstein o desgosto que me dava esta noticia, porque foi boa testemunha da violencia com que passei pelo primeiro caso de Cantão; manifestou ao Xu-Tagin o succedido a respeito dos logares, e o sentimento que me causára similhante semrasão: respondeu-lhe o Tagin que o Suntó não procedêra com acerto, e que aquella agudeza só nos seus poucos annos poderia ter desculpa; que elle deixava de o referir ao Imperador, porque não era politica inquietal-o quando o via tão alegre e gostoso da embaixada; mas que facilmente remediaria esta desordem, porque o mesmo Mandarim havia acompanhar-me a Macau, e elle o mandaria advertido do logar que lhe tocava, para que eu ficasse satisfeito, e a funcção se fizesse sem disputas; e por fim, passados dois dias, disse ao Padre que fosse descançado, porque já não teria questões de precedencia.

Fui no dia 18 ao segundo convite, que se fez á imitação do primeiro, posto que em tudo foi menor a solemnidade. Sahiu o Imperador para o throno por uma casa interior, que lhe ficava proxima, e depois de receber o vinho e chá com as ceremonias do estylo, me chamou e fez o mesmo que na primeira occasião: disse-me mais que, segundo as leis do seu Imperio, deviam os Tribunaes supremos dar-me tres banquetes; porém, que elle quizera livrar-me de Tribunaes, e em logar d'elles me convidára a segundo jantar, e me pedia fizesse particular memoria desta acção, para a referir a Vossa Magestade logo que chegasse á sua presença.

Deu-me nesta occasião um pequeno frasco de pedra com tabaco, dizendo-me que gostaria que o estimasse por ser cousa do seu uso: findou-se o banquete, e o Conde me levou á sua quinta, aonde nos deu a todos novamente de jantar, e ao depois, em companhia dos dois Regulos, do Xu-Tagin e outros Mandarins, foi mostrar-me o resto da quinta do Imperador, e em huma das casas achei hum refresco de varios doces e fructas nevadas, que se me offereceu em seu nome, fazendo-me assistir no mesmo logar a huma procissão de immensidade de andores, assistidos de musicas e danças, ordenados ao seu modo, mas tudo com admiravel aceio; e ao depois me constou que aquella festividade se fazia em obsequio de um pagode por devoção da Imperatiz mãe, e se preparava para que ella a visse no dia seguinte, e que o Imperador quizera lisongear-me com este ensaio que sempre se costumava fazer, para que não houvesse algum desacerto na boa ordem e compostura daquelle acto. 1756 Agosto 31

Acabada a funcção, se despediu o Tagin Governador, e na mesma hora deu principio á sua jornada de Tartaria. A docilidade de genio deste Ministro, e, sobretudo, o declarado empenho com que se interessava em concorrer para o maior decoro desta acção, me fez justamente sensivel a sua ausencia, deixando-me entregue a Hay-Tagin, que estava presente para esta ceremonia; e nesta occasião ficou determinada com o parecer do Padre Halerstein a nossa partida para o dia ultimo de maio, porque o Imperador tinha resolvido que ambos fossem os arbitros desta eleição; e assim fui a 27 ao Paço receber a carta recredencial e a segunda parte do mimo que vem para Vossa Magestade; e ali tiveram vestidos, que lhe deu o Imperador, os dois Mandarins que foram encarregados de a levar aos hombros em todos os transitos que fizesse por terra no decurso da viagem.

Era o dia seguinte destinado para a despedida; fui á quinta aonde esperei na mesa a hora de audiencia, como sempre succedia; sabiam todos que a occasião era de ausentar-me, e o Conde com outros Mandarins que me assistiam, entrou a fazer-me muitas expressões da saudade em que os deixava; agradeci-lhe este favor, certificando-lhe que me não deviam menor correspondencia as attenções que tinha recebido de todos os grandes da Côrte, e muito especialmente do Imperador, porque a sua benevolencia me faria para toda a vida huma memoria saudosa.

1756 Agosto 31 Sempre suspeitei que de todas as minhas acções era sciente o Imperador, e que as mesmas praticas que tinha com os Mandarins se lhe referiam logo, trazendo para este fim muitos espias prevenidos, que successivamente lhe iam dar conta do que ouviam, e agora se verificou ser realidade a minha presumpção. Fui conduzido a uma pequena sala aonde elle me esperava tão despido nesta occasião dos accidentes de Monarcha, que verdadeiramente fez concordar o modo de tratar-me com as palavras que me dizia.

Achava-se unicamente assistido de cinco ou seis Mandarins da sua guarda, e depois de fazer-me sentar junto a si, e da ceremonia indispensavel do chá tartaro, disse-me que já lhe constava o sentimento que eu tinha de apartar-me da sua presença, e que nisto sabia corresponder-lhe igualmente ao affecto e estimação que sempre fizera do meu procedimento; que desejava fosse bem succedido na viagem, e em testemunho do seu bom coração me dava aquelle signal (é hum artefacto de pedra verde, a que elles chamam luy, que explica felicidade e bom fim em tudo o que se pretende).

Recommendou ao Padre interprete, que cuidadosamente me tratasse na jornada: e depois de ouvir com summo agrado quanto lhe disse em gratificação de honras tão estimaveis, em expressões que pareciam nascidas de huma amizade muito intima, me despediu da sua presença. Passei ao Conde, aos dois Regulos e outros Mandarins, que sempre costumavam assistir-me, os quaes igualmente se quizeram distinguir nas demonstrações de sentimento da minha separação, e assim nos retirámos todos satisfeitos de se ter conseguido esta boa acceitação entre gente que ainda conserva uma viva memoria da sua primeira barbaridade na desconfiança com que trata aos estrangeiros, e superioridade que affecta ás mais nações do mundo.

Já eu tinha visto as egrejas antigas; restava huma a que muitos não duvidaram chamar egreja da embaixada. Ha em Pekim um Religioso propagandista piemontez, da ordem dos Agostinhos descalços, que entrou a servir no Paço a titulo de pintor; he dotado de rarissimo engenho e de hum desembaraço tal, que a qualquer hora estará prompto para pôr em contingencias a sua propria conservação: observou elle o gosto com que o Imperador festejou as primeiras noticias da embaixada; ouvi-o falar muitas vezes neste particular com hum respeito que pareceu excessivo, e ainda aos mais empenhados nas honras desta acção; capacitou-se que a occasião lhe facilitava a licença que não conseguiria se a pedisse; e sem mais conselho que o da sua propria resolução, apenas soube que eu me approximava da Côrte, abriu os alicerces a hum novo templo, e com muita brevidade fez crescer a obra. 1756 Agosto 31

Entende-se que o Imperador teve logo noticia desta novidade, porque lha não fez, quando por alli passou do grande sacrificio para a quinta, ver o edificio quando já estava nas abobadas, e só disse: o Europeu quer mostrar ao Embaixador a sua egreja concluida, mas não será facil que o consiga no breve tempo da sua demora! — Este dito, ao mesmo tempo que socegou ao Padre, lhe accendeu mais os desejos que já tinha de que eu fosse vel-a; mas sempre receiou que se lhe frustrasse este empenho do seu gosto; a opposição que os Propagandistas têem ás regalias do padroado destas missões, fez que a propria consciencia lhe inspirasse este receio.

Valeu-se do Padre Halerstein, ponderando-lhe o perigo que se seguia, se eu tratasse aquelles logares com desigualdade, e ainda que alguns o quizeram despersuadir desta intercessão, a mim me pareceu que não eram proprios o motivo e o tempo para reflectir nas razões que podiam embaraçar-me, e assim não duvidei nesta occasião, em que me recolhia despedido, ir ver a obra; e para desassombrar mais o Padre do susto que tivera, lhe dei a outro titulo uma esmola com que poderia findar a sua egreja, na qual se havia com effeito dizer a primeira missa na festa do Corpo de Deus, poucos dias depois da nossa partida.

Na mesma tarde de 28 veiu Castelhoni com hum recado do Imperador, que se dirigia a fazer-me huma nova e mais particular demonstração de affecto, a qual precisamente me

1756 Agosto 31 obrigava a tornar ao Paço para lhe agradecer aquella honra; porém, como estava despedido, recommendei ao mesmo Castelhoni praticasse com o Conde esta resolução, e visse se poderia ser no dia 30, porque no seguinte devia eu sair da Côrte.

Referiu o Conde ao Imperador o que eu pretendia, e a sua resposta foi, que elle me desejava muitos annos na sua companhia, e que eu em tão breve tempo queria retirar-me! Que no dia 6 de Junho fazia a sua festa da quinta lua, e tinha particular gosto que eu a visse; e como não considerava que a demora me daria grande detrimento, esperava que eu quizesse ficar, e bastaria que fosse á quinta n'aquelle dia.

Chegou Castelhoni com a resposta, e pouco depois hum Mandarim da casa do Conde a repetir-me da sua parte o mesmo aviso: toda a dilação na Côrte me era summamente sensivel, pela mesma causa que muitos entendiam me devia ser gostosa, mas era forçoso vencer todas as contradicções com que a minha intelligencia se oppunha a esta demora, e assim respondi que estimava muito ter mais esta occasião de dar gosto ao Imperador, e o tinha muito particular em dilatar-me para receber tão grande honra.

Já disse que nos banquetes foram admittidos os Padres que servem no Paço, e que por mercê mais especial conseguira a mesma honra o Padre Felix da Rocha, a titulo de meu interprete nos impedimentos do Padre Halerstein; entenderam, pela pratica que teem dos estylos da Côrte, que deviam agradecer ao Imperador o beneficio que lhes fizera, e assim o esperaram na aula da pintura, aonde elle vae todos os dias, e alli descobertos, em signal de um reconhecimento mais humilde, lhe deram as graças pelos favores recebidos nestas occasiões.

Ouviu-os o Imperador com affabilidade, e continuou a repetir as expressões com que costumava honrar-me, quando falava com elles Procurou se havia na Côrte algum que fosse natural da minha terra. Respondeu-lhe o Padre Rocha que elle. Immediatamente o tratou com attenção mais distincta, e lhe perguntou a que titulo tinha elle vindo. Respondeu o Padre que por mathematico. Logo discorreram os mais que a pergunta se dirigia a fazer-lhe alguma mercê, e com effeito acertaram as conjecturas, porque no dia 2 de Junho baixou um decreto que o fazia Mandarim da sexta ordem, com o exercicio no Tribunal da mathematica, e no mesmo dia disse o Imperador a Castelhoni, que, sendo aquelle Padre meu patricio, sem duvida me daria gosto grande o seu despacho. 1756 Agosto 31

Na mesma tarde de 2 tive recado que o Hay-Tagin com o Tartanga, Presidente do Tribunal dos Mandarins, assistido de hum numeroso concurso de outros, vinham trazer-me um novo presente para Vossa Magestade, que constava de varias peças de seda, cheiros e abanos, que teem uso proprio naquelle tempo; correspondi quanto me foi possivel no modo de o receber ao apparato com que este mimo chegou á minha presença, e os mesmos conductores me advertiram que não era preciso ir no dìa seguinte ao Paço agradecer o que me tocava, obrigação infallivel, segundo a politica daquelle paiz, porque o Imperador me absolvia desta ceremonia, e mandava dizer-me que só me queria lá sem falta no dia 6, para lhe assistir á sua festa.

A 5 se repetiu o aviso para que fosse pelas 8 horas; antecipei-me, por não esperdiçar esta circumstancia de merecer; e depois do jantar, que sempre estava prompto, me conduziram ao lago que havia ser o theatro da festividade, onde já appareciam armadas as barcas que nella faziam a principal figura. Passei á casa em que estava o Imperador assistido de oito Regulos; havia junto a elles um assento livre em que mandou sentar-me, ficando o Conde e o Padre interprete de pé, fóra de huma pequena grade que a cercava, aonde estavam preparados mais dois assentos para o Secretario e outro que costumavam acompanhar-me nestas occasiões.

Depois de dar-me o chá tartaro, disse-me que a festa daquelle dia era das mais notaveis que todos os annos se faziam para o seu divertimento, e que o desejo que tinha que eu lhe assistisse, o persuadira a dar-me o incommodo de

1756 Agosto 31 maior demora na sua Côrte. Respondi-lhe que não só agradecia a Sua Magestade o conceder-me mais esta occasião de dar-lhe gosto, mas tambem todas as mercês que fazia aos Europeus que se empregavam no seu serviço, e muito especialmente a que agora fizera ao Padre Rocha, e desejava que elle correspondesse nos acertos de servir a Sua Magestade, a tudo o que merecêra na honra de tão generoso provimento.

Gostou summamente o Imperador de que eu lhe rendesse as graças pelo despacho do Padre, e chamando-me junto a si, deu-me uma caixa que parece ser fabricada de coral; e depois de eu a ter nas mãos a esteve abrindo, e tirou della hum papel dobrado em fórma de livro, que se compunha de varias letras e pinturas: disse-me que huma e outra cousa era obra de sua mão, que não duvidava dar-me nellas a maior prova da estimação que lhe merecêra, sendo que no seu Imperio não podia pessoa alguma possuil-as; respondi-lhe que guardaria com o mais respeitoso disvelo aquelle preciosissimo thesouro; e com effeito me constou, que se alguma vez succedia a raridade desta galanteria, por morte do Imperador que a fez, era preciso se restituissem logo no Paço semelhantes papeis, e que não importava menos que a vida esta restituição.

Passou a dizer me que aquelles que alli estavam, eram Regulos seus tios e primos, que os convidára de proposito para que eu tivesse esta occasião de os ver. Agradeci-lhe a honra que me fizera, assegurando-lhe que como pessoas da grande familia Ta-Cyn os venerava com o maior respeito. Tinha no mesmo throno uma jarra de porcelana, que mostrava pelos lados a figura de algumas barcas semelhantes ás que haviam compor o festejo d'aquelle dia; pegou nella e perguntou-me se me parecia bem. Respondi-lhe que na sua presença não sabia distinguir com acerto as perfeições que lhe suppunha, porque os favores que Sua Magestade me fazia occupavam toda a esphera das minhas attenções. Mandou logo que a levassem a minha casa, e com uma repetição efficacissima de boas viagens me despediu deste logar.

Fui para outra casa que lhe ficava proxima, onde estava parte da minha comitiva com os Padres, e todos os Coláos do Imperio e Presidentes dos Tribunaes, que o Imperador ordenára me assistissem nesta occasião: principiou immediatamente a festa, a qual se compunha de uma quantidade de barcas que giravam o lago, seguindo-se umas a outras com espaço que deixava perceber tudo o que havia de notavel no primor, magnificencia e graça, com que eram fabricadas; em quasi todas se viam representações com allusão á nossa despedida, e ao mesmo tempo se lançava um fogo incessante, que na agua conserva a sua actividade, feito em varias fórmas de peixes e aves, que no movimento e figura não desdiziam muito da sua propria natureza. 1756 Agosto 31

Acabada a funcção, disse o Conde que seria preciso vir ainda dar as graças pela mercê de ser admittido a tão plausivel solemnidade, e que no dia 8 poderia eu sair da Côrte. O Hay-Tagin, a quem pertencia por officio o maior cuidado de dirigir-me n'estas acções, me advertiu que esperasse pelo seu aviso, que elle se encarregava de saber a vontade do Imperador n'este particular. Foi a sua diligencia muito favoravel aos meus desejos, porque o Imperador respondeu que elle não tinha animo para deixar de falar-me, se eu fosse á quinta, e que a occasião era para elle de grande embaraço; que fosse o Padre Halerstein apparecer em meu nome, porque assim se observava a ceremonia do estylo sem molestia minha. Foi o Padre, e soube que o dia era particular, e que a festa se repetia com assistencia das Rainhas e Imperatriz reinante.

Corriam por todo o Imperio os progressos da embaixada com pasmo universal; este era o assumpto todo da *Gazeta de Pekim*, em que se reconhecia a realidade dos successos, sempre devedora ao artificio da composição; e ainda os mesmos Europeus, que teem participado com as influencias do clima do espirito desta nação, contavam como milagres de benevolencia as acções de que foram testemunhas.

Antes de eu chegar á Côrte, já tinha visto em varias cartas as admirações que se faziam do applauso com que a em-

1756 Agosto 31 baixada se esperava, e da satisfação e alegria com que o Imperador estimava este cortejo; as asseverações dos Padres poderiam persuadir-me, sem injuria da credulidade, que me concedia Deus a gloria de servir de instrumento para o bom successo das pias intenções de Vossa Magestade; e supposto não deixei de conhecer que n'estas expressões se comprehendia uma grande parte de obsequio a tão generosa expedição, achei-me obrigado a fazer que os mesmos Padres tirassem a consequencia á declamação de felicidades com tanto excesso encarecidas.

Mandei para este fim pedir a cada um o seu parecer por escripto sobre o que prudentemente poderia tratar-se n'esta embaixada em beneficio da santa lei: recebi os votos, e nelles o desengano que já premeditava ao tempo que os pedia; e a experiencia propria me deixou bem advertido, que os applausos com que o Imperador se antecipou em esperar-me, foram, sem duvida, nascidos do insaciavel desejo que tinha de não merecer menos que seu pae ás nações da Europa, e que o não falar em ponto de religião foi o motivo mais efficaz que ao depois lhe mereceu aquelle agrado e distincção com que sempre me attendeu.

Creio, comtudo, que assim o Imperador como os Ministros do seu Conselho não deixaram de conhecer que por politica se não praticára esta materia, sendo ella no seu mesmo conceito a causa total de merecer a Vossa Magestade esta attenção. Quando o Padre Halerstein foi chamado para se lhe dizer que podia eu livremente ir aonde quizesse, perguntou-lhe o Conde se sabia elle o caso das provincias de Fokien e Kienam, que foi o da perseguição das christandades que deu ao céo os veneraveis martyres da sagrada ordem dos Prégadores e Companhia de Jesus, um delles portuguez.

Respondeu-lhe o Padre, que com grande pezar seu o sabia! E o Conde lhe tornou: «Pois como o sabes, já terás advertido o desastrado fim que tiveram os autores dessa maldade!» O mesmo Conde, que com o valimento do Imperador falava com toda a liberdade nestes particulares, disse-me a mim, que era christão, e por este motivo fôra sempre inclinado aos Padres; ao que eu lhe respondi, que se elle comprehendêra os bens que perdia em o não ser, sem duvida fizera as maiores diligencias para unir esta qualidade ás perfeições da sua vida; e quem seriamente reflectir na perspicacia incomparavel desta nação, não deixará de discorrer com fundamento, que nestas praticas se rebuçava um modo tambem politico de dar a satisfação ao que a embaixada lhe não pedia. 1750 Agosto 31

Sahi finalmente de Pekim a 8 de Junho. Assistiu-me o Hay-Tagin até á hora de entrar na cadeira, para ir logo dar parte ao Imperador da minha retirada no mesmo dia. Pernoitei nas barcas, e no seguinte continuei a minha derrota para Macau. Entrou o mez de Julho, em que a intemperança do clima nos fazia insupportavel a viagem. No inverno vi nos transitos de terra caír de repente, mortos de frio, alguns dos homens que serviam para a conducção das cadeiras e da mais equipagem. Agora presenceei os mesmos effeitos pela intenção do calor nos que tiravam as barcas pelas sirgas. Com esta incommodidade chegámos a Hancheu no dia 28; passámos a 29 esta cidade, e fomos dormir a outras barcas que já estavam promptas e nos quizeram servir de sepultura, porque na mesma noite estivemos todos no risco de perder as vidas.

Nos primeiros dias da lua 7.ª e 8.ª enche a maré naquelle rio com impulso tão rapido, que de um só golpe cresce á sua maior elevação, e é tal a violencia que as mesmas arvores das margens aonde chega, lança por terra; as barcas que nesta occasião não podem recolher-se ás enseadas em que a enchente é menos furiosa, costumam esperal-a com as proas em tal proporção que não desmintam nada para os lados, porque desta sorte a mesma força do mar as levanta e livra daquelle precipicio; parece que os Mandarins advertiram ao Padre este phenomeno tão notavel, que já desafiou a curiosidade do Imperador para vir observal-o de uma torre; porém elle não discorreu que o successo seria tão consideravel, e nos deixou recolher a todos tão innocen-

1756 Agosto 31 tes que nem a vigilancia desusada dos marinheiros nos deu cuidado.

Era mais de meia noite quando a maré rompeu neste impetuoso assalto; affirmava um dos soldados, que a esta hora não estava recolhido, ter visto despenhar-se de repente sobre as barcas um monte de aguas tão crescido, que lhe não serviram os mais eminentes de toda a China para comparação da sua grandeza; a que entrou nas barcas em grande copia acordou a muitos que dormiam, e como o perigo alli é quasi instantaneo, padecemos o maior susto ao mesmo tempo que a occasião delle tinha passado. Submergiu-se uma das barcas, porém, como todas são fabricadas em fórma de casas, para melhor commodo dos passageiros, sobre o tecto se conservaram quatro pessoas da comitiva o tempo que bastou para serem percebidos pelos clamores com que pediam soccorro, e deverem a um companheiro o beneficio de os salvar nesta tribulação.

A 15 de Setembro passei o monte Melim, em que finalisa a provincia de Kiansi: esperava-me no primeiro passo do districto de Cantão uma visita do Suntó e Vice-Rei, que agora me adiantaram esta cortezia a cento e trinta leguas de caminho; traziam os Mandarins enviados a esta diligencia ao Padre Halerstein o formulario que havia praticar-se na assistencia do banquete; e ainda que o Padre quiz recatar-me esta noticia, por outra via me constou logo que tinha vindo e que a disposição dos logares se dirigia pela mesma ordem do primeiro.

Passaram alguns dias, e como a noticia por tantos motivos me inquietava, resolvi-me a falar ao Padre na materia, dando-lhe por novidade o que elle muito bem sabia; disse-me que o não assustava o papel, porque o considerava feito pela antiga providencia, e que seu companheiro seria o mesmo que não quizesse seguir aquella ordem. segundo a resolução que trazia do Côrte, dada pelo Xu-Tagin, da qual não podiam ter sciencia os Mandarins de Cantão.

Não me satisfez este discurso, porque a minha desconfiança ainda das propriedades da razão tirava escrupulos para duvidar da fé desta nação. Pedi-lhe que visitasse o seu companheiro, e que nesta occasião procurasse algum meio de dizer-lhe, que já elle teria reparado no erro do formulario e disposto o modo de o emendar, segundo a advertencia que lhe fizera o Xu-Tagin; e recommendei-lhe muito que nem lhe declarasse que eu sabia o que se passára na Côrte a este respeito, nem o que agora novamente se ordenava, porque para todo o caso seria conveniente esta cautela. 1750 Agosto 31

Foi o Padre, e acabou de conhecer que todas as suas experiencias lhe não bastavam para viver na China sem enganos; propoz ao seu companheiro o que sentia, e elle lhe respondeu que assim era, que o Xu-Tagin o tinha advertido do logar que lhe competia, e lhe estranhára o erro passado; porém, que depois de partir para a sua jornada da Tartaria, consultára elle o Conde e a outros Coláos do Imperio no Tribunal do Nuy-Vu-Fu sobre o particular, e que todos assentaram que o Tagin não tinha razão; que o Suntó procedèra com acerto, porque o logar do conductor se não contava para numero de preferencia, e que assim não lhe restava mais que dizer, porque aquella era a ordem que infallivelmente havia seguir.

Veiu o Padre referir-me o que passára, todo cheio de admiração pela simulação com que tinha corrido aquelle negocio, e ao depois soube que o Suntó, autor da idéa, que já estava em Pekim ao tempo da nossa partida, influira nesta industriosa machina para sustentar a sua opinião, valendo-se para este fim da autoridade do Conde, seu particular amigo. Dava o Padre varias saidas a este caso, porém de todas não duvidava confessar que a consequencia mais favoravel seria esperar uma resolução da Côrte, exposta á contingencia de ser patrocinada pelo valimento do Conde, e pôr-me no precipicio de um desar maior, ou de perder tudo o que se contava de felicidade nesta expedição.

Todas as suas proposições no meu conceito eram não só arriscadas, mas intoleraveis; porque em Cantão qualquer instante de demora me era sensivel, supposto que os Mandarins daquelle districto, com a frequencia de Macau, pro-

1756 Agosto 31 pendem conhecidamente para diminuir o respeito a tudo o que póde dizer relação áquella cidade; e depois de se ter communicado ao Xu-Tagin a questão dos logares, ficaria eu em menos boa reputação no juizo daquelle Ministro, se agora tornasse a passar pela mesma desigualdade, sem alguma prudente demonstração do meu resentimento.

Suppostas estas razões, pareceu-me melhor aproveitar-me de um meio que me facilitava fugir á occasião, sem excitar a duvida: havia tempos que eu padecia uma molestia muito trivial nas pessoas que passam aos climas do oriente, a qual com o excesso dos calores se tinha exasperado, de sorte que passava muitos dias de pé sem poder sentar-me; e como esta queixa era bem notoria aos Mandarins que me acompanhavam, disse eu ao Padre que no meu mal tinhamos o melhor remedio, porque algumas leguas antes de Cantão avisaria por elle ao seu companheiro que a minha molestia tinha crescido, para que désse parte ao Suntó do impedimento que havia para sentar-me; mas que tão reconhecido era aos beneficios do Imperador, que assim mesmo não duvidava ir á sala do banquete fazer a ceremonia de acceitar e receber tão grande honra, e me retiraria logo, supposta a incapacidade em que estava para assistir como devia áquelle acto.

Chegou o tempo de pôr-se em pratica este projecto. Seis leguas antes de chegar a Cantão foi o Padre dar parte ao seu companheiro do que havia; passou elle logo a ver-me, e na visita empenhou todas as efficacias da sua persuasão, para que eu me demorasse alli emquanto passava o maior accidente da molestia, para poder assistir ao banquete sem oppressão, ou que fosse e me sentasse um pequeno espaço; porque elle teria prevenido tudo para que a solemnidade se concluisse sem demoras.

Respondi-lhe que eu queria recolher-me a Macau a toda a pressa para tratar da minha saúde, e fortalecer-me para a grande viagem da Europa, e que um só instante de sentar-me era tempo infinito para o embaraço que me causava a minha queixa. Com esta resolução fizeram ambos aviso ao Suntó da minha indisposição, pedindo-lhe ao mesmo tempo a brevidade e certeza do dia do banquete, ao que elle respondeu que, em attenção á minha molestia, me daria um assento alto, para estar nelle á minha vontade, e que o jantar estaria prompto á hora que eu o quizesse. 1756 Agosto 31

Veiu o Tartaro dar-me esta noticia, empenhando-me novamente para a condescendencia do que o Suntó propunha; respondi-lhe que o uso de tantos mezes me dera bem a conhecer a seriedade com que naquelle paiz se observavam as ceremonias de semelhantes funcções, sendo este ponto o que definia o merecimento dos homens politicos na estimação dos sabios; que eu era um Ministro publico que, ou não devia entrar nas acções, ou fazel-as com acerto; que a minha molestia me incapacitava para cumprir com os respeitos devidos áquella honra; e ultimamente, que para eu corresponder ao especial affecto que devêra ao Imperador, bastava o excesso de ir a pé áquelle logar, tendo para mim que, se elle soubera a minha incapacidade, me dispensaria em tudo pelo muito que lhe tinha merecido, como todo aquelle Imperio não ignorava.

Todas as instancias se suspenderam com esta resposta, e veiu o mensageiro a 27 dizer-me que a 29 seria o banquete e se faria tudo como eu ordenasse. Do dia 25, em que principiaram os recados, até ao dia 28, em que cheguei a Cantão ao pôr do sol, se foi espaçando o caminho de sorte que todos os dias se andava alguma pequena parte delle; e para se encher o tempo com uma demora que pareceu precisa, concorreram os cumprimentos da Camara de Macau, que alli mandou um dos Vereadores a cortejar-me, e do Governador, que mandou ao mesmo fim um Official militar, e as visitas dos Europeus que nos mesmos dias me foram ver, repetindo ao depois na cidade os mesmos applausos com que a primeira vez me festejaram, que agora pareceram maiores, porque a assistencia de todos os navios fez mais numeroso o concurso destes obsequios.

Já eu cuidava em restituir-me de um excesso que praticara quando cheguei áquella metropole na ida para a Côrte, nascido de um dos preceitos da minha instrucção: ao rece-

1750 Agosto 31 ber na sala os primeiros cumprimentos, tinha visto que o Padre Halerstein fizera um grande reparo em não estar alli o Suntó e Vice-Rei, e perguntando-lhe eu o motivo desta admiração, só soube dizer-me que esperava viessem áquelle logar, supposto que as recommendações do Imperador deviam merecer-lhe uma urbanidade mais distincta; lembrou-me não ser o primeiro em visital-os, porém como o Padre me não dava outra causa maior que esta consideração, soltei a duvida com a observancia das minhas ordens.

A continuação do tempo e occasião de chegar ás metropoles de outras provincias me deu a conhecer que esta ordem de politica tem sua formalidade particular, e não é geralmente praticada. Em todas as cidades, e principalmente nas capitaes do Imperio, ha uma sala publica onde os Suntós e Vice-Reis vão esperar os Mandarins de igual graduação, e ainda os de menor, sendo Enviados da Côrte; porque o ministerio, emquanto permanece, os faz superiores a todos; segue-se a esta cortezia a visita dos que alli chegam, que verdadeiramente a reputam por uma correspondencia á primeira attenção de sairem de casa e de maior distancia para os cortejarem naquelle logar; e isto foi o que vi praticar sem discrepancia em todas as metropoles a que cheguei.

Dava-me a minha molestia a occasião que eu procuraria de proposito, e ainda a restituição me saiu mais proporcionada ao excesso que eu desejava corrigir, porque o novo Suntó, que não tomou partido nos escandalos do seu antecessor, veiu esperar-me á sala, aonde o Padre lhe agradeceu da minha parte aquella cortezia, que eu por molesto pessoalmente não recebêra, como desejava, e passaria o mesmo com o Vice-Rei, se elle não estivesse fechado com os exames, occupação que os prohibe, segundo ás suas leis, de todas as acções que os obriguem a separar-se daquelle acto.

No dia seguinte fui ao banquete, observando a comitiva a mesma ordem com que andei na Côrte, só com a differença de irmos todos a pé, e a cadeira por estado entre a guarda e criados de libré. Logo ao entrar, o meu conductor se adiantou a tomar-me o passo com alguma precipitação, porém quando entendeu que me guiava para o logar das mesas que estavam nos lados, se achou só, porque eu tomei o caminho para o meio da sala, e dalli disse para o Suntó, que mandasse dar-me o copo com vinho, que queria beber á saude do Imperador. 1756 Agosto 31

Assim se executou, juntos já no mesmo logar os principaes assistentes; na presença de todos disse ao Suntó, que podia participar ao Imperador que a minha molestia, de que eram testemunhas os Mandarins que me acompanhavam, me prohibia que possuisse aquella honra tão consummada como eu quizera; mas que em testemunho das minhas obrigações fizera o excesso de vir daquella fórma, porque a todo o custo queria fazer publico o meu agradecimento, e ultimamente conclui que o Suntó devia dispensar-me de ir visital-o, porque a minha incapacidade me não permittia que tivesse este gosto; e assim nos recolhemos ás barcas, aonde vieram logo as mesas com tudo o que havia nellas, como na primeira occasião se tinha praticado.

Na tarde do mesmo dia foi o Padre visitar o Suntó, e viu o papel em que elle dava conta ao Imperador do que se passára no banquete; e achou que tinha todas as circumstancias do successo, dispostas com ordem, que elle ficaria não só satisfeito, mas desvanecido do excesso com que eu me quizera mostrar reconhecido aos seus favores; e não me ficou receio de que mostrasse este e mandasse outro, porque o susto nelles foi tão extraordinario que se julgaram na ultima hora da sua perdição, se o Imperador chegasse a desconfiar que me tinham desgostado em alguma cousa nesta occasião.

Parti a 30 para Macau, e a 5 de outubro fiquei uma legua de distancia daquella cidade, aonde vieram cumprimentar-me o Governador, Senado, Prelados das religiões e muitas pessoas que quizeram fazer-lhe companhia nesta civilidade: ajustou-se a minha entrada para o dia seguinte pelas oito horas da manhã; o Governador e Senado concorreram para que esta funcção fosse a mais luzida e estrondosa que viram os habitadores daquelle paiz. Tinham fabricado arcos de ex-

1759 Agosto 31 cellente e vistosa architectura, no espaço que havia da ponte onde desembarquei até á minha aposentadoria. Receberam-me com repetidas salvas das fortalezas e navios, e festejaram as noites com luminarias e fogos de não menos custoso que singular artificio.

Concluiram ultimamente com a solemnidade de uma acção de graças, a que eu assisti, notando-se n'estes obsequios que a obediencia portugueza, ainda em partes tão remotas, não se esquece de fazer prodigios para executar as ordens dos seus Monarchas; porque para satisfazer ás insinuações de Vossa Magestade não só foi sobrenatural o esforço desta despeza, mais ainda mais notavel o desembaraço de festejarem este dia com tantos applausos, na mesma hora que receberam a noticia certa da perda do navio de Timor, que acabou de reduzir aquelle povo ao ultimo periodo da sua ruina.

Despediram-se os meus conductores no dia 10. Partia o Tartaro, segundo o Padre me referiu, abysmado do estrondo com que fui recebido; tratou-me na despedida com taes demonstrações de sentimento, que ainda em uma amizade verdadeira pareceriam affectações. Repetiam as cartas de Pekim, que o Imperador depois da minha ausencia me continuava maiores honras, e esta noticia dispertava successivamente as admirações dos que a ouviam. De todos eu fui sempre o menos satisfeito, porque, como Ministro de Vossa Magestade, sem reflectir em circumstancias mais ponderaveis, medindo só pela distancia o obsequio que se fez ao Imperador nesta embaixada, não duvidei que merecia muito mais, e lançando os olhos ao fim a que esta acção se dirigia, sempre me pareceu que o fructo a não desempenhava.

Comtudo, devo dizer que poucos mais accidentes de estimação podem lograr-se em um paiz onde o conhecimento dos Europeus teve o seu principio com as mesmas circumstancias de inferioridade que elles consideram em todos os povoadores do mundo, a respeito da sua grandeza. Os Padres que alli deram os primeiros passos, pelo merecimento das suas sciencias lograriam o mais distincto logar na veneração de uma monarchia que não reconhece mais nobreza que a das virtudes proprias (excepto a casa real e a do seu philosopho Confucio, especialmente privilegiadas para a successão desta qualidade), porém, como pretendiam fundar um imperio para Deus na humildade, lançaram o mais seguro alicerce a este edificio, tanto assim que antigamente chegaram a usar nos seus memoriaes da phrase — Poey-Chyn —vassallo de vassallo. 1756 Agosto 31

As mais embaixadas foram menos favorecidas, porque não havia no Imperio um aulico tão consummado em politicas como o Xu-Tagin, e mais vezes se deixou passar a razão pelas oppressões que sempre padece, quando uma violencia se não póde defender com outra. Tive noticia que este grande homem se instruíra com uma circumspecção exactissima em todos os pontos que faziam horror aos Embaixadores, para agora os desvanecer; por isso não tive premios de prata, assistencias de Tribunaes, não houve reparos em que fosse ao Paço em cadeira de oito, o Imperador me falou sempre com tão particular agrado; e fui o primeiro que conseguiu que fosse o titulo da relação do presente, que com elle se costuma offerecer, com as letras Ly-Tam (mimo que se offerece por cortezia) em logar de Sym-Cum (cousas de tributo).

Pelo mesmo motivo despachou ao Padre Felix da Rocha Mandarim extraordinario no Tribunal da mathematica; ao Padre Halerstein, depois de uma ajuda de custo excessiva para a estreiteza costumada em semelhantes dadivas, augmentou a graduação e a renda, ao mesmo tempo que nada deu ao Tartaro seu companheiro, que igualmente o servíra; até por evitar a occasião de se escrever nos caixões do presente que mandou, a letra que significa premio, usou agora de huma cautela que decidiu advertida e graciosamente este embaraço, remettendo-me o mimo em uns taboleiros muito ordinarios cobertos de pannos amarellos, com recado que huma e outra cousa lhe restituisse logo.

Todos os dias eram certos os regalos que me fazia, mandando-me pratos da sua mesa, doces, perús, que lhe vêem

1753 Agosto 31 da Persia, e para maior distincção successivamente ia crescendo a graduação dos mensageiros até ao ultimo, em que hum primo seu foi o portador do mimo e do recado; porém, não se me occultou a mira, que rebuçavam estas e ainda mais particulares attenções, que todas na minha intelligencia se dispunham a convidar para segunda embaixada; explicando-se o Imperador muito claramente neste objecto, pela bocca do Conde, que a qualquer dos continuos favores que me fazia, dava hum grande applauso, dizendo-me logo, que semelhantes beneficios só se correspondiam bem tornando outra vez áquella Côrte, e esta pratica era tão repetida, que bem dava a conhecer que influia nella mais superior empenho.

Chegou-se o tempo de partir de Macau, e ainda me restavam as ultimas honras com que o Imperador quiz assistir-me na despedida, ordenando que tres Mandarins fossem acompanhar-me algumas leguas ao mar. Vieram elles para este fim na antevespera do meu embarque, e traziam huma carta, que se dizia ser do Vice Rey de Cantão para Vossa Magestade; segundo o seu estylo a remetteram ao Senado para que me fosse entregue por esta via: veiu o Procurador dar-me noticia desta novidade, e eu a mandei aos Padres para que vertessem as letras do sobrescripto, as quaes diziam ser uma carta do Vice Rey de Cantão, para Vossa Magestade a mandar ler em audiencia publica.

Tomei a resolução de a não acceitar, e responder ao Senado por escripto, que restituissem aquelle papel aos Mandarins, porque eu para Vossa Magestade levava carta do Imperador, e não podia receber outra. Quiz hum delles, que era o mesmo que me acompanhou á Côrte, introduzir-me pelo interprete que me servia nestas occasiões, que a recebesse, affirmando-lhe que della me poderiam resultar muitos bens; mas o que por então me pareceu mais acertado, com o voto dos Padres, foi restituil-a e privar-me desta recommendação.

Embarquei ultimamente na tarde de 3 de janeiro; acompanhou-me o Governador, Senado, muitos Religiosos e outras pessoas até á nau. Os Mandarins, só costumados a navegar pelos rios, á hora da partida me fizeram saber o susto que tinham de chegar até ao sitio em que a nau estava em franquia, e com este receio respirei eu do que tinha que elles alli chegassem, e mandei dizer-lhes que bastava fossem huma legua para me fazerem mercê e cumprirem com a vontade do Imperador; e para me assegurar nesta deliberação lhes enviei o meu interprete para os acompanhar, advertindo-o do logar em que deviam retirar-se, aonde com effeito se despediram com huma salva de morteiros da sua barca. 1756 Agosto 31

Na madrugada do dia 4 nos fizemos á véla: a viagem foi summamente trabalhosa, porque depois de termos no golfo de Hynão e estreito de Sunda tempos muito pesados, ultimamente no Cabo da Boa Esperança pareceu, ainda aos mais animosos e experimentados nos perigos do mar, que o dia 2 de maio era o ultimo das nossas vidas; mas a poderosa mão de Deus nos salvou, quando a diligencia dos homens de nada valia já para o nosso remedio, e nesta consternação viemos a contar por grande fortuna o arribar a Moçambique.

Tratou-me nesta ilha o General Francisco de Mello de Castro com o agasalho que pedia a minha infelicidade, e com attenções tão particulares, que só podiam ter por objecto o querer distinguir-se no serviço de Vossa Magestade, reconhecendo que esta mesma causa me levára ao districto do seu governo. Chegada a nova monção, saímos daquelle porto a 23 de novembro: ao passar a barra encalhou a nau em huma restinga que corre da terra firme para a fortaleza, e devemos o não acabar a viagem na mesma hora em que lhe davamos principio, a ser occasião em que a maré enchia, como me assegurou o mesmo General, que percebendo de terra este perigo, nos acudiu a toda a pressa.

Experimentamos agora que o assegurar as monções he o melhor roteiro das viagens do oriente, porque sem contratempo notavel passámos o cabo, e viemos ao Rio no dia 22 de fevereiro, na mesma hora em que entrava a capitania com os primeiros navios da frota, em cuja conserva nos recolhemos ao reino.

1756 Agosto 31 Estes, Senhor, foram os successos que me pareceram dignos de mais particular memoria para os referir a Vossa Magestade, os quaes só contarei como felizes, se ultimamente merecer a honra de Vossa Magestade se dar por bem servido das diligencias que fiz por cumprir nesta occasião com as minhas obrigações.

A bordo da nau *Nossa Senhora da Conceição e Lusitania*, 31 de agosto de 1756.—Francisco Xavier Assis Pacheco e Sampaio.

Fórma da entrada de Pekim no 1.º de maio de 1753

Em primeiro logar hiam todos os Padres que assistem no collegio e residencias da Côrte, a cavallo, com os seus criados que os costumam acompanhar.

Em segundo os dois Guinchaes meus conductores, tambem a cavallo.

Seguia-se hum Cabo de esquadra de granadeiros, a cavallo, fardado de verde, com cabos e debruns de panno berne, ornado de pistola, espingarda, e espada na mão, seguido de huma fileira de tres soldados com as armas altas, na fórma com que costumam marchar os dragões.

Seguiam-se os caixões do presente em vinte e nove andores pintados de amarello com cobertas de lim franjadas de retroz, tudo da mesma côr; e á proporção da sua grandeza eram levados com ordem successiva por quatro, seis e oito homens, vestidos todos de panno encarnado, plumas da mesma côr, chapéus, meias e cintos de seda verde, e junto ao andor decimo quinto iam dois soldados para fazerem observar a ordem da marcha sem interpolação.

Ao ultimo andor seguia-se o timbaleiro com a libré de Côrte, e os quatro trombeteiros em duas fileiras, todos em cavallos brancos.

Seguia-se o criado que servia de mordomo, com o seu vestido de Côrte, e hum cafre á estribeira, com a farda que se lhe havia feito para servir na cadeira, que era de veludo azul agaloado de prata, e os cabos côr de ouro.

Seguiam-se os seis criados que serviam de gentis-homens

em tres fileiras, os de hum lado com guarnições de prata nos vestidos, os de outro com guarnições de ouro, e cada hum com seu cafre á estribeira, todos fardados da mesma sorte que o primeiro. 1756 Agosto 31

Seguia-se o criado que servia de estribeiro, tambem com seu cafre, como os demais, e todos oito em cavallos malhados, com sellas, chaireis, e mantas de veludo azul agaloadas e franjadas de prata, arreios de retroz encarnado, com ferragens douradas.

Seguia-se o Secretario com dois cafres á estribeira, vestidos de bolantes, o cavallo arreiado de veludo azul, e o chairel bordado de prata e ouro.

Seguia-se a cadeira conduzida por oito Chinas, e outros tantos de reserva, todos vestidos ao seu modo, de cabaia azul, cabos e plumas côr de ouro; aos lados dois criados a cavallo, um com o sombreiro, que era de veludo carmezim cercado de galões e franja de ouro, e outro com o assento tartaro, que era de panno berne.

Seguia-se o Alferes puxando a guarda, que constava de doze soldados repartidos em tres fileiras, com o tambor e Sargento, todos armados, fardados e com as armas altas, da mesma sorte que os primeiros.

Seguiam-se os dois cavallos de mão com telizes de veludo carmezim bordados de prata e ouro, com arreios e fiadores do mesmo veludo cobertos de galão de ouro.

Seguiam-se quatro criados em duas fileiras, tambem a cavallo.

Seguiam-se os doze andores do meu fato, cobertos com reposteiros de veludo azul bordado de retroz.

Seguiam-se quatro criados de libré em duas fileiras, e a estes em alguma distancia as mais pessoas da familia, guiados pelo interprete ordinario, todos a cavallo, e na sua conserva traziam os carros com a bagagem de toda a comitiva.

Relação do presente que o Imperador manda a Sua Magestade

Seis peças de seda com grandes dragões.
Quatro ditas de setim com dragões e nuvens.

1756 Agosto 31 Seis ditas com flores soltas, redondas e ouro.

Seis ditas de veludo.

Vinte ditas de setim de ouro.

Cincoenta e duas ditas de setim de varias côres lavrado e liso.

Oito ditas de setim com flores de nova moda.

Vinte e duas ditas de lim de varias côres.

Quarenta e quatro ditas de saia.

Quatorze ditas de saia de Hancheu.

Vinte e seis ditas de ló.

Oito ditas de gorgorão.

Vinte e duas ditas de outros lins.

Tres vasos de pedra branca com dragões, passaros e ramos.

Um bule de pedra branca.

Um vaso de pedra verde com suas argolas da mesma pedra.

Um vaso de pedra mais escura com flores e folhas de arvore.

Hum tronco de pedra branca e vermelha.

Dez tigellas de cobre dourado, esmaltado.

Dois bules do mesmo cobre.

Dois pratos redondos entalhados de charão.

Hum taboleirinho comprido entalhado de charão.

Duas bocetas pequenas de charão lavrado.

Dois pratinhos do mesmo charão com meias canas.

Quatro pratos redondos do mesmo charão.

Duas bocetinhas para cheiros, do mesmo charão.

Hum par de bocetas de charão em terno, cada huma com sua banquinha.

Hum par de bocetas de charão do Japão, com suas banquinhas de cinco pés.

Hum par de bocetas quadradas do mesmo charão, com suas cobertas e mesas.

Hum par de bocetas do mesmo charão, sem cobertas, com suas mesas.

Duas tigellas de charão do Japão, com suas cobertas.

Duas estantes do mesmo charão. 1756 Agosto 31

Hum par de bocetas em terno, com suas cobertas e mesas do mesmo charão.

Hum pequeno guarda-vento, do mesmo charão.

Hum vaso para pinceis, do mesmo charão.

Hum travesseiro para a calma, do mesmo charão.

Duas tigellas do mesmo charão, com suas tampas.

Quatro mesas grandes do dito charão.

Seis pares de lanternas de ló, de oito cantos, com molduras de pau sandalo douradas.

Hum livro com folhas de rede e flores de matizes, tudo de marfim e orlas de tartaruga.

Dois pratos de cabaça acharoados.

Hum vaso de cabaça.

Duas tigellas de cabaça forradas de prata.

Quatro tigellas pequenas de cabaça acharoadas por dentro.

Duas estantes de pau sandalo com suas varandinhas.

Duas ditas do mesmo pau, com flores de fio de prata e ouro embutido.

Louça

Duas jarras amarellas com flores de varias côres.

Dois vasos para peixes, de pintura azul.

Dois ditos mais pequenos.

Dez jarras pequenas com diversas pinturas.

Dois bules esmaltados.

Seis ditos de porcelana, de diversas pinturas e feitios.

Trinta e seis tigellas de diversas pinturas.

Oito ditas de varias côres.

Vinte chavenas de varias côres e pinturas.

Quatorze pires de varias côres e pinturas.

Quarenta chicaras de varias côres e pinturas.

Quarenta pratos de varias côres e pinturas.

Cento e cincoenta folhas de seda crua, com diversas pinturas e côres.

Duzentas folhas de papel de varias côres.

Cem folhas de papel branco grande, chamado Pul-chá.

Duzentas folhas de papel coreano.

1756 Agosto 31 Vinte bocetas de tinta de Nankim.
Vinte e quatro bocetas de cheiros.
Oito ditas de bolsinhas bordadas.
Vinte e seis ventarolas.
Duzentos leques de diversos feitios e pinturas.
Oito bocetas de pastilhas de cheiro.
Oitenta bolas de Pul-chá.
Dez bocetas de extracto de chá.
Dez ditas de extracto de pinhões.
Quatro ditas de melão secco de Hamin e cheiroso.
Vinte bules de Huy-Xa.
Vinte ditos de Lugan-Xa.
Seis bocetas de farinha de ninféa.
Seis ditas de semente da mesma ninféa.

Presente da quinta lua

Quarenta peças de seda chamada Xá, de varias côres.
Cem peças de seda chamada Nono.
Oito caixas de ventarolas.
Cincoenta ditas de leques.
Vinte de cheiros.
Doze de cheiros, para pendurar nos leques.
Dez de continhas de cheiros.
Vinte e duas de massas medicinaes.

Presente que deu ao Embaixador

Huma peça de seda de grandes dragões.
Duas ditas de setim, com matizes.
Duas ditas de veludo.
Quatro ditas de setim de varias côres, liso e lavrado.
Seis ditas de lim.
Nove ditas de saia.
Duas ditas de seda lavrada, de varias côres.
Quatro ditas de gorgorão.
Dois vasos de pedra, com seus pés de pau sandalo.
Dois ditos pequenos de esmalte, hum com sua cobertura.

Hum par de bocetas de charão, com seus ramos e flores. 1756 Agosto 31
Dois pares de bocetas de charão douradas.
Hum bule de charão.
Huma tabaqueira de cabaça lavrada.
Quatro pires de cabaça acharoados.
Dois vasos de pedra verde e parda.
Sete jarras de porcelana pequenas, de diversa pintura e feitio.
Oito tigellas com flores azues.
Dozes pires de diversas pinturas.
Quatro pratos vermelhos.
Vinte folhas de seda pintada.
Vinte folhas de seda para escrever.
Vinte folhas de papel de varias côres.
Vinte folhas de papel branco.
Vinte folhas de papel coreano.
Seis bocetas de tinta.
Quarenta abanos de varias fórmas.
Oito bules de Lugan-Xa.
Quatro bules de Huy-Xa.
Oito bolas de Pul-chá.
Huma caixa com farinha de ninféa.
Huma dita com semente da mesma ninféa.

Presente da quinta lua

Trinta peças de seda chamada Xá.
Quarenta ditas de seda chamada Nono.
Duas caixas de ventarolas.
Doze ditas de leques.
Seis de cheiros para os leques.
Quatro de continhas de cheiros.
Vinte e cinco de massas medicinaes.

Presente do Secretario

Huma peça de seda de grandes dragões.
Duas ditas de saia lavrada.

1756 Agosto 31 Duas ditas de veludo.
Sete ditas de setim de varias côres.
Quatro ditas de lim.
Seis ditas de saia.

Na quinta lua

Doze peças de seda chamada Xá.
Dez ditas de seda chamada Nono.
Huma caixa de ventarolas.
Quatro ditas de leques.
Seis ditas de cheiros para pendurar nos leques.
Duas de massas medicinaes.

Presente do Mordomo

O mesmo que ao Secretario em ambas as occasiões.

Presente dos Gentis-homens

A cada hum dez peças de seda ruim e um pau de prata que pesava cincoenta e tres taeis.

Presente dos soldados, criados de libré e aos mais da familia

A cada hum oito peças de seda e outro semelhante pau de prata.

Na quinta lua para todos

Cincoenta peças de seda chamada Xá.
Cem peças de seda chamada Nono.

Relação do presente que Sua Magestade Fidelissima mandou ao Imperador da China

N.º 1. — Huma caixa grande coberta de veludo carmezim, guarnecida toda de galões de prata, e todas as ferragens tambem de prata, a qual leva dentro duas espingardas e dois pares de pistolas, guarnecido tudo e tauxiado de ouro e prata, e huma faca de mato, tambem guarnecida de ouro e o punho esmaltado. 1756 Agosto 31

N.º 2. —Huma dita mais pequena coberta e forrada do mesmo veludo, guarnecida por dentro e por fóra de galões de prata, na qual vão seis caixas para tabaco: huma de ouro, outra de victorina, outra de madreperola, outra de agata e duas de asparo verde, huma dellas esmaltada, e todas guarnecidas de ouro, e vão mais na dita caixa seis estojos em tudo semelhantes ás ditas caixas.

N.ºs 3 e 4. —Quatro caixas semelhantes ás primeiras com quatro laminas de prata batida em flores, e nos meios quatro figuras do mesmo metal, que representam os quatro tempos do anno.

N.ºs 5 e 6. —Duas caixas cobertas, forradas e guarnecidas como as primeiras, que levam quatro peças de tissu de ouro e prata, e duas de sarja, huma de ouro e outra de prata, involtas em pannos de chamalote carmezim, todo guarnecido de renda de prata.

N.ºs 7, 8 e 9. —Tres caixas grandes semelhantes ás mais, que levam duas peças de panno amarello, duas de panno escarlate, huma de panno azul, e outra de panno verde, involtas todas em pannos de chamalote, guarnecidos de renda de prata.

N.ºs 10 e 11. —Duas ditas grandes semelhantes ás mais, que levam huma armação de pannos de raz involtos em pannos do mesmo chamalote e guarnição.

N.ºs 12 e 13. —Duas frasqueiras cobertas, forradas e guarnecidas, por dentro e fóra, da mesma sorte que as caixas, que levam doze frascos grandes cristalinos de rosasolis, de cachundé, e herva doce.

N.ºs 14 e 15. —Duas ditas semelhantes ás primeiras, de rosasolis, de canella, cidra e baunilha, côr vermelha.

N.ºs 16 e 17. —Duas ditas semelhantes ás mais, de vinho branco de Carcavellos.

N.ºs 18 e 19. —Duas ditas em tudo semelhantes, de vinho tinto do Barreiro.

N.º 20 e 21. —Duas ditas de quinze frascos cada huma

1756 Agosto 31 cristalinos e bem lavrados, cheios de pastilhas de bocca: de canella e cachundé e brancas.

N.os 22 e 23.—Duas ditas cheias de pastilhas de cheiro de tres qualidades, e igualmente repartidas.

N.os 24 e 25.—Duas ditas com doze frascos de balsamos do Peru, Brazil, S. Thomé e Cupahyba.

N.os 26 e 27.—Duas ditas como as antecedentes, cheias de tabaco de amostrinha, do mais selecto.

N.os 28 e 29.—Duas serpentinas de prata lavrada, de cinco luzes cada huma, feitas por Germano.

Tratado de paz entre o Magestoso Estado e o grandioso Sar Dessay Quema Saunto Bounsuló, celebrado pelo illustre Secretario do Estado Belchior José Vaz de Carvalho, e o honrado Rogunata Xama Ráo, Ministros deputados pelos seus respectivos poderes, em 26 de julho de 1759

(Arch. da India, livro 2.º de Pazes, fol. 47.)

1.º

1759 Julho 26 Havendo o Ill.mo e Ex.mo Sr. Manuel de Saldanha de Albuquerque, Conde da Ega, Vice Rey, e Capitão general da India, attendido as supplicas, e instantes promessas de arrependimento, que lhe representou o Grandioso Sar Dessay Quema Saunto Bounsuló pela pessoa do seu Enviado Rogunata Xama Ráo, foi servido esquecer-se das infracções repetidas dos antigos Tratados das pazes, admittindo novamente ao dito Grandioso Sar Dessay na amizade do Magestoso Estado, e concedendo-lhe a protecção que experimentaram sempre os seus antepassados, debaixo das condições seguintes.

2.º

Pelo presente Tratado se renova e ratifica o que foi celebrado pelo Sr. Vice Rey Conde de Alva em 25 de Outubro de 1754, e o Grandioso Sar Dessay Rama Chandra Saunto Bounsuló, promettendo reciprocamente a sua inteira e effectiva observancia em tudo o mais que nesta capitulação não for alterado, ou declarado, e quando nella, ou em outra qualquer antecedente haja alguma duvida sobre a intelligencia do seu contexto e execução, se tratará amigavelmente a respeito do modo da interpretação antes de outro procedimento turbativo da amizade perpetua, que novamente se estabelece pelo Magestoso Estado com o Grandioso Sar Dessay. 1759 Julho 26

3.º

Que da publicação deste Tratado em diante se restituirão fiel e mutuamente os prisioneiros e desertores de qualquer qualidade que sejam, e os que por este modo forem entregues serão relevados de pena alguma pela referida culpa, da qual por este ficam perdoados, e da mesma sorte serão livres e desembaraçadas as communicações, commercio, e tratos em qualquer das jurisdições, e em tudo o mais, como se acha estipulado no sobredito Tratado de 25 de Outubro de 1754.

4.º

Attendendo ás qualificadas instancias das representações do Grandioso Sar Dessay, se lhe concede o arrendamento das tres provincias, Pernem, Bicholim, e Sanquelim, que o Magestoso Estado possue na sua jurisdicção, cedidas no artigo 4.º do dito Tratado de 25 de Outubro de 1754, com obrigação de satisfazer em cada hum anno 50:000 xerafins livres de qualquer pensão para a fazenda real do Magestoso Estado, alem das tenças, e pertenças, que deve tambem pagar na fórma do seu antigo costume aos Dessaes vassallos do mesmo Estado moradores delle, e para a satisfação mencionada se obriga a dar fiadores abonados nesta cidade a contento do Magestoso Estado sem fazer innovação que altere o estabelecimento em que se conservam as ditas provincias.

5.º

Principiará a correr o tempo deste arrendamento no dia 15 de Setembro proximo futuro em diante, e os seus pagamentos do preço estipulado de 50:000 xerafins serão feitos em dois quarteis, cada hum de 25:000 xerafins, hum no

1739 Julho 26 tempo do colhimento do batte de vangana, e outro no de serodio, a respeito de serem os fructos que principalmente produzem as ditas provincias, de sorte que dentro de hum anno serão feitos os pagamentos dos ditos quarteis.

6.º

Não entrará no arrendamento o producto da alfandega de Colvale, e suas annexas, porque o rendimento desta será administrado e cobrado pela fazenda real do Magestoso Estado na fórma que até agora se praticava.

7.º

Será tambem exceptuada a aldeia de Mahem, da jurisdicção da provincia de Bicholim, com todos os seus annexos, por ser da mercê concedida por Sua Magestade Fidelissima a terceira pessoa, e igualmente a vargia Macazana, e Ozory, as quaes se conservarão da mesma sorte que o Magestoso Estado as possuia até o tempo da declaração desta guerra.

8.º

Por ser preciso que nos circuitos das Praças, que o Magestoso Estado possue nas ditas provincias, haja algum pequeno espaço para a serventia das suas guarnições, se destinará lugar proporcionado com o prudente arbitrio das pessoas que serão nomeadas por huma e outra parte para a sua demarcação, ficando exceptuado do arrendamento o sitio, de que assentarem se deve fazer applicação.

9.º

Todas as cobranças de justiça, distribuições, e as administrações, que nas ditas provincias pertencerem ás terras incluidas no dito arrendamento, serão feitas pelo Grandioso Sar Dessay em tudo o que lhe respeitar, e a beneficio da execução do mesmo arrendamento.

10.º

Como o Grandioso Sar Dessay Custam Saunto Bounsuló se faz digno de toda a attenção, por estar actualmente no serviço do Magestoso Estado, por quem he protegido, se obriga o Grandioso Sar Dessay Quema Saunto Bounsuló a pagar-lhe a sua pensão annual de 2:000 rupias em qualquer parte onde se achar, com declaração, porém, que se aquellas forem cobradas pelo felicissimo Naná, será então desobrigado desta satisfação. 1759 Julho 26

11.°

Do presente Tratado se darão copias do mesmo teor, assignadas, e selladas, para ficar huma na secretaria do Magestoso Estado, e remeter-se outra ao Grandioso Sar Dessay, e que pela sua reciproca observancia, e perpetuo cumprimento se extinga totalmente a memoria das discordias, e seja radicado hum indefectivel estabelecimento da paz. Goa, 26 de Julho de 1759.

Sêllo das armas reaes da corôa de Portugal. — Belchior José Vaz de Carvalho.

E para a observancia do dito Tratado e geral noticia delle, mandei que fosse publicado a som de caixas nos lugares publicos e costumados desta cidade, e nos Passos, e districtos della, e tambem nas provincias de Bardez e Salcete, e se registará adonde tocar, de que os officiaes a que pertencer passarão certidão, e o proprio se entregará na secretaria do Estado. Pangim, 5 de Agôsto de 1759. — Conde da Ega.

Foi publicado o Tratado de paz supra e retro do Illmo e Exmo Sr. Vice Rey, celebrado com o Grandioso Sar Dessay Quema Saunto Bounsuló, a som de caixas nos lugares publicos e acostumados desta provincia de Salcete, e lendo por mim Caetano Simões, escrivão d'ante a vara do meirinho do juizo de Rachol, e apregoado em voz alta pelo porteiro do dito juizo Luiz Affonso Santiago, para que todos tivessem noticia, e para não alegarem ignorancia, em tempo algum. Por bem de que eu sobredito escrivão passei esta certidão, em que se assignou o dito porteiro, de que porto minha fé, que o escrevi, e me assignei, hoje 8 de Agosto de 1759 annos. — Caetano Simões — Luiz Affonso Santiago.

1759 Julho 26 Fica registado o Tratado de paz no livro dos registos, que serve neste cartorio em as fl. 122. Rachol 9 de Agosto de 1759. — Carlos Guedes de Magalhães.

Fica registado o Tratado de paz no livro dos registos, que serve neste cartorio em as fl. 156 v. e por verdade fiz esta declaração. Rachol 9 de Agosto de 1759. — Francisco Monteiro Machado de Mello.

Livro 2.º de pazes, antes das folhas numeradas.

A fl. 43 do mesmo livro está outra copia sellada com o sêllo das armas reaes portuguezas em lacre vermelho, e assignada por Belchior José Vaz de Carvalho, e Rogunata Xama Ráo, sendo a assignatura deste em letra canará.

O original maratha a fl. 52.

Pleuipotencia

1759 Julho 27 Manuel de Saldanha de Albuquerque, Conde da Ega, do conselho de Sua Magestade Fidelissima, Gentil Homem da Camara do Serenissimo Senhor Infante Dom Manuel, Commendador da Ordem de Christo, Alcaide mór de Guimarães, Vice Rey, e Capitão General da India.

Por quanto Quema Saunto Bounsuló, Sar Dessay da Praganã Curale, me representou que verdadeiramente convencido, e arrependido das repetidas infracções aos Tratados concluidos com os seus predecessores, me pedia lhe concedesse huma paz permanente, e lhe restituisse em virtude della, e do seu arrependimento, a protecção e abrigo, que sempre elle, e seus predecessores acharam neste Magestoso Estado: Hei por bem conceder-lhe, e manter-lhe a dita paz na fórma das condições do presente Tratado, e que o Doutor Secretario do Estado Belchior José Vaz de Carvalho acceitou das mãos do honrado Rogunata Xama Ráo, Enviado do mesmo Sar Dessay; e para que as condições do presente Tratado, como nelle se contém, hajam o seu devido effeito, concedo ao dito Secretario do Estado Belchior José Vaz de Carvalho todos os poderes necessarios para assignar o presente Tratado com o dito Rogunata Xama Ráo, e para maior vigor do mesmo Tratado não só será assignado pelos ditos Ministros Plenipotenciarios de ambas as partes, mas tambem com os sellos do dito Grandioso Sar Dessay, e juramento na fórma costumada, porque debaixo desta condição he que auctoriso tudo o que obrar o dito Secretario do Estado Plenipotenciario deste Magestoso Estado. Dada em Goa sob o sêllo das Armas Reaes da Corôa de Portugal a 27 de Julho de 1759. — Logar do sello — Conde da Ega. 1759 Julho 27

Artigo particular e secreto entre o Magestoso Estado e o grandioso Sar Dessay Quema Saunto Bounsuló, celebrado pelo illustre secretario do Estado Belchior José Vaz de Carvalho, e o honrado Rogunata Xama Rao, Ministros deputados pelos seus respectivos poderes, em 26 de julho de 1759

(Arch. da India, livro 2.º de Pazes, fol. 49.)

Que o Illmo e Exmo Sr. Conde da Ega, Vice Rey, e Capitão general, da India, por este particular e secreto artigo promette ao Grandioso Sar Dessay Quema Saunto Bounsuló a protecção do Magestoso Estado, não só na fórma que foi estipulada pelas capitulações da paz, que hão de ser publicadas, mas tambem concorrer com todos os bons officios de informar o estado em que se acha o Grandioso Sar Dessay na representação, que intenta fazer no Reino de Portugal, para que Sua Magestade Fidelissima lhe mande restituir todas, ou parte das provincias, que cedeu ao Magestoso Estado pelo Tratado de paz de 25 de Outubro de 1754; e para a sua devida observancia, assim deste artigo, como da execução das ordens de Sua Magestade, se dará huma copia do presente artigo por conta de ser enviada ao Grandioso Sar Dessay. Goa 26 de Julho de 1759. — Sêllo das Armas Reaes — Belchior José Vaz de Carvalho — (Assignatura maratha) Rogunata Xama Ráo. 1759 Julho 26

Traducção da carta do Sar Dessay Quema Saunto Bounsuló, em que diz o seguinte

(Arch. da India, livro 2.° de Pazes, fol. 39.)

1759 Junho 1 Ao Ill.mo e Ex.mo possuidor da fortuna e felicidade, Grandioso Sr. Manuel de Saldanha de Albuquerque e Menezes, Conde da Ega, cuja felicidade seja perpetua.

Eu Quema Saunto Bounsuló, Sar Dessay de Praganã Cuddalle, e mais provincias, faço esta com cortezia de repetidos sallamos, manifestando minha saude que logro com o favor de Deus, e espero que V. Ex.ª me participe suas boas novas.

Para haver paz entre huma e outra parte, e com ella lograrem socego os povos, envio ao honrado Rogunata Xama Ráo com plenos poderes para o ajuste; esperó que V. Ex.ª com a sua magnanimidade queira permittir que lançada fóra a discordia, haja paz entre ambas as partes; e esta não serve de mais que pedir-lhe permitta-me sua graça e amizade. Escripta em os 5 do mez Soval (1.° do corrente mez de Junho de 1759).

Traduzida por mim Ananta Camoty Vaga, Lingua do Estado. Pangim, 9 de Junho de 1759. — Ananta Camoty Vaga.

O original maratha da carta está a fl. 39.

Correspondencia entre o Bounsuló e o Estado por occasião do tratado antecedente

Traducção da cartą do Sar Dessay Quema Saunto Bounsuló escripta aos Ill.mos e Ex.mos Srs. Governadores, na qual alem da cortezia diz o seguinte

(Arch. da India, livro 2.° de Pazes, fol. 84.)

1757 Outubro 15 Tenho já participado a V. Ex.as de que vindo o exercito do honrado Pradana Panta (Naná), estando pelejando pondo sitio á fortaleza de Mossurem, fiz retirar com o valor do meu, que para este fim expedi. Agora de presente Naró Panta, cabo do dito Naná, intenta vir outra vez com o seu exercito, que está preparando, para conquistar as fortalezas e fortes das minhas fronteiras em despique daquelle successo; e como esta noticia he tão verdadeira, eu tambem me acho com a mesma resolução. Havendo entre mim e o dito Naná boa amizade, e sem que se offerecesse da minha parte differença alguma, succede haver esta occasião por parte do mesmo Naná, he justo que eu tambem me ponha prompto para disputar; e porque eu sou vizinho do Estado, e corresponde entre mim e elle fiel amizade sem cavillação, convem ao mesmo Estado soccorrer-me nas semelhantes occasiões, como me tem promettido[1]. Pela dita occasião que se tem offerecido, tenho provido as minhas fortalezas e fortes do soccorro necessario, mas como sempre he preciso que tenha prompto de mais, faço esta a V. Ex.as pedindo-lhes 50 barris de polvora, 40 cunhetes de ballas e 2:500 ballas de artilharia, que sem demora me queiram mandar, porque o intento do inimigo he de vir perto á fortaleza Baratagoro, e de lá adiantar-se os seus projectos, e por esta causa queira o Estado remetter-me antecipadamente a dita polvora, balla, e ballas de artilharia por embarcação em Raddy, para de lá poder conduzir-se para a fortaleza de Mossurem, de donde se repartirá o dito soccorro ás mais fortalezas e fortes; e esta não serve de mais, etc. Escrita em os 2 do mez Safar (15 de outubro).

1757 Outubro 15

Traduzida por mim Ananta Camotim Vaga, Lingoa do Estado, em os 18 de outubro de 1757. — Ananta Camoty Vaga.

Original maratha, a fl. 85.

[1] Não allega o Bounsuló o Tratado onde esteja esta promessa, mas he o artigo 14.º do de 1754. Parece tambem que neste governo se entendeu de algum modo haver certo motivo para o pedido do Bounsuló no artigo 13.º da paz ajustada em Punez com o Maratha a 18 de Setembro de 1740, porque junta a esta carta foi lançada a traducção daquelle artigo, que diz:

«Observar-se-ha a paz entre os Portuguezes e o Saunto, na fórma que a tem ajustado; e se os Bounsulós a quebrantarem, nós devemos soccorrer ou ajudar aos Portuguezes; e quando o rompimento se origine por parte destes, nós devemos ajudar ou soccorrer aos ditos Sauntos.»

Traducção um pouco diversa nas palavras, mas identica no sentido á que fica em seu logar.

Carta dos Governadores para o Sar Dessay de Cuddale Quema Saunto Bounsuló

(Arch. da India, livro dos Reis visinhos, fol. 173.)

1757 Outubro 16 Com grande pezar recebemos a noticia de que o Sar Dessay Quema Saunto Bounsuló tinha a molestia de ser insultado pelos seus inimigos, ainda que pela justiça da causa e pelo trabalho das suas tropas consiga o beneficio do vencimento e bom successo, que em tudo lhe desejâmos.

Pelo que respeita á polvora, que V. M.cê nos pede, nos embaraça ao presente o necessario provimento dos armazens da fazenda e praças que agora se principia a fabricar com a entrada do verão, o que satisfeito procuraremos executar com muito boa vontade o empenho de V. M.cê

As manchuas do rio de Novibaga, de que V. M.cê nos encarrega o retiro com alguma desconfiança, devemos dizer-lhe que o Sar Dessae Quema Saunto foi quem se escusou de fazer suspender os ratoneiros que vinham insultar as nossas terras, pelas cautelas delles, e assim não lhe póde ser estranho que nós cuidemos nos meios de impedir aquella desordem. He verdade que esta resolução não he até agora effectiva, porque as mesmas manchuas tambem foram conduzir effeitos e outros generos da Ribeira das Naus para ordinarios provimentos daquella Provincia, o que de nenhuma sorte podia occasionar desconfiança a V. M.cê quando conhece a amizade com que nos interessamos no seu augmento e socego.

Remettemos ao Sar Dessae Quema Saunto Bounsuló a carta que Sua Magestade Fidelissima foi servido mandar nesta presente monção, em resposta das que ao mesmo Senhor escreveu o Sar Dessae Quema Saunto na monção de 1755. Nosso Senhor, etc. Goa, 16 de Outubro de 1757. — Arcebispo Primaz — João de Mesquita Mattos Teixeira — Filippe de Valladares Sotto Mayor.

Carta do Secretario do Estado para Quema Saunto Bounsuló, Sar Dessay de Cuddale

(Arch. da India, livro dos Reis visinhos, fol. 173 v.)

Recebi a carta de V. M.cê com as novas da felicidade que teve castigando ao inimigo na surpreza da fortaleza de Monsurem, e as estimei muito, tanto por ser em beneficio de V. M.cê, quanto á continuação da nossa correspondencia. 1757 Outubro 20

Tudo o mais ficará V. M.cê entendendo pela resposta dos Srs. Governadores[1], e eu desejarei dar-lhe sempre gosto. Deus guarde a V. M.cê, etc. Goa, 20 de Outubro de 1757.— Belchior José Vaz de Carvalho.

Tradução da carta do Sar Dessay Quema Saunto Bounsoló escripta aos Ex.mos e Ill.mos Srs. Governadores, na qual depois da cortezia diz o seguinte

(Arch. da India, livro 2.º de Pazes, fol. 88.)

Naró Trimbaca, pessoa do Pessué (Naná), vindo de Griem com o seu exercito por armada tomou a fortaleza de Neutim e o forte de Carlim com confederação em os 10 do mez Rabilavol (22 do corrente); alem desta conquista intenta elle fazer mais ao diante. Com a vizinhança do Maratha não só as minhas terras experimentaram grande ruina, mas tambem as do Estado muito mais. Estou certo que V. Ex.as me soccorrerão com polvora e bala, e para que o inimigo seja rigorosamente castigado se sirvam V. Ex.as de mandar para lá sua armada para restaurar os lugares perdidos, aonde já antecipadamente tenho mandado o meu exercito por terra, sendo assim, certamente ambas as partes ficarão livres de grande ruina, que está ameaçando. Se V. Ex.as entenderem que o prejuizo ou ruina será para as minhas terras, porque 1757 Novembro 23

[1] Não achamos carta dos Governadores ao Bounsuló desta data: parece-nos, pois, referir-se á de 16 de Outubro.

1757 Novembro 23 tenho perdido, digo que logo que o dito Maratha conquistou as terras do Angriá, as minhas estão experimentando desasocego, as quaes sendo conquistadas, as do Estado experimentarão o mesmo, o que para se evitar sirvam-se V. Ex.as de mandar com a brevidade possivel o soccorro que pretendo e refiro nesta, attendendo o que proponho a V. Ex.as Como o inimigo cada dia se faz mais reforçado, faço esta a V. Ex.as pedindo o dito soccorro. No ajuste da paz, que ultimamente se celebrou, se obriga o Estado a soccorrer-me nas occasiões que os inimigos vierem contra mim[1]. E esta não serve de mais, etc. Escripta em os 11 do mez Rabilavol (23 de Novembro).

Traduzida por mim Ananta Camotim Vaga, Lingua do Estado, em 26 de Novembro de 1757.—Ananta Camoty Vaga.

O original maratha, a fl. 89.

Resposta dos Governadores

(Arch. da India, livro dos Reis visinhos, fol. 176)

1757 Dezembro 2 Fizemos a devida estimação da carta do Sar Dessai Quema Saunto Bounsuló, pelo muito que desejamos a sua boa correspondencia.

Sentimos muito a novidade não esperada da repetida invasão da fortaleza de Neutim e do forte de Carlim, esperando que o Sar Dessai Quema Saunto Bounsuló restaure sem demora huma e outra cousa, e se conserve com todos os seus dominios, como desejamos.

Na presente conjunctura não he possivel darmos o soccorro de polvora e balla, por termos provido as praças do Norte proximamente, e principiando agora a fabricar-se a polvora, de que ainda necessitamos; mas mais adiante poderá haver com que possamos dar a providencia necessaria, como tambem para a armada, esperando que se recolham

1 Artigo 14.º do Tratado de 25 de Outubro de 1754.

as embarcações, que temos expedido para algumas partes. Nosso Senhor, etc. 1757 Dezembro 2

Goa, 2 de Dezembro de 1757.—Arcebispo Primaz—João de Mesquita Mattos Teixeira—Filippe de Valladares Soutto mayor.

Traducção da carta de Zivagi Vissaramo Sabanis, ou secretario do Bounsoló, escripta aos Ex.^{mos} e Ill.^{mos} Srs. Governadores, na qual depois da cortezia diz o seguinte

(Arch. da India, livro 2.° de Pazes, fol. 96.)

Naró Trimbaca, Subedar de Pesué (Naná), tomou com traição a fortaleza de Neutim, e ainda intenta fazer mais conquista de Vingurlá e Cuddalle. Eu com o nosso exercito me acho perto de Neutim para restaurar a mesma fortaleza, e para V. Ex.^{as} terem a referida noticia, faço esta carta significando-lhes que como a amizade que se corresponde entre o Estado e o honrado Senhor Sar Dessay, he sem cavillação, vindo algum inimigo nas suas terras, o Estado deve soccorrer, e castigar-lhe, como observou sempre. Não será bom que este inimigo lance seu pé, ou se faça firme na visinhança do Estado. V. Ex.^{as} attendendo em todo o referido, se sirvam de mandar com a brevidade possivel a armada de guerra do Estado com todo o soccorro, a qual atacando por mar a dita fortaleza, eu a atacarei por terra; e assim com este castigo o inimigo se retirará; e a este mesmo respeito escreve a a V. Ex.^{as} o dito Senhor Sar Dessay, em attenção á qual queiram V. Ex.^{as} expedir logo sua armada, exercito, polvora e balla, e ballas de artilharia. E esta não serve de mais que pedir-lhe tenham-me na sua graça. 1757 Novembro 28

Traduzida por mim Ananta Camoty Vaga, Lingoa do Estado, em 28 de Novembro de 1757. — Ananta Camoty Vaga.

Do original maratha, fl. 97.

Resposta dos Governadores ao Sabanis do Bounsuló Givagi Visramo

(Arch. da India, livro dos Reis visinhos, fol. 177.)

1757 Dezembro 2 Recebemos a carta, que nos escreveu o Sabanis Givagi Visramo com a noticia de se achar com o seu exercito na visinhança de Neutim, para tirar aquella praça das mãos do Maratha, que está senhor della, e desejaremos que nessa empreza seja o Sabanis Givagi Visramo bem succedido; e como nos mais particulares escrevemos ao Sar Dessay Quema Saunto Bounsuló em resposta da sua carta, que tambem recebemos, não temos por ora que dizermos ao Sabinis Givagi Visramo. Nosso Senhor, etc.

Goa, 2 de Dezembro de 1757. — Arcebispo Primaz — João de Mesquita Mattos Teixeira — Filippe de Valladares Soutto mayor.

Traducção da carta do Sar Dessay Quema Saunto Bounsuló, escripta aos Ex.^{mos} e Ill.^{mos} Srs. Governadores, na qual alem da cortezia diz o seguinte

(Arch. da India, livro 2.° de Pazes, fol. 92.)

1757 Dezembro 9 Foi bom tempo que recebi a carta de V. Ex.as a qual estimei muito. Sinto que V. Ex.as respondessem á carta que lhes escrevi instando o soccorro, porque dão de perceber que o haverá com dilação, a qual se não deve permittir na presente occasião que se tem offerecido; e para que nas semelhantes de algum inimigo fosse eu soccorrido pelo Estado contrahi sua amízade; muito me desgosta a dilação do dito soccorro, tendo-se-me offerecido a presente occasião.

Naró Trimbaca, que se achava em Vacavaly com o seu distincto exercito no dia 23 do mez Rabilavol (3 de Dezembro), vindo marchando com o intento de dar assalto no meu exercito, que se achava em Narur commandado por Rogunata Dalvy Bounsuló, foi atacado, e castigado pelo sobredito de tal fórma, que se retirou com perda de bastantes homens, entrando os distinctos, alem de muitos feridos, dos quaes, e dos outros os meus sipaes apanharam varias armas e bandeiras, o que visto, o dito Naró Trimbaca se retirou para Vizaedurga (Griem), deixando pouca guarnição em Neuty e Carly. V. Ex.[as] soccorrendo-me nesta occasião, a dita guarnição se hirá retirando, sobre que faço esta a V. Ex.[as] esperando pelo dito soccorro; que não serve de mais, etc. Escrita em 28 do mez Rabilavol (9 de Dezembro). 1757 Dezembro 14

Traduzida por mim Ananta Camotim Vaga, Lingoa do Estado, em 14 de Dezembro de 1757. — Ananta Camoty Vaga.

Original maratha, a fl. 93.

Não achamos resposta.

Traducção da carta de Zivagi Vissaramo Sabanis do Bounsoló, escripta ao commandante de Pernem Domingos Franco na qual alem da cortezia diz o seguinte

(Arch. da India, livro 2.º de Pazes, fol. 100.)

Naró Tinubaca no dia 13 do mez corrente Rabilavol (de Dezembro) vindo em pessoa com o seu exercito prevenido com petrechos de guerra, atacou o nosso exercito, de que era commandante o honrado Rogunata Dalvy Bounsuló, assim por terra como por mar pelas galvetas, o qual ataque durou perto de tres horas, e nelle o felicissimo Sr. Sar Dessay recebeu victoria, sem embargo de estar o dito nosso exercito com descuido, e menos cautela. Ao inimigo morreram duzentos homens de boa qualidade e distincção, e entre elles alguns cabos; até o numero de trezentos se feriram; aos setenta e tantos rendidos no dito ataque se deu a liberdade para se recolherem ao seu domicilio perdoando-os da ultima pena, sem proceder á mesma contra a mais gente do dito exercito inimigo, por ter tomado palha na boca,[1] e se renderam muitas armas e bandeiras. As pessoas que confede- 1757 Dezembro 12

[1] Este acto he a formula de se renderem á discrição, e implorar a misericordia do vencedor.

1757 Dezembro 12 rando com o inimigo, entregaram-lhe Neuty e Carly, tambem foram achadas, e castigadas cortando as suas cabeças. Com esta perda tendo retirado o dito inimigo, e aquartelado em Neuty e Carly, intenta vir outra vez a despicar, para o que está juntando gente. V. m.^{cê} certificando esta noticia aos Ex.^{mos} Governadores, faça vir o soccorro do Estado com petrechos de guerra com a brevidade possivel, assim por armada como por terra, e tomar Neuty e Carly, aonde se acha acampado nosso exercito, esperando pelo soccorro do Estado, e este se não vir com a brevidade que pede a necessidade, o dito inimigo se reforçará mais cada dia. Haverá hoje quinze dias que o inimigo tem vindo, e não sei o que hei de ficar entendendo sobre a demora do soccorro, porque estamos com esperança delle, pois havendo demora para a sua expedição, certamente se entenderá que as terras do Sr. Sar Dessay se perderão pelo desamparo do Estado. Na capitulação da paz, que se celebrou entre o Estado, e o mesmo Sar Dessay, se diz que vindo o inimigo nas suas terras, o Estado dará seu soccorro, e que o não dando, se offerecerá discordia. Como Naná he poderoso, por não sentirmos forças para defender as guerras que elle nos faz, procurando o amparo do poderoso Estado lhe foram offerecidas nossas terras e fortalezas, e se nesta occasião não formos soccorridos, nos será necessario procurar o caminho por onde podemos ter melhor partido. Tambem nos será necessario ouvir o que o dito Naná nos disser, visto ser elle poderoso, e não haver outro que nos proteja. Se o Estado nos soccorrer com aquelle affecto, não faremos caso algum do exercito do dito Naná. Quando os exercitos do Estado, e do Sr. Sar Dessay se unirem, conseguirão ambas as partes igualmente os seus intentos, por cuja rasão faço esta a V. m.^{cê} largamente, esperando a resposta junto com o dito soccorro, ou resposta clara. Esta he a carta. Traduzida por mim Ananta Camoty Vaga, Lingua do Estado, em 12 de Dezembro de 1757.—Ananta Camoty Vaga.

Do original maratha fl. 101.

Carta dos Governadores ao Sabanis do Bounsuló Givagi Vissaramo

(Arch. da India, livro dos Reis visinhos fol. 174.)

Ainda que ao Sar Dessay respondemos já com alguns dos motivos que nos embaraçavam dar-lhe o soccorro, que pretendia do Estado, e ao presente subsistem; com tudo como o Sabanis Givagi Vissaramo nos repete a mesma supplica, e a fez pelo commandante da provincia de Pernem, lembrando a estipulação dos artigos das pazes; sobre o que devemos ao Sabanis Givagi Vissaramo dizer não he da nossa intenção faltar ao que nelles se ajustou, e concorreremos para tudo o que for em beneficio do Sar Dessay, e do socego de suas terras; e sendo pelos mesmos artigos convencionado que antes de outro procedimento se procurem os meios de huma acomodação benevola, para se suspenderem os progressos da guerra, fazemos ao Sabanis Givagi Vissaramo o aviso, para que o participe ao Sar Dessay, de que com a maior vontade nos offerecemos para interpor os bons officios com o Felicissimo, na confiança de que abraçará os meios suaves, passando ordens aos cabos de Griem para não continuarem as hostilidades com a restituição das fortalezas; visto não serem estas operações do seu consentimento, e com a resposta do Sabanis Givagi Vissaramo assim o praticaremos; e em tudo o que for do seu agrado, e do augmento da boa amizade, e correspondencia. Nosso Senhor, etc., Goa 22 de Dezembro de 1757.—Arcebispo Primaz—João de Mesquita Mattos Teixeira—Phelippe de Valladares Soutto mayor. 1757 Dezembro 22

Carta dos Governadores ao Sar Dessay Quema Saunto Bounsuló

(Arch. da India, livro dos Reis visinhos, fol. 170.)

Com muito gosto recebemos a carta do Sar Dessay Quema Saunto Bounsuló, e não menos as noticias que nos deu do bom successo das suas armas contra o inimigo Maratha 1758 Janeiro 25

1758 Janeiro 25 em varios encontros que tiveram com elle, até ultimamente entrar-se com o Sar Dessay na negociação da paz, e por meio do ajuste della estar já restituido da fortaleza de Neutim, que lhe havia tomado, e do mesmo modo da fortificação de Carlim, e estimaremos muito que continue o Sar Dessay em todas as felicidades, que lhe ficamos desejando por conta da nossa amizade, e do grande affecto com que esperamos que se vá em augmento.

Nas vias das cartas que escrevemos a Sua Magestade Fidelissima irá com muito cuidado a que o Sar Dessay escreve ao mesmo Senhor; e como a expedição das naus nos occupa o tempo, não somos mais largos. Nosso Senhor, etc., Goa 25 de Janeiro de 1758. — Arcebispo Primaz — João de Mesquita Mattos Teixeira — Phelippe de Valladares Soutto mayor.

Carta do Secretario do Estado a Quema Saunto Bounsoló, Sar Dessay de Cudale

1758 Janeiro 26 Muito estimavel me foi a plausivel noticia, que V. m.^{cê} me deu por sua carta de 18 do corrente do bom successo, que as suas armas tiveram em varios encontros com o inimigo Maratha, até se vêr obrigado a entrar com V. m.cê em negociação da paz, e a restituir-lhe Carlim e Neutim, e não menos aos Ex.mos e Ill.mos Srs. Governadores, porque ficaram muito satisfeitos com estas boas novas, como V. m.ce verá da sua resposta, e porque da minha parte sempre lhe desejo muitas felicidades, estimarei muito toda a occasião do serviço, e agrado de V. m.cê Deus guarde, etc. Goa 26 de Janeiro de 1758. — Belchior José Vaz de Carvalho.

Carta dos Governadores ao Sabani Givagi Vissaramo

(Arch. da India, livro dos Reis visinhos, fol. 178.)

1758 Janeiro 25 Recebemos a carta do Sabanis Givagi Vissaramo, e não ha duvida que fomos informados das noticias dessas partes por carta, que tambem recebemos nesta mesma occasião do Sar Dessay de Cudale.

A passagem, que Givagi Vissaramo intenta para o pagode de Pondá pelos districtos dos nossos dominios de Alorna, Bicholim, Sanquelim, e Usgão, não podemos consentir na licença que nos pede para ella, porque experimentando aquelles povos varios insultos daquellas visinhanças, justamente em vendo muita gente armada, e cavallos, que Givagi Vissaramo ha de trazer em sua companhia, será certo o haver-se qualquer disturbio, que devemos evitar de huma e outra parte: e se prestarmos para outra cousa do seu gosto, nos achará sempre com boa vontade. Nosso Senhor, etc., Goa 25 de Janeiro de 1758. — Arcebispo Primaz — João de Mesquita Mattos Teixeira — Phelippe de Valladares Soutto mayor. 1758 Janeiro 25

Carta dos Governadores ao Sabanis de Bounsuló Givagi Vissaramo

(Arch. da India, livro dos Reis visinhos, fol. 182.)

Recebemos a carta do Sabanis Givagi Visramo, e sendonos presente a materia della, lhe dizemos que já em 25 do mez passado respondemos não podiamos consentir na licença que pede para passar pelos districtos dos nossos dominios, porque experimentando aquelles povos varios insultos daquellas visinhanças, justamente teriam qualquer disturbio vendo muito gente armada e cavallos, que Zivagi Vissaramo ha de trazer em sua companhia, o que devemos evitar de huma e outra parte, e como ainda subsistem estes motivos, ficamos com o sentimento de não podermos satisfazer ao desejo de Zivagi Vissaramo, a quem seguramos a nossa boa vontade para lhe dar gosto. Nosso Senhor, etc., Goa 20 de Fevereiro de 1758. — Arcebispo Primaz — João de Mesquita Mattos Teixeira — Phelippe de Valladares Soutto mayor. 1758 Fevereiro 20

Negociações com o Mogor

Carta do Governador Arcebispo Primaz a Nizama Aly

(Arch. da India, livro dos Reis visinhos, fol. 3.)

1758 Abril 24 Ao Illustrissimo Grandiosissimo, e Felicissimo Senhor Nababo Nizama Aly, Ministro do Poderosissimo Imperador de Dely, e seu Governador geral dos Reinos do Decan.

Nobilissimo Senhor. Deus assista a V. Ex.ª com a sua divina graça, e o faça sempre triumphante dos seus inimigos.

Na confiança de attender ao empenho de V. Ex.ª remetterei a pessoa capaz de tratar os negocios de tanto interesse como V. Ex.ª pondera, procurando em todos os que forem do seu augmento mostrar a minha intenção, para que a amizade e correspondencia se augmente, como dirão os honrados Moidin Can e Ismalgi Nacoa, a quem com mais largueza o fiz entender. Deus alumie a V. Ex.ª em a sua divina graça. Goa 24 de Abril de 1758. — Arcebispo Primaz.

Carta do Governador João de Mesquita Matos Teixeira ao mesmo Nababo, com o mesmo tratamento

(Arch. da India, livro dos Reis visinhos, fol. 3 v.)

1756 Agosto 31 Pelos honrados Moidin Can e Ismalgi Nacoa me foi presente a materia, para que V. Ex.ª me propõe envie á sua presença hum procurador intelligente, e na confiança da conservação e augmento da amizade de V. Ex.ª elegi pessoa que possa desempenhar a commissão, a qual irá sem duvida á presença de V. Ex.ª como exporão melhor os sobreditos Moidin Can e Ismalgi Nacoa, e tambem o muito que me interesso nas felicidades de V. Ex.ª Deus alumie a V. Ex.ª em a sua divina graça. Goa 24 de Abril de 1758. — João de Mesquita Mattos Teixeira.

Carta do Governador Phelippe de Valladares Sotto-Maior ao mesmo Nababo com o mesmo tratamento

Tenho feito a eleição da pessoa que haja de ir á presença de V. Ex.ª com todas as qualidades para desempenho da negociação, em que V. Ex.ª se interessa, e desejarei se consiga por ella tudo o que for do seu augmento, pelo que procuro o da amizade e correspondencia de V. Ex.ª como dirão os honrados Moidin Can e Ismalgi Nacoa, a quem dei resposta de tudo o que proposeram. Deus alumie a V. Ex.ª em a sua divina graça. Goa 24 de Abril de 1758.—Phelippe de Valladares Sotto Mayor. 1758 Abril 24

Carta do Governador Arcebispo Primaz ao Nababo Ibramo Can Bahadur Sargeng

(Arch. da India, livro dos Reis visinhos, fol. 4.)

Ao honrado e estimado Nababo Ibramo Can Bahadur Sargeng, cuja felicidade seja perpetua.

Recebi a carta do generoso amigo, e as suas expressões, as quaes gratifico, e na satisfação do seu empenho remetterei a pessoa de capacidade á presença do Nababo Nizama Aly, para que instruida possa tratar toda a negociação que se offerecer, e no que for do agrado do generoso amigo me achará com a mais prompta vontade. Deus guarde ao generoso amigo. Goa 24 de Abril de 1758.—Arcebispo Primaz.

Carta do Governador João de Mesquita Mastos Teixeira ao mesmo Nababo Ibramo Can

Pela carta do generoso amigo fiquei na certeza de seu bom animo, e do obsequio das suas expressões, as quaes me são estimaveis.

No desejo de satisfazer o empenho, com que o generoso amigo me pede lhe remetta da minha parte huma pessoa capaz para tratar negocios de ponderação do grandioso Na-

1758 Abril 24 babo Nizama Aly, tenho feito eleição de quem possa desempenhar com intelligencia a commissão referida, e farei que chegue com a brevidade que lhe for possivel vencer a distancia da viagem. Deus guarde ao generoso amigo. Goa 24 de Abril de 1758. — João de Mesquita Mattos Teixeira.

Carta do Governador Phelippe de Valladares Sotto-Maior para o Nababo Ibramo Can

(Arch. da India, livro dos Reis visinhos, fol. 4 v.)

Com a mesma attenção que o generoso amigo me participa me são estimaveis as suas boas noticias, e o empenho de que eu mande pessoa capaz á presença do grandioso Nababo Nizama Aly por conta de conferir negocios de ponderação, e na satisfação da vontade do generoso amigo irá a pessoa com a necessaria instrucção para este fim, e em todos os que forem do seu agrado farei que o generoso amigo conheça a minha intenção he de que se augmente a amizade e correspondencia. Deus guarde ao generoso amigo. Goa 24 de Abril de 1758.—Phelippe de Valladares Sotto Mayor.

Carta dos Governadores a Tará Bay Rani do Mogor

Á muito illustre, e muito excellente Princeza a Sr.ª Tará Bay Rani, que sempre seja felicissima.

Recebemos a carta de V. S.ª com particular satisfação pelo muito que nos interessamos nas suas felicidades, e na continuação da correspondencia e amizade de V. S.ª

Tambem nos foi presente o empenho de V. S.ª para que lhe fossem remettidas com o honrado Ismal Can 2:000 espingardas, cujo preço havia de pagar antes o grandioso Nababo Samaxer Ginga Badur, e como por parte deste até o presente se não praticou cousa alguma que respeite ao pagamento referido, nem ainda á commissão de que V. S.ª nos informa; he preciso que V. S.ª lhe ordene o que julgar conveniente ao effeito da negociação, pois em tudo o que nos for possivel para mostrar a nossa boa vontade e bons officios, nos achará V. S.ª a maior resignação. Deos alumie a V. S.ª em a sua divina graça. Goa, 24 de abril de 1758. — Arcebispo Primaz — João de Mesquita Mattos Teixeira — Phelippe de Valladares Soutto mayor. 1758 Abril 24

Carta do Secretario do Estado ao Nababo Muzafargenga (enviado do Mogor em Punem)

(Arch. da India, livro dos Reis visinhos, fol. 53 v.)

Ao honrado e estimado Nababo Muzafargenga Bahadur, cuja felicidade seja perpetua. 1759 Maio 11

Pelo honrado Capitão Thomás José Codmor fui sabedor das boas novas do estimado amigo, e tambem o obsequio que lhe tem devido tanto na boa hospitalidade, quanto nos bons officios com o felicissimo Balagi Bagi Rao, o que não só me he estimavel, mas tambem a S. Ex.ª por ser conforme á boa correspondencia, com que o estimado amigo tem portado sempre com este Magestoso Estado, que não deixou, nem deixará de lhe mostrar muito agradecido nas occasiões que se offerecerem, e em todas procurarei desempenhar a boa vontade, que me assiste a tudo que for do agrado do estimado amigo, a quem o maís será presente pelo honrado Capitão Codmor.

Desejo que o estimado amigo tenha todas as felicidades, e que estas me participe sempre para o augmento da nossa sincera amizade.

Deos guarde ao estimado amigo em a sua divina graça. Goa, 11 de Maio de 1759. — Belchior José Vaz de Carvalho.

Carta dos Governadores ao Nababo Mujafargenga Bahadur

(Arch. da India, livro dos Reis visinhos, fol. 11.)

Ao honrado e estimado Nababo Mujafargenga Bahadur, cuja felicidade seja perpetua. 1758 Junho 26

Recebemos com grande agrado a carta do estimado amigo

1758 Junho 26 escripta em 17 de Abril do presente anno, e ficamos entregues de todas as noticias que nella nos participa, e desejamos que o estimado amigo logre sempre felicidades em todas as suas acções.

Agradecemos muito ao estimado amigo a boa vontade com que se propende para os interesses deste Estado, e para o ajudar nos seus augmentos.

No demais em que o estimado amigo nos falla, não podemos por ora dar resolução alguma, ainda que desejamos aproveitar-nos do affecto que mostra o estimado amigo, pelos certos embaraços que por ora se nos offerecem, e nem por isso deve o estimado amigo deixar de nos permittir occasiões, em que possamos mostrar-lhe a nossa gratificação, e a vontade que temos de lhe dar gosto.

No que toca ás 200 armas, que o estimado amigo nos diz estão com Ismalgi Nacoá para as remetter por Bombaim ao estimado amigo, lhe seguramos que todas as vezes que o dito Nacoá nos pedir licença para este fim, lha concederemos, e facilitaremos o seu embarque na fórma que nos merece o estimado amigo.

Nosso Senhor, etc. Goa, 26 de junho de 1758.—João de Mesquita Mattos Teixeira—Phelippe de Valladares Soutto mayor.

Carta do Vice-Rey Conde da Ega para o Sidi Mahamod Yacut Cau, general da armada de El-Rey Mogor

(Arch. da India, livro dos Reis visinhos, fol. 11.)

1758 Outubro 2 Recebi a carta de V. S.ª em que me felicita pela chegada a esta Côrte, e pela continuação da antiga correspondencia que sempre houve entre o Estado e V. S.ª; estes motivos me são da mais agradavel estimação, e posso nelles mesmos assegurar a V. S.ª o particular desejo das suas felicidades, para que com esta certeza consiga melhormente a satisfação de occasiões, em que a V. S.ª mostre o quanto me obrigo destas suas demonstrações, e o quanto procuro cultivar a antiga amizade de V. S.ª e de seus antepassados.

Pelo Director de Bombaim João Gomes de Almeida, fui informado da intenção de V. S.ª e da mesma sorte pelo papel que veiu remettido com a sua carta, de tudo sou bem persuadido, e novamente agradeço a V. S.ª o cuidado e diligencia do seu zelo, e affecto ao beneficio e augmento deste Estado; como porém me he preciso fazer nesta parte outras immediatas disposições antes de tomar resolução no de que V. S.ª me avisa, sou obrigado a suspender por agora a determinação que V. S.ª pede, ainda que não deixarei de aproveitar todas aquellas que conduzirem para o augmento de V. S.ª e do Estado, e da nossa boa união, na confiança de que V. S.ª contribuirá para este fim, como tem praticado outras vezes, participando ao Director João Gomes todas as precisas noticias, porque eu tambem lhe recommendo esta mesma correspondencia, de que a V. S.ª dará resposta o portador, que de tudo vai encarregado para explicar a V. S.ª 1758 Outubro 2

Deos alumie a V. S.ª com a sua divina graça. Goa, 2 de outubro de 1758. — Conde da Ega.

Carta do Secretario do Estado ao Nababo Mujafargenga

(Arch. da India, livro dos Reis visinhos, fol. 170.)

Ao honrado e estimado Nababo Mujafargenga Bahadur, cuja amizade seja perpetua. 1759 Agosto 30

Pela estimação que faço da amizade do estimado amigo, me obrigo a procurar as noticias da sua saude e felicidades, como faço pela presente, aproveitando-me da occasião destes patamares, que vão mandados pelo enviado de Naná, e espero me permitta occasiões em que possa mostrar-lhe o desejo que tenho de lhe dar gosto.

Pela carta que escreve ao estimado amigo Ismalgi Nacoá, pessoa de muita capacidade, ficará o estimado amigo sabendo das cousas desta Côrte.

Participo ao estimado amigo as noticias de que se acham feitas as pazes entre este Estado e o Bounsuló, esperando que o estimado amigo estimará o socego publico.

1759 Agosto 30 Deos guarde ao estimado amigo em a sua divina graça. Goa, 30 de agosto de 1759. — Belchior José Vaz de Carvalho.

Carta do Secretario do Estado ao Nababo Mujafargenga

(Arch. da India, livro dos Reis visinhos, fol. 69.)

1759 Setembro 5 Ao honrado e estimado Nababo Mujafargenga Bahadur, cuja amizade seja perpetua.

Nesta occasião vae a essas partes o Tenente Coronel Jaques Filippe de Landreset, commandante da artilharia, pessoa de qualidade e distincção; desejarei que o estimado amigo faça todos os costumados bons officios para que a nossa amizade vá cada dia a maior augmento.

Pela carta que ha poucos dias tenho escripto ao estimado amigo, ficará sabendo tudo, e do mais sei que hão de dar contas ao estimado amigo os seus enviados, que se acham nesta corte. Deus guarde ao estimado amigo, etc. Goa, 5 de Setembro de 1759.—Belchior José Vaz de Carvalho.

Carta do Secretario do Estado ao Nababo Mujafargenga por via do seu enviado Nacoá

(Arch. da India, livro dos Reis visinhos, fol. 70 v.)

1759 Setembro 11 Ao honrado e estimado Nababo Mujafargenga Bahadur, cuja amizade seja perpetua.

Sempre me são estimaveis as noticias do estimado amigo, pelo que estimarei que o estimado amigo mas communique todas as vezes que houver occasião, porque lhe desejo todas as felicidades.

O honrado Imalgi Nacoá dará ao estimado amigo as noticias desta côrte, e de tudo o mais que de novo acresceu, e da attenção que me tem merecido.

A pessoa que vae encarregada para fallar ao estimado amigo lhe communicará tudo, e espero que o estimado amigo me dê occasiões de lhe dar gosto. Deus guarde a V. M.[ce], etc. Goa, 11 de Setembro de 1759.—Belchior José Vaz de Carvalho.

Carta do Vice-Rey ao Nababo Bassalatgenga

(Arch. da India, livro dos Reis visinhos, fol. 93 v.)

Illmo, grandiosissimo e felicissimo Sr. Nababo Bassalatgenga Bahadur, Ministro do poderosissimo Imperador de Dely. Deus assista a V. Ex.ª com a sua santa graça. 1760 Março 10

A carta de V. Ex.ª me foi entregue em tempo que eu já estava informado da correspondencia que o Tenente Coronel Jacques Filippe de Landreset havia tido com os Ministros de V. Ex.ª em Punem, e não deixo de me obrigar com a maior estimação deste repetido obsequio, e de que V. Ex.ª pela insinuação dos seus cabos se incline a continuar amizade com o Estado, que sempre se ha de mostrar agradecido, e eu procurarei todos os meios de executar a minha boa vontade a tudo o que fôr do agrado de V. Ex.ª

Pelo honrado Mamede Aly Can Bahadur, e seu companheiro me foram communicados negocios da parte de V. Ex.ª e a elles respondo o que se deve praticar em ordem ao seu effeito, em que desejarei interessar-me com o maior empenho. Deus alumie a V. Ex.ª em a sua divina graça. Goa, 10 de Março de 1760.—Conde da Ega.

Carta do Vice-Rey para Mamede Aly Can Bahadur e seu companheiro, cabos do Nababo Bassalatgenga

(Arch. da India, livro dos Reis visinhos, fol. 94.)

Recebi a carta de V. M.^{cê} com particular satisfação pelo obsequio da sua lembrança, e pelo que se interessa nas altas negociações do Exmo Nababo Bassalatgenga, especialmente nos soccorros deste Estado; e ainda que não devo faltar em corresponder com egual attenção pela amizade de ambas as potencias, com tudo he a materia de tal ponderação, e de circumstancias tão encontradas, que eu não me resolvo a dar resposta positiva, pois será necessario para o seu ultimo ajus-

1760 Março 10 tamento de largas conferencias, sobre o que V. M.^cês^ tomarão as medidas que julgarem convenientes na confiança de que a minha intenção he muito ajustada ao que fôr do agrado do mesmo Nababo, e de V. M.^cês^ Nosso Senhor, etc. Goa, 10 de Março de 1760.—Conde da Ega.

Carta do Vice-Rey ao Nababo Bassalatgenga

(Arch. da India, livro dos Reis visinhos, fol. 128.)

1760 Outubro 8 Illmo, grandiosissimo e felicissimo Senhor Nababo Bassalatgenga Bahadur, Ministro do poderosissimo Imperador de Dely.

Deus assista a V. Ex.ª com a sua santa graça.

Pela carta de V. Ex.ª vejo que a minha resposta lhe foi entregue, em consequencia da qual me repete V. Ex.ª novas instancias para que deste Estado se lhe remetta hum Portuguez distincto a fim de se concluirem certas negociações entre ambas as partes; ao que se me offerece dizer que se a presente de que se procura tratar fosse proposta por este Estado, neste caso se me não offereceria duvida em remetter a referida pessoa, mas como da parte de V. Ex.ª pelo seu ministro na côrte de Punem se deram os primeiros passos nesta materia, me parece muito mais natural que V. Ex.ª expeça a esta côrte pessoa da sua confiança com as instrucções e poderes que julgar convenientes para aqui se communicarem todas e quaesquer dependencias, que a beneficio de ambas as partes possam occorrer, e na conformidade das propostas se tomar proporcionada resolução em beneficio da mais perfeita união, e sincera amizade. Deus alumie a V. Ex.ª em a sua divina graça. Goa, 8 de Outubro de 1760.—Conde da Ega.

Carta do Vice-Rey ao Ministro do Nababo Bassalatgenga

Ao grandioso, muito nobre e estimavel possuidor da felicidade e alegria, Baranat Bahadur, Ministro do Exmo Nababo Bassalatgenga, queira Deus dar-lhe saude.

A carta que o grandioso me dirigiu em resposta do que lhe tinha escripto, me foi de grande gosto pelo muito que estimo a sua communicação, a sua pessoa, e o seu distincto merecimento. Na dita carta vejo que o grandioso entregou a minha resposta ao Exmo Nababo, o que elle me diz tambem na que me escreve. 1760 Outubro 8

O grandioso me pede que eu me queira interessar na presente negociação, sem me communicar qual ella seja; o Exmo Nababo me repete instancias para que eu expeça deste Estado pessoa a essas partes com poderes e instrucções para fazer ajustes, mas a materia de que se deve tratar se me occulta, ainda que eu possa adivinhal-a pelo contexto da mesma carta. Como será factivel enganar-me, devo dizer ao grandioso que me parece muito mais natural que o grandioso persuada ao Exmo Nababo que elle expeça a esta côrte pessoa sua com aquellas instrucções que julgar precisas, segundo a qualidade da negociação, para que aqui se tome aquellas resoluções, que forem mais proporcionadas a beneficio de ambas as partes.

O grandioso me pede tambem hum cabo distincto com hum corpo de tropas de granadeiros, ligeiros, artilharia e mais munições, e me diz que lh'o remetta brevemente, como porém me não declara contra quem deve marchar o dito corpo, nem tambem quaes são as utilidades que se offerecem a este Estado pela marcha das referidas tropas, devo ponderar-lhe que ainda que Sua Magestade Fidelissima, meu Augusto Monarcha, me deu os poderes como Vice Rey deste Estado para fazer guerra e paz segundo as circumstancias que se offerecessem, comtudo me tomará estreitas contas, se eu inconsideradamente não regular as minhas acções sobre os mais solidos fundamentos, sem os quaes não será facil que eu tome positiva resolução.

O grandioso sabe que presentemente se acha hum corpo de tropas portuguezas auxiliando as do Naná, e que para elle as conseguir mandou a este Estado não só dois embaixadores, dos quaes se conserva ainda hoje hum por nome Madagi Quensou, mas tambem fez ao Estado effectiva pro-

1760 Outubro 8 messa de lhe pagar por anno, em quanto as ditas tropas se conservassem nos seus dominios, cinco laques de rupias, e depois de retiradas, ficaria dando tambem annualmente quasi dois laques, e deste modo conseguiu o seu empenho: nestes termos fará o grandioso as suas reflexões, e tomará as mais proporcionadas medidas com o Exmo Nababo, e determinando-se a mandar pessoa sua a este Estado, quero lisongear-me que todos ficaremos satisfeitos, e que a nossa amizade se augmentará muito. Nosso Senhor, etc. Goa, 8 de Outubro de 1760.—Conde da Ega.

Tratado de paz entre o Magestoso Estado e o Magnifico Rey de Sunda, celebrado pelo Illustre Secretario do Estado Belchior José Vaz de Carvalho, e o honrado Ananta Sinay Muzumadar, Ministros deputados pelos seus respectivos poderes, em 24 de outubro de 1760.

(Arch. da India, livro 2.º de Pazes, fol. 148.)

1.º

1760 Outubro 24 Ainda que a execução principiada dos tratados celebrados em 2 de Novembro de 1755, e 29 de Fevereiro de 1756 foi interrompida por extraordinarios accidentes, que occasionarão huma perniciosa alteração nos dominios do Magnifico Rey, devendo com tudo ser perduravel, e constante o beneficio da paz, e amizade entre ambas as Potencias, attendeu o Illmo e Exmo Sr. Conde da Ega, V. Rey, e capitão general da India, ás instancias repetidas, que o Magnifico Rey, lhe fez pelo seu ministro Ananta Sinay, resolvendo pôr em total esquecimento as discordias passadas, e as que já forão declaradas no primeiro artigo da sobredita capitulação de 2 de Novembro de 1755, em ordem a se conservar huma paz solida, e verdadeira amizade entre o Magestoso Estado, e o Magnifico Rey.

2.º

Em virtude do presente Tratado se renovão, e ratificão os que forão celebrados em 4 de Dezembro de 1735 pelo Illmo e Exmo Sr. Conde de Sandomil, e o mesmo Rey de Sunda, o de 24 de Junho de 1742 por Manoel Soares Velho, Custam Ráo, e Calapaya Naurú, e o da Tregoa de 25 de Maio de 1754 por Antonio Carneiro de Alcaçova, e Gnean Lingaya Nauru, promettendo a sua observancia de huma parte e outra em tudo o que n'elles se conthem. 1760 Outubro 24

3.º

Para que a execução dos mesmos Tratados seja inteiramente praticada, em especial os oito primeiros artigos estipulados no de 4 de Dezembro de 1735 a favor da Religião catholica, e dos Padres e christãos, se entregará aos Padres missionarios huma copia authentica dos mesmos artigos nos idiomas portuguez e gentilico, sellada com o sello do Magnifico Rey, para com ella os ditos Padres em qualquer occasião que lhe for preciso instarem a execução dos mesmos artigos, para que da falta d'ella se não possa allegar ignorancia; e não sendo deferidos nas suas representações pelo Magnifico Rey e seus Ministros, depois da sua exposição, se haverá por infracção da paz.

4.º

Sendo preciso dar providencia á grande ruina que padeceu a Igreja de Sivançar com a ausencia da christandade, permitte o Magnifico Rey que se possa reedificar, e se obriga a concorrer com os materiaes necessarios para o concerto, conservando sempre a sua anterior jurisdicção, e logradouros, e da mesma sorte se obriga o Magnifico Rey assignalar sitio capaz á satisfação dos ditos Padres em alguma distancia da fortaleza de Ancolá, em que os christãos do seu districto possam ter commodidade para o exercicio dos officios divinos, dando toda ajuda e materiaes do mesmo modo acima declarado, e com a jurisdicção e logradouros iguaes aos do logar, que antes servia de Igreja, a qual se acha demolida por ser muito chegada ás muralhas da dita fortaleza.

1760 Outubro 24

5.º

Como pela execução do Tratado da tregua se acham feitas as restituições dos prisioneiros e desertores de ambas as partes, e se deva continuar igualmente a respeito dos soldados e cafres transfugas do Estado, e em todas as outras mutuas obrigações respectivas á conservação de huma bem estabelecida correspondencia esteja disposto nos Tratados que declara o artigo 2.º do presente Tratado cessa o motivo para nova declaração.

6.º

Ponderando o Ill.mo e Ex.mo Sr. Conde V. Rey o decadente estado em que se acha a potencia do Magnifico Rey, e antiga alliança e sincera correspondencia, que sempre conservou com o Magestoso Estado, concede que o mesmo Magnifico Rey administre por si, e guarneça a fortaleza do Piro com toda a sua jurisdicção e districto; com declaração porém que se conservará na mesma praça huma inteira companhia de soldados portuguezes com os seus officiaes competentes, em logar separado e proporcionado, que se lhe ha de destinar na mesma praça, e com os mesmos serão guarnecidos os baluartes da repartição dos seus quarteis, procurando inteiramente conservar a defensa da fortaleza, e auxiliar a que for necessario a evitar qualquer perigo.

7.º

Nenhuma das pessoas que tiver a seu cargo as disposições e governo da dita fortaleza, poderá embaraçar as entradas e sahidas licitas, e em horas competentes, aos officiaes e soldados da dita companhia, e ao respectivo serviço da mesma, e suas decentes communicações.

8.º

O Magnifico Rey se obriga a dar em cada hum anno 12:000 xerafins effectivos, e 366 fardos de arroz de duas mãos cada hum para subsistencia e sustento da mesma companhia e seus officiaes, os quaes espera sejam eleitos sempre pessoas de prudencia e moderação, para evitar qualquer desordem.

9.º

Do presente Tratado se tirarão duas copias, em portuguez e em gentilico, do mesmo teor, para serem selladas e assignadas, e pela sua reciproca observancia e perpetuo cumprimento se extinga totalmente a memoria das discordias, contas, e outros quaesquer motivos de alteração, e se continue firme hum indefectivel estabelecimento da paz. 1760 Outubro 24

Goa, 24 de Outubro de 1760 [1]. —Ananta Sinay, Ministro do Magnifico Rey de Sunda.

Sêllo.

Traduzido por mim Ananta Camotim Vaga, Lingua do Estado, em 26 de Outubro de 1760. —Ananta Camoty Vaga.

Outro tratado como este, assignado por mim, e sellado com as armas reaes, se entregou ao Embaixador do Rey de Sunda Ananta Sinay.

Secretaria, 24 de Outubro de 1760. —Vaz de Carvalho.

O original canará está a fl. 154.

Artigos secretos entre o Magestoso Estado e o Magnifico Rey de Sunda, celebrados pelo Illustre Secretario do Estado Belchior José Vaz de Carvalho e o honrado Ananta Sinay Muzumadar, ministros deputados pelos seus respectivos poderes, em 24 de outubro de 1760

(Arch. da India, livro 2.º de Pazes, fol. 158.)

1.º

Na fórma estipulada no artigo 8.º da ultima capitulação se obriga o Magnifico Rey a dar ao Magestoso Estado 12:000 xerafins e 366 fardos de arroz de duas mãos cada hum para sustento da companhia de soldados portuguezes da guarnição da fortaleza do Piro, declara, e se obriga o Magnifico Rey 1760 Outubro 26

1 Até aqui está impresso no tom. III, part. I, do *Supplemento á Collecção de Tratados*, pag. 80, com pequenas differenças de copia; e tirado da que está no archivo do Conselho ultramarino com o officio do V. Rey Conde da Ega para Francisco Xavier de Mendonça Furtado, datado de Goa, de 12 de Janeiro de 1762. Este officio não se encontra nos registos de Goa.

1760 Outubro 26 que, sendo caso que as terras e provincia de Pondá torne ao seu dominio, como pretende, seja subrogada a dita pensão acima referida pelas quatro aldeias, a saber: Aveddem, Cottombo, Assolddem e Xelvanna, sitas na provincia de Chandrovaddy, as quaes desfructará o Magestoso Estado com todo o rendimento e dependencias, como já se havia estipulado com o Ministro Gnean Lingayá Naurú, e se continuará esta em quanto Sua Magestade Fidelissima determine a sua restituição.

2.º

Promette, e se obriga o Magnifico Rey que, ainda quando seja deferido, como espera, de Sua Magestade Fidelissima para ser tirada a companhia de soldados portuguezes da guarnição da fortaleza do Piro, sempre conservará a mesma fortaleza debaixo do seu dominio, sem permittir que outra alguma nação entre na jurisdicção das terras do Magnifico Rey, ou por auctoridade de dominio, ou cessão por modo de residencia, e obrando o contrario, se haverá como infracção da paz.

Goa, 24 de Outubro de 1760.—Ananta Sinay, Ministro do Magnifico Rey de Sunda.

Sêllo.

Traduzido por mim Ananta Camoty Vaga, Lingua do Estado, em 26 de Outubro de 1760.—Ananta Camoty Vaga.

A fl. 160 os mesmos artigos secretos em canará.

Plenipotencia

(Arch. da India, livro 2.º de Pazes, fol. 152.)

1760 Outubro 28 Manuel de Saldanha de Albuquerque, Conde da Ega, do Conselho de Estado de Sua Magestade Fidelissima, Gentil Homem da Camara do Serenissimo Senhor Infante Dom Manuel, Commendador da Ordem de Christo, Alcaide mór de Guimarães, V. Rey, e Capitão general da India, etc.

Por quanto o Rey de Sunda me representou que verdadeiramente convencido e arrependido das infracções repetidas aos Tratados concluidos com elle e seus predecessores, me pedia lhe concedesse huma paz permanente, e lhe restituisse em virtude d'ella, e do seu arrependimento, a protecção e abrigo, que sempre elle, e os ditos predecessores, acharam neste Magestoso Estado: Hei por bem conceder-lhe e manter-lhe a dita paz, na fórma das condições do presente Tratado, e que o Doutor Secretario do Estado Belchior José Vaz de Carvalho acceitou das mãos do honrado Ananta Sinay Muzumudar, Enviado do dito Rey de Sunda, e para que as condições do presente Tratado, como n'elle se contêem, hajam o seu devido effeito, concedo ao dito Secretario do Estado Belchior José Vaz de Carvalho todos os poderes necessarios para assignar o presente Tratado com o dito Ananta Sinay, e para maior vigor do mesmo Tratado, não só será assignado pelos ditos Ministros plenipotenciarios de ambas as partes, mas tambem com os sellos do dito Rey de Sunda, e juramento na fórma costumada, porque debaixo desta condição he que auctoriso tudo o que obrar o dito Secretario do Estado Plenipotenciario deste Magestoso Estado. 1760 Outubro 28

Dada em Goa, sob o sêllo das armas reaes da corôa de Portugal, a 28 de Outubro de 1760. — Conde da Ega.

Logar do sêllo das armas reaes em lacre vermelho.

Tratado de paz ajustado entre o Illmo e Exmo Sr. Conde da Ega, Vice Rey e Capitão general da India, e o felicissimo Ballagi Rao Pandito Pradan (Naná), celebrado pelo Illustre Secretario do Estado Belchior José Vaz de Carvalho, e os honrados Vistu Naique e Madagi Quensou pelos seus respectivos poderes, aos 20 de Março de 1760.

(Arch. da India, livro 2.º de Pazos, fol. 119.)

1.º

Haverá huma paz constante, e verdadeira amizade entre o Magestoso Estado e o felicissimo Panta Pradan, e debaixo 1760 Março 20

1760 Março 20 desta se soccorrerão hum ao outro, estipulando as condições ao tempo de levar o soccorro, com declaração porém de que os Portuguezes não serão obrigados a pelejar contra outra nação Europêa sem ordem de Sua Magestade Fidelissima, e só sim defender as praças ou outros logares, de que forem encarregados pelo Felicissimo, em caso que os sobreditos Europeus os venham disputar.

2.º

Será o commercio franco entre os dominios e portos de huma e outra parte, cobrando estas mutuamente os direitos devidos e costumados, e offerecendo-se occasião de virem, ou entrarem embarcações de guerra, ou tropas militares em qualquer dos portos ou dominios de cada huma das potencias, serão obrigadas a obter primeiro os passaportes competentes.

3.º

Os Portuguezes, cafres, e outros quaesquer desertores ou transfugas, que do Estado fugirem para os dominios do Felicissimo desde o dia acima declarado em diante, serão restituidos ao Magestoso Estado, e os que por este modo forem entregues, ficarão livres de pena de morte ou outro qualquer castigo, o que igualmente se praticará com as pessoas que dos dominios do Felicissimo fugirem para os do Magestoso Estado, e com estas mesmas clausulas farão as suas entregas os governadores respectivos.

4.º

Attendendo o Magestoso Estado á conservação da amizade do felicissimo Panta Pradan, lhe prometteu soccorro de 500 soldados portuguezes, que com outros 100, entre officiaes maiores, capitães e mais officiaes, fazem o numero de 600, para a conquista e tomada de Zanzirá de Rajapuri, e Cansá, a favor do felicissimo Panta Pradan, para o que applicará todos os meios, a fim de que seja mettido de posse dos ditos dois logares.

5.°

O pagamento dos ditos 500 soldados portuguezes, e mais officiaes pertencentes a este corpo, será feito pela fazenda do Felicissimo no principio de cada hum dos doze mezes do anno em todo o tempo que servirem, segundo o que constar pela mostra que se deve passar ás tropas, e com o soldo de 50 rupias por mez a cada pessoa sem distincção de qualidade d'ellas, entregues ao commandante do mesmo corpo, o qual distribuirá o dito pagamento segundo as suas graduações, e principiará o vencimento dos soldos desde o dia em que partirem as tropas do Magestoso Estado d'esta cidade de Goa. 1760 Março 20

6.°

Todas as referidas tropas deste, e quaesquer soccorros do Estado serão inteiramente subordinadas aos officiaes maiores da jurisdicção das mesmas tropas, sem que se lhes possa impor sujeição particular de pessoa estranha para a economia militar, civil e criminal.

7.°

Para a disposição dos preparos e despezas que se fizerem precisas ao corpo do soccorro, que agora vae, dará logo o Felicissimo 50:000 rupias, cuja distribuição deixa no pleno arbitrio do Magestoso Estado, e promette dar outras 50:000 rupias no fim da acção destinada.

8.°

Mandarão dar os cabos do Felicissimo, conforme o preço corrente (que será ajustado) o mantimento, e mais viveres precisos para o sustento das tropas, e tambem lenha, para cujo fim a pessoa, que for dirigida pelos honrados Vistu Naique e Madagi Panta, fará todas as effectivas diligencias, e a importancia dos seus preços será paga pelo commandante das tropas do Estado, o que se praticará em quanto estas se conservarem na jurisdicção do Felicissimo, assim a respeito dos mantimentos, como no mais que ali houver.

9.º

1760 Março 20 As munições e petrechos de guerra, que o Felicissimo receber do Magestoso Estado, serão pagas á sua real fazenda pelo justo valor, e da mesma sorte a artilharia que tomar por emprestimo, a pagará o Felicissimo, quando não seja outra vez restituida.

10.º

O felicissimo Panta Pradane, conforme a sua grandeza, em obsequio ao Magestoso Estado tem assentado a dar-lhe para sempre 100:000 rupias em cada hum anno da copia do tributo de Bidnur, pelas quaes fará consignar a dita quantia na alfandega de Mangalor, para que o feitor do Magestoso Estado, que nella reside, as possa cobrar, e o vencimento das ditas 100:000 rupias correrá desde o dia em que forem expedidas as tropas do Estado para a empreza pretendida pelo Felicissimo.

11.º

Com as tropas do soccorro vão presentemente sete embarcações, e para a sua torna viagem darão comboi os cabos do Felicissimo thé chegarem a esta cidade livremente, menos hum betelão, que deve ser da mesma sorte comboiado para a praça de Damão, aonde pertence.

12.º

Em todas as campanhas, marchas e desembarques, dará o Felicissimo ás tropas do Magestoso Estado gente e begarins para o serviço preciso pagos pela sua fazenda.

13.º

Se pela contingencia do tempo, ou qualquer incidente, for arribada alguma das embarcações da armada que vai com o soccorro, e ao diante for em qualquer dos portos do Felicissimo, serão obrigados os seus cabos a dar toda a ajuda e favor por embarcações, ou conducção de terra para continuar a viagem até o logar a que vão destinadas as tropas do soccorro.

14.°

Passará o Felicissimo ordens á côrte de Bidnur, para que não altere a obra que o Estado pretende fazer na feitoria de Mangalor, reformando a sua fortaleza por conta de ficar mais defensavel, como tambem de fechar com muralha proporcionada hum pequeno outeiro, que lhe he immediato e eminente pela parte da terra. 1760 Março 20

15.°

Como pelo presente Tratado se renova e ratifica a amizade entre o Felicissimo e o Magestoso Estado, promettem reciprocamente ambas as potencias pôr em total esquecimento quaesquer motivos de discordia, embaraços ou pretenções anteriores, e não terão vigor algum as capitulações que encontrarem o ajuste deste Tratado.

Goa, 20 de Março de 1760.—Belchior José Vaz de Carvalho.

O texto maratha, a fl. 122.

Plenipotencia

(Arch. da India, livro 2.° de Pazes, fol. 124.)

Manuel de Saldanha de Albuquerque, Conde da Ega, do Conselho de Estado de Sua Magestade Fidelissima, Gentil Homem da camara do Serenissimo Senhor Infante Dom Manuel, Commendador na ordem de Christo, Alcaide mór de Guimarães, Vice-Rei e Capitão general da India, etc. 1760 Março 24

Por quanto Balagi Bagi Ráo Pradan me representou que depois do ultimo Tratado de paz de Punem tinha havido algumas occasiões, que podiam ser causa de interromper a verdadeira amizade com este Estado, e que persuadido da sua conservação, pretendia se fizesse hum novo Tratado, em que fosse ratificada a alliança e amizade com o Magestoso Estado, acrescentando algumas clausulas e condições, que segundo a conjunctura do tempo occorrerão de novo: Hei por bem conceder-lhe e manter-lhe a dita paz na fórma das condições do presente Tratado, que o Secretario do Estado

1760 Março 24 Belchior José Vaz de Carvalho acceitou das mãos dos honrados Sar Dessay Vistu Naique e Madagi Quensou, enviados do mesmo Balagi Bagi Ráo Pradan, e para que as condições do presente Tratado, como nelle se contém, hajam o seu devido effeito, concedo ao dito Secretario do Estado Belchior José Vaz de Carvalho todos os poderes necessarios para assignar o presente Tratado com os ditos Sar Dessay Vistu Naique e Madagi Quensou, e para maior vigor do mesmo Tratado não só será assignado pelos ditos Ministros Plenipotenciarios de ambas as partes, mas tambem com os sellos do dito Balagi Bagi Ráo Pradan, e juramento na fórma costumada, porque debaixo desta condição he que autoriso tudo o que obrar o dito Secretario do Estado Plenipotenciario deste Magestoso Estado.

Dada em Goa, sob o sello das armas reaes da corôa de Portugal, a 24 de março de 1760. — Sêllo. — Conde da Ega.

Tratado do ajuste feito pelo Sarcar do honrado Pandito Pradana (Naná) com o Ill.mo e Ex.mo Conde da Ega, Vice Rey e Capitão general no porto de Goa, por intervenção do Tenente Coronel Jacques Filippe de Landreset, no anno chamado Ihade Citain Meyam Alaph, em portuguez de 1760, por quanto este Sarcar tem mandado atacar Zanzirá e Canssá, para cuja empreza por ter S. Ex.a interessado em mandar armada, petrechos, munições e portuguezes, obrigando-se a tomar ambas as fortalezas, e metter de posse d'ellas a gente d'este Sarcar, arvorando n'ellas suas bandeiras, se fez este ajuste por parte d'este Sarcar, resolvendo todos os capitulos propostos por S. Ex.a que são os seguintes

(Arch. da India, livro 2.º de Pazes, fol. 135.)

1.º

1760 Outubro 26 Depois de tomar o Vice-Rei Conde de Alva as terras de Zambaulim Panchemal, do Sunda meu vizinho, havia de conquistar tambem a Serra Mardangoro (que he a fortaleza de

Pondá). Neste intervallo os ministros do Sunda, tratando do ajuste com Zanarzan Ganêz, pessoa do Felicissimo, fizeram entrega da dita fortaleza Mardangóro ao Sarcar, com o que os Sundas queixando-se em Portugal a Sua Magestade de ter o dito Vice Rei conquistado as terras de Zambaulim Panchemal, de donde por haver recebido ordens, propuz o anno passado que restituisse ao Sunda aquella fortaleza e terras; mas como o Felicissimo assim o não acceitou, e presentemente me acho precisado em fazer restituir ao Sunda a mesma fortaleza e terras, prometto fazer huma tão alta empreza de atacar as duas fortalezas do Zanzirá e Canssá, e metter de posse dellas a gente do Felicissimo, arvorando nellas suas bandeiras antes de findar tres mezes, obrigando a conquista das ditas ambas as praças, trazendo para este effeito grossos provimentos de guerra, pelo que deve restituir ao Sunda a sua fortaleza Mardangoro, a provincia de Zambauly Panchemal e Supem, com declaração de que eu não tomarei para mim a dita fortaleza Mardangor, senão ficará sempre em poder do mesmo Sunda. 1760 Outubro 26

Resposta

Deve S. Ex.ª mandar armada composta de fragatas e outras embarcações, provida de muita polvora, balla, granadas, bombas, artilharia, e as mais munições, e atacando com constancia as duas praças de Zanzirá e Canssá, metter de posse dellas antes de findar tres mezes a gente do Sarcar, arvorando nellas suas bandeiras, e então entregando ao Sunda Zambaulim Panchemal, a fortaleza de Mardangoro e Supem, por intervenção de S. Ex.ª, se conservará em poder do mesmo Sunda a mesma fortaleza, Panchemal e o mais, sem que S. Ex.ª as tome para si, com declaração porém de que pagando a quantia de dinheiro que o Sunda ficou devendo, e deve ao Sarcar do resto do ajuste do tributo do seu reino do anno da guerra de Saunur, pela qual quantia consignou a fortaleza Mardangoro e Zambaulim Panchemal, que por esta causa Zanarzan Ganêz, servidor do Sarcar, tomou posse da dita fortaleza pelos ministros do Sunda, e pagando com

1760 Outubro 26 effeito a quantia de dinheiro, que fica devendo o reinado do Sunda do referido anno, em contemplação á amizade de S. Ex.ª, por sua intervenção darei ao Sunda a fortaleza Mardangoro, Zambaulim Panchemal, Antruz, que he a provincia de Pondá e Supem, e S. Ex.ª mandará conservar pelo Sunda ao Sar Dessay Visnu Naique assim o seu antigo Dessayado, como as mercês que proximamente lhe foram feitas pelas cartas passadas do Sarcar.

2.º

Por quanto depois de tomar as duas praças de Zanzirá e Canssá, e estar de posse dellas o Sarcar, foi assentado darme em cada hum anno 100:000 rupias, ajustando a sua consignação no reinado de Bidrur o anno passado, e para mim he mais vizinho o reinado do Sunda, deve assentar a consignação das ditas 100:000 rupias sobre o mesmo Sunda, e despois de tomar Zanzirá, mandar pagar as rupias deste anno pelo dito Sunda, consignando-as ao diante para cada anno na fórma do ajuste no reinado.

Resposta

Despois de tomar Zanzirá e Canssá, e estar de posse dellas o Sarcar, mandarei dar 100:000 rupias pelo Sunda, contribuindo-as ao diante em cada hum anno na fórma do ajuste.

3.º

Ainda que me tenho obrigado a atacar rigorosamente Zanzirá e Canssá com grossas prevenções, e metter de posse de ambas as ditas praças a gente do Felicissimo, arvorando nellas as suas bandeiras, trazendo e applicando a este fim as fragatas e mais embarcações das grandes até o numero de dez petrechos, todas as munições, peças de artilharia, granadas, polvora, balla e bombas, com tudo deve vir com a brevidade possivel a Zanzirá a armada e gente do Felicissimo na fórma do anno passado, e da mesma sorte, sem embargo de que da minha parte hirá sem falta grossa quantidade de polvora e ballas, sempre deve estar presente provimento de sobrecellente, e são 100 candins de polvora e 20:000 ballas de quatro seiras, para quando precisamente forem necessarias poder receber e despender. 1760 Outubro 26

Resposta

Por ser preciso para as occasiões de guerra provimento de sobrecellente, se mandará vir, fazendo as diligencias, e quando precisamente seja necessaria polvora e balla para a armada de S. Ex.ª será dada algum tanto.

4.º

Porque me tenho obrigado tomar Zanzirá e Canssá do Abexym (Sidy), e pôr nellas as guarnições da gente do Felicissimo, arvorando suas bandeiras, o mappa das munições, que hão de hir a esta empreza, que são polvora, balla, ballas grandes, bombas e outras, será entregue a hum official papelista do Felicissimo, e da mesma sorte o das despezas das ditas munições, e a justa importancia destas que forem despendidas me será satisfeita pelo Felicissimo despois da tomada das praças.

Resposta

Será entregue ao official papelista do Sarcar o mappa das munições que vierem antecedentemente, e da mesma sorte das que forem despendendo na guerra, cujo justo preço se liquidará, e se dará despois da tomada das praças.

5.º

Na minha precisa necessidade me deve soccorrer o Felicissimo, a quem, sendo preciso para as occasiões, soccorrerei com armada, polvora, balla e outros provimentos. Não devem ter desconfiança as armadas de huma e outra parte, antes procurar que haja entre estas cada dia maior augmento da amizade.

Resposta

1760 Outubro 26 Como entre ambas as partes está firmada a amizade, offerecendo-se occasião de aperto, será S. Ex.ª soccorrido da parte deste Sarcar, e precisando-me, quando eu escrever, deve vir da parte de S. Ex.ª sem falta o soccorro com toda a prevenção, e não terão desconfiança as armadas de huma e outra parte.

6.º

Haverá commercio franco e continuo entre os dominios de huma e outra parte, pagando e recebendo estas os direitos devidos, e sendo caso de entrar nos portos, e perto ás fortalezas de hum e outro dominio, se dará primeiro parte, e com o passaporte respectivo entrar e sahir.

Resposta

Observar-se-ha de huma e outra parte na fórma proposta por quanto da parte deste Sarcar assim o mandará observar.

7.º

Devem ser restituidos mutuamente assim os Portuguezes e cafres, como servos e captivos desertores de hum e outro dominio.

Resposta

Observar-se-ha nos dominios de huma e outra parte na fórma proposta, e se tem passado ordens aos governadores das jurisdicções do Sarcar para assim o executarem.

8.º

Aos 500 soldados Portuguezes, que forem na armada, a seus capitães e officiaes maiores, que fazem o numero de 600 homens de nação Portugueza com os que já antes foram para a tomada do Zanzirá e Canssá, em contemplação á amizade do Felicissimo Panta Pradan, passando-lhes a mostra, dará a cada hum em cada mez 50 rupias, as quaes distribuirá o Commandante do Estado a cada hum conforme as suas graduações, e se deve pagar na fórma referida feita a liquidação desde o dia que partirem de Goa todas as ditas tropas com armada. 1760 Outubro 16

Resposta

Aos soldados Portuguezes, seus capitães, officiaes maiores e outros respectivos, que de S. Ex.ª vierem na armada, passando-lhes a mostra em cada mez, darei a cada hum 50 rupias por mez, soldos inteiros, e se por causa das despezas não forem pagos 5:000 até 10:000 rupias, estas serão satisfeitas no mez seguinte, e se acaso estas ou outras, ou maior quantia ficar devendo, será tambem satisfeita sem duvida na fórma do ajuste.

9.º

Se alguma das pessoas das tropas do Estado, e da sua armada, que foram a Zanzirá, e ao diante forem, commetter desordem na acção de guerra que mereça castigo, será este dado pelo Commandante do Estado, independente da approvação do bem ou mau de outro algum de outra parte. O mesmo deve observar com as pessoas das tropas do Felicissimo com jurisdicção a seus cabos, e se deve ordenar para que assim se pratique.

Resposta

Assim se attenderá.

10.º

Os mantimentos e viveres para a subsistencia das tropas do Estado serão comprados hindo a terra, e se devem passar ordens para que os vendam com justo preço.

Resposta

Assim se attenderá passando ordens na fórma da proposta.

11.º

Se pela contingencia do tempo for arribada em alguma

1760 Outubro 26 parte qualquer das embarcações da armada do Estado, que for a Zanzirá para a sua empreza, os governadores subditos do Felicissimo darão a ajuda e favor em fórma que seja recolhida ao domicilio do Estado, para o que se deve passar ordens competentes.

Resposta

Tem-se passado ordens na fórma proposta, se por contraventos for arribada a embarcação em qualquer das partes, a expedirão os governados subditos do Sarcar, dando-lhe ajuda e favor.

12.º

Se tendo hido a minha armada e tropas para a negociação do Felicissimo, de permeio vier qualquer nação de chapéu, ou Europêa, pelejarei com ella, e da mesma sorte se vier qualquer das ditas nações contra as fortalezas, ou dominio, e armada do Felicissimo, infallivelmente lhe soccorrerei, não sendo porém obrigada a minha armada e tropas a hirem de soccorro no caso que as do Felicissimo forem contra as fortalezas ou dominios de qualquer dos Europeus.

Resposta

Acceito e confirmo a materia d'este capitulo na fórma proposta.

13.º

Em Mangalor nos dominios de Bidrur [1] tenho huma feitoria, para a qual pretendo alevantar algum muro acrescentando logar, para cujo effeito deve dar carta do Sacar aos de Bidrur, dizendo que consintam em alevantar muro quando os Portuguezes pretenderem fazer no seu antigo logar, que tem em Mangalor.

Resposta

Passar-se-ha ordem sobre esta materia, dando carta aos de Bidrur.

[1] *Bidrur*, capital do reino do Canará.

14.°

Sendo necessario nas occasiões, que se offerecerem para cavar as fachinas em terra, fazer sua fabrica, para o desembarque e embarque de polvora e balla das galvetas deve dar gente e begarins deste serviço. 1760 Outubro 26

Resposta

Dar-se-hão, sendo necessario, os begarins que forem precisos para a fabrica das fachinas, e trazer cargas para terra, desembarcando da armada, quando sejam occasiões do serviço do Sarcar.

15.°

Por quanto se obrigou a tomar Zanzirá e Canssá, levando a este fim o necessario, e para esta preparação foram dadas o anno passado 50:000 rupias, deve prometter e ajustar a dar o Felicissimo outras 50:000 rupias depois de tomar no anno presente Zanzirá e Canssá, e metter de posse dellas a gente do Sarcar, e arvorar em as ditas duas praças as suas bandeiras.

Resposta

Tem-se já dado o anno passado para a preparação 50:000 rupias, e serão dadas outras 50:000 despois de tomar Zanzirá e Canssá, e estar de posse dellas com a gente e bandeiras.

Por todos são quinze capitulos.

Nesta fórma se acham dados por ajustados os quinze capitulos, e conforme a sua estipulação devem ser attendidos de huma e outra parte, e assim o ficar entendendo. Hoje 16 do mez Rabidavol (26 de Outubro de 1760). Conforme a ordem.

Sêllo pequeno.

Traduzido por mim Ananta Camotim Vaga, Lingua do Estado, em 17 de Novembro de 1760. — Ananta Camotim Vaga.

O original maratha fica a fl. 139.

Traducção do papel junto da letra gentilica sellado com o sêllo de Naná em que diz o seguinte

(Arch. da India, livro 2.º de Pazes, fol. 145.)

1760 Outubro 24 Sêllo grande.

Papel passado pelo Sarcar do honrado Pandito Pradana (Naná) do ajuste feito por intervenção do Tenente Coronel Jacques Filippe de Landreset, pessoa do Illmo e Exmo Conde da Ega, V. Rey do porto de Goa, no anno chamado Ihade Sitain Meyam Alaph (de 1760), em como quando o anno passado veiu o sobredito da parte de S. Ex.ª a Punem a tratar varias materias, nesse tempo por ter obrigado fazer empreza das duas praças de Zanzirá e Canssá do Sidy atacando-as fortemente, e fazer dellas com effeito entrega ao Sarcar, e em contemplação ao augmento da amizade do Estado, se obrigou a dar ao Illmo e Exmo V. Rey Conde da Ega, ao Secretario Belchior José Vaz de Carvalho, e ao Tenente Coronel Jacques Filippe de Landreset, Procurador do Estado, depois de tomar Zanzirá e Canssá, e estar de posse dellas a gente do Sarcar, e arvorar nellas as suas bandeiras, 25:000 rupias da copia do tributo que em cada anno se cobra do reinado de Bidrur, na fórma estipulada se mandará dar da copia do dito reinado, e assim o fiquem entendendo. Hoje 15 do mez Rabidavol (24 de Outubro de 1760). Conforme a ordem.

Sêllo pequeno.

Traduzido por mim Ananta Camoty Vaga, Lingua do Estado, em 16 de Novembro de 1760. — Ananta Camoty Vaga.

O papel maratha fica a fl. 146.

Documentos relativos aos Tratados antecedentes com o Maratha, e á expedição de Zanzirá

Instrucção que se deu a Thomás José Codmor, Capitão de cavallos, na enviatura, em que foi comprimentar a Balagi Bagi Rao a Viziadurga

(Arch. da India, livro de Instrucções, fol. 111 v.)

O principal objecto de vosso emprego he visitar da minha parte a Balagi Bagi Rao Naná com a occasião de descer a primeira vez a esta parte do Decan, attendendo á distincção com que se acha respeitado o seu nome, e á sincera correspondencia da sua amizade com o Estado. 1759 Fevereiro 20

Logo que estiveres prompto com os sipaes, e mais pessoas da vossa comitiva e equipagem, vos poreis em marcha continuando-a com a menor demora; porque sendo o motivo deste obsequio a contemplação de passar o dito Naná ás nossas vizinhanças, aonde ha de ter pequena dilação, será justo que a diligencia vos subministre o effeito alcançando-o antes que se recolha a Punem.

Ainda que o dito Naná não venha a Griem, como tem destinado, por algum incidente, e fique tão sómente no pagode de Polem, ou em parte mais distante, lhe hireis a qualquer que for a fazer este mesmo comprimento, e só o suspendereis em caso que tenhaes a certeza de estar já em Punem, ou de o não alcançar no caminho desta cidade antes que a ella se recolha; porque só em tal caso vós o fareis a esta Côrte, escrevendo-lhe com as expressões de sentimento de não executar a vossa commissão, e enviando-lhe por Tucú Sinay as cartas e os sagoates.

Aposentado que sejaes na viagem do primeiro dia, mandareis fazer revista dos sipaes e mais pessoas pelo Tenente da vossa guarda, e por elle mesmo lhe passareis as precisas ordens por escripto, as quaes devem observar castigando rigorosamente a sua transgressão segundo o vosso arbitrio, para o que vos concedo toda a jurisdicção necessaria por

1739 Fevereiro 20 conta de que o castigo possa conter a todos nos limites do respeito e da modestia, que todos devem observar em hum paiz estranho, e muito mais de outras differentes seitas.

Supposto que não levaes a necessaria providencia para se administrar o santo sacrificio da missa, comtudo fareis sempre que os catholicos exercitem os actos de religião, como de terços, ladainhas, etc., para que com elles ao menos se supprа aquella falta, e se convençam os estranhos da bondade da religião.

Será em vós inviolavel o recolhimento, compostura e gravidade no trato pessoal, e inalteravel a execução da ordem, que deveis seguir na guarda da vossa casa e da pessoa, não admittindo a comer, nem dormir no vosso quarto e mesa, pessoa alguma, não passando porém a ceremonia a desprezo, ou severidade, antes chegada a communicação, tratareis as pessoas segundo a sua qualidade com palavras que os deixem satisfeitos no agrado, e quanto á fórma do seu recebimento vos instruireis principalmente pelo gentio Tucú Naique, e depois pelo Tenente Narana Sinay Dumó, que para esse fim vos ha de acompanhar.

Em caso de se valer algum Portuguez dos muitos que ha desertores por aquelles sitios, lhe fareis todo o acolhimento, mas de nenhuma sorte o consentireis na vossa comitiva, e só o procurareis reduzir a que se recolha a esta côrte, passando-lhe para este fim debaixo da minha palavra dos crimes de que pelo perdão geral gosam indulto, quando seja necessario, sendo licito dar-lhe alguma esmola ao vosso arbitrio, que não exceda a caridade.

Não faltareis na distribuição das ordens diarias, exames das contas e assentos dellas, que rubricareis, e do procedimento da vossa familia, para que da sua falta se não siga prejuizo ou molestia a terceira pessoa; e succedendo adoecer alguma das que vos acompanham, a fareis tratar com o maior cuidado, provendo-lhe nesta materia o que lhe for preciso.

O trato da vossa pessoa e mesa deve ser o mais decente

que permittir o paiz, de sorte que fóra possa persuadir maior conceito de opulencia e grandeza. 1759 Fevereiro 20

Como muita parte das politicas entre os Principes e Potentados Asiaticos tem alguma differença das que usamos na Europa, he preciso ouvir para a direcção, e conhecimento das pessoas aos sobreditos dois bragmanes, Tucú, e na sua falta ao Narana Sinay, por conta de encaminhar o acerto das acções, no que he preciso obrar com a maior ponderação, assim pela conservação do trato, como por não arriscar o respeito.

Quando for tempo conveniente antecipareis o aviso ao Naná de que eu o mando comprimentar por vós, que sois hum official de graduação, e revestido das qualidades que vos assistem, e lhe expressareis para que vos envie os conductores que he estylo, e se vos prepare accommodação decente, e o mesmo praticareis para vos sinalar o dia de hir fallar-lhe.

Neste acto vos deveis portar com toda a gravidade e desafogo, sem a menor perturbação nas acções, e com promptidão nas respostas, ainda que sejam em poucas palavras, porque estas póde adornar o bragmane Tucú, vosso interprete, ao qual haveis de advertir o cuidado de todas as politicas, e se a alguma vos faltarem, a dissimulareis prudentemente, e da mesma sorte a exporeis em opportuna occasião.

O comprimento será pouco mais ou menos de que eu desejando activamente procurar os meios de augmentar a correspondencia, e agradar a elle Naná na satisfação que pretendia de mandar-lhe pessoa deste Estado, cuja distincção só he permittida pelas ordens de Sua Magestade Fidelissima a respeito do Imperador da China, elegera a vossa pessoa com as circumstancias acima referidas para o hir visitar, e segurar-lhe da minha parte as asseverações de huma perduravel amizade e reciproca communicação, no que vos empenhareis expressar de sorte que eviteis toda a outra pratica attinente a negociação positiva.

Nesta occasião lhe entregareis a minha carta e sagoate, e depois conforme o estylo que alli for usado, o fareis tambem

1759 Fevereiro 20 do sagoate do Secretario do Estado, e carta, como tambem das mais de que hides encarregado.

E quando sejaes instigado para semelhantes conferencias, respondereis que não levaes instrucção alguma para este fim, porque entre nós he a maior incivilidade tocar outra negociação que seja fóra do obsequio daquelle comprimento.

He muito provavel que o mesmo Naná queira introduzir as conveniencias da paz do Bounsuló, a quem protege, e da pouca razão da guerra, de que vos escusareis com politica modestia emquanto a tratar della como ministro publico, mas que do notorio podereis assegurar-lhe o muito que o Bounsuló desmerece aquella empenhada protecção, porque o motivo principal do pouco sincero rompimento que teve com o Estado foi o não lhe conceder este o soccorro contra o Maratha de Griem, desprezando todos os beneficios do Estado, que lhe dissimulou com prudencia repetidos e escandalosos insultos.

Com semelhante systema vos escusareis de tudo o que for negocio, e ultimamente dizendo que para estes vos persuadis, supposta a benevolencia, que em obsequio delle Naná me reconhecestes, não deixarei de mandar a Punem pessoa instruida, que placidamente possa conferir e resolver as negociações que se offerecerem.

Acabados os dias que vos parecerem decentes para os comprimentos do Naná, e mais pessoas respectivas, pedireis licença para vos retirar; e quando o Naná duvide com a intenção de com elle seguires a viagem até Punem, a fareis, não dando a entender a menor repugnancia.

Fareis hum exacto diario de todos os successos, para me entregares com a conta ultima da vossa commissão, e havendo incidente notavel, me avisareis, ou quando vos parecer communicar noticias, segundo a devida proporção, e com adequada verdade.

Sempre fareis huma carta com toda a attenção ao Naná, e do recebimento dos povos, etc., para vir exposta em caso de ser tomada, e outra particular em vulgar, ou cifra, para vir com a maior cautela, e com a sincera narrativa do que se offerecer. 1759 Fevereiro 20

Recommendo-vos muito e muito a conservação do respeito e credito da nação, procurando conservar illesa a immunidade do vosso caracter, e ainda de augmentar as distincções de que outros semelhantes lograrão na Côrte do Naná, fazendo-lhe simuladamente insinuar a congratulação de algumas demonstrações publicas contemplativas a esta acção.

Fareis toda a diligencia por escusar-vos de hir antes de fallar ao Naná a casa do seu secretario, ou outro ministro, segundo o seu estylo, por seguir o que se pratica na Europa, mas em caso que a moderação o não consiga, vos sujeitareis ao methodo do paiz.

Do dinheiro, que vos vai entregue, haveis fazer as despezas ordinarias que occorrerem, com prudente e economico arbitrio, usando tambem da letra, que se vos entregou para este fim, e da mesma sorte as extraordinarias, e nestas que forem publicas deveis regular pelas circumstancias o excesso em termos que a diminuição não haja de offuscar o luzimento, com que se deve condecorar a auctoridade do logar da nação, e da pessoa por quem fostes mandado, porque tudo se faz digno de ser antes da resolução ponderado.

E como os accidentes futuros se não podem acautelar com a respectiva providencia, vos havereis nos que sobrevierem de fórma que Sua Magestade Fidelissima fique bem servido e eu tenha muito que vos louvar.

Goa, 20 de Fevereiro de 1759. — Conda da Ega.

Carta do Secretario do Estado ao Naná

(Arch. da India, livro dos Reis visinhos, fol. 65.)

Muito illustre, grandioso e felicissimo Balagi Bagi Rao Pradhan, cuja amizade seja perpetua. 1759 Agosto 29

Sempre me foi muito estimavel a correspondencia do grandioso amigo, e na continuação que me permitte na que agora recebo do seu attencioso obsequio se duplica a vene-

1759 Agosto 29 ração com que desejo repetidas occasiões de mostrar ao grandioso amigo o quanto me applicarei a tudo o que for do seu agrado.

Pelo honrado Madagi Panta recebi todas as mais noticias, que me communicou do grandioso amigo, e da resolução que conferimos, como tambem do muito que me interessei pelo seu bom exito em contemplação da amizade do grandioso amigo dirá o mesmo Madagi Panta, a quem encarreguei desta diligencia, e não faltarei em praticar o cuidado deste empenho a todo o tempo que se offerecer.

Deus alumie ao grandioso amigo em a sua divina graça. Goa, 29 de agosto de 1759.—Belchior José Vaz de Carvalho.

Carta do Secretario do Estado para o Sadobá, por outro nome Sadasiva Panta, com o titulo e nome de Naná

(Arch. da India, livro dos Reis visinhos, fol. 63 v.)

Muito illustre, grandioso e felicissimo Balagi Bagi Rao Pradhan, cuja amizade seja perpetua.

Tenho recebido a carta do grandioso amigo com particular estimação, não só pelo cuidado da sua recommendavel lembrança, mas pelo conceito de eu attender effectivamente á satisfação do desempenho, que o grandioso amigo me propõe; todos estes motivos serão os mais efficazes para que a minha diligencia se acredite no interesse de lhe agradar em tudo.

Ao honrado Madagi Panta ouvi todos os pontos da sua negociação, e fazendo-os presentes ao Illmo e Exmo Sr. V. Rey, me encarregou da sua resposta, e com effeito se acham ajustadamente quasi todos conferidos; no ultimo houve alguns decentes embaraços, que suspenderam a resolução, e ainda que as grandes qualidades e prudente arbitrio do sobredito Madagi Panta podiam adiantar alguma parte, esperando que o grandioso amigo lhe remettesse a decisão; comtudo S. Ex.ª attendendo a sua representação, por conta de evitar maior demora, tomou a determinação de mandar a essa Côrte huma pessoa de capacidade e caracter do Estado, que partirá em breves dias com a precisa instrucção, supposto que será util occultar por algum tempo o ministerio a que vai por circumstancias que occorreram, e outras que de novo sobrevieram, como ponderará o mesmo Madagi Panta, que teve a maior parte neste procedimento, no qual empregarei a confiança, que o grandioso amigo forma da minha veneração, assim como eu da sua inestimavel correspondencia. 1759 Agosto 29

Deus alumie ao grandioso amigo em a sua divina graça. Goa, 29 de Agosto de 1759.—Belchior José Vaz de Carvalho.

Está outra via desta carta a fl. 68 v. com data de 5 de Setembro de 1759, variando na parte final desta maneira: «tomou a resolução de mandar ao Tenente Coronel Jacques Filippe de Landreset, Commandante da artilharia, pessoa distincta e de qualidade, o qual communicará ao grandioso amigo individualmente a boa vontade, que assiste ao dito Senhor e a mim, para que a amizade até hoje correspondida vá cada dia a maior augmento».

Instrucção que se deu ao Tenente Coronel Jacques Filippe de Landreset na enviatura, em que foi comprimentar a Balagi Bagi Rao e tratar as negociações que se offerecerem

(Arch. da India, livro de Instrucções, fol. 157.)

1.º

Todo o objecto do vosso emprego he cultivar a correspondencia de Balagi Bagi Rao (Naná) com o Estado, de sorte que se restabeleça na antiga amizade, de que se havia separado por motivos menos verdadeiros, suggeridos tão sómente da sua desconfiança, porque sendo hoje hum Potentado, que está dando as leis em huma grande parte da Asia pelo seu extraordinario poder, se faz indispensavel qualquer 1759 Setembro 4

1759 Setembro 4 obsequio para conciliar a sua benevolencia, e que pelo reciproco trato se adiante o respeito em beneficio do preciso socego do Estado.

2.º

Logo que estiveres prompto, e as mais pessoas da vossa comitiva e equipagem, vos poreis em marcha, e como o enviado do mesmo Naná Madagi Panta ha de partir desta cidade alguns dias depois, o deveis esperar na cabeça dos Gattes, e conferindo com elle, proseguireis juntos o caminho até as vizinhanças de Punem, aonde ficareis esperando o seu aviso, e a pessoa que vos ha de dirigir ao alojamento que na mesma côrte se vos deve antes preparar.

3.º

Aposentado que sejaes na viagem do primeiro dia, mandareis fazer revista aos sipaes, e mais pessoas que vos acompanham, pelo official da vossa guarda, por quem lhe passareis as ordens por escripto, as quaes devem observar, castigando rigorosamente a sua transgressão segundo o vosso arbitrio, para o que vos concedo toda a jurisdicção necessaria, por conta de que o castigo possa conter a todos nos limites do respeito e da modestia, que todos devem observar em hum paiz estranho, e muito mais de outras differentes seitas, e que os catholicos exercitem inviolavelmente os actos da religião, para que se convençam por elles os estranhos da bondade da nossa santa lei.

4.º

O sobredito Madagi Panta se tem encarregado da vossa introducção com o Naná, e procurareis que este vos receba por hora sem fausto, e como por curiosidade de communicar a hum official distincto que ali chega, e de quem deseja instruir-se de algumas noticias alheias do seu conhecimento, e igualmente será util ás que vos for necessario tomar do paiz sem indecencia, tratando de ver com a liberdade de particular.

5.º

Com a occasião de fallares ao Naná, o comprimentareis da minha parte, entregando-lhe o sagoate que levaes para este fim, o do Secretario do Estado, e da mesma sorte fareis comprimento a seu primo Sadobá, e praticareis as negociações que se vos propuzerem, seguindo em tudo a direcção particular que vos tenho entregue [1], no que vos empenhareis com todas as forças por augmentar os interesses do Estado, o credito da nação, e o do vosso caracter, advertindo-vos porém que as vossas acções todas sejam dispostas em tão prudente equilibrio, que nem o desprezo occasione escrupulo na confiança, nem a affectação desacredite o conceito da sinceridade. 1739 Setembro

6.º

Poderá succeder que se acrescentem as disposições de alguma negociação a termos que para seu bom exito, ou para lhe conferir a precisa auctoridade, sejaes obrigado a declarar-vos por Ministro publico do Estado; neste caso de vos parecer inevitavel, vos permitto que o possaes assim executar, valendo-vos em tudo para as expedições de maior empenho da instrucção particular que levaes minha, e dos mais papeis, nos quaes fugireis de mostrar, ou dar copias, quanto vos for possivel, de mais do negocio que intentares comprovar.

7.º

Na Côrte de Punem assistem algumas pessoas da devoção do Estado, assim como Anu Bay, tia do Naná, e seu filho Naraena Vencata Ráo, e o Nababo Mujefargenga, e outros, a quem deveis tratar com a maior urbanidade, acommodando-vos o mais que puderes aos costumes politicos do paiz, se bem que nas materias mais graves he preciso fugir do estylo asiatico, não arriscando com elles o segredo, usando por maxima de outras ponderações, em que a simulação os convença, e para que evite alguma desconfiança, que possa

[1] Não achamos esta instrucção particular.

1759 Setembro 4 suscitar parcialidades, no que vos recommendo toda a cautela.

8.º

E no caso de se valer algum Portuguez dos muitos, que ha desertores por aquelles sitios, lhe fareis todo o acolhimento, mas de nenhuma sorte o consentireis na vossa comitiva, e só procurareis reduzir a que se recolha a esta Côrte, passando-lhe para este fim seguro debaixo da minha palavra dos crimes, de que pelo perdão geral gozam indulto, quando seja necessario, sendo licito dar-lhe alguma esmola ao vosso arbitrio, que não exceda a caridade.

9.º

Não faltareis na distribuição das ordens diarias, exames das contas e assentos dellas, que rubricareis, e do procedimento da vossa familia, para que da sua falta se não siga prejuizo, ou molestia a terceira pessoa; e succedendo adoecer alguma das que vos acompanham, a fareis tratar com o maior cuidado, provendo-lhe nesta materia o que lhe for preciso.

10.º

O trato de vossa pessoa e mesa deve ser o mais decente, que permittir o paiz, de sorte que fóra possa persuadir maior conceito de opulencia e grandeza.

11.º

Fareis hum exacto diario de todos os successos, para me entregares com a conta ultima da vossa commissão, e havendo incidente notavel, me avisareis, ou quando vos parecer communicar noticias segundo a devida proporção, e com adequada verdade.

12.º

Sempre fareis huma carta com toda a attenção ao Naná, e do recebimento dos povos, etc., para vir exposta em caso de ser tomada, e outra particular em vulgar, ou cifra, para vir com a maior cautela, e com a sincera narrativa do que se offerecer.

13.º

He bem notorio que a vizinhança dos Marathas, na jurisdicção de Pondá, nos he sempre arriscada, e póde ser fatal, segundo os accidentes do tempo; e como a posse da fortaleza foi cedida pelo Rey de Sunda, por consignação em pagamento de certa quantia, e agora pretende a sua restituição, deveis solicitar com toda a dissimulação, e concorrer para o bom successo do deferimento pela utilidade que se segue ao Estado de hum tão bom vizinho, e de ter de permeio hum antemural, que sirva de obstaculo a quaesquer dos nossos inimigos. 1759 Setembro 4

14.º

O Subedar de Pondá tem contemplado com respeito todas as disposições do Estado, e assim lhe fareis entregar a carta e sagoate, que remetto na vossa comitiva; e se elle vos visitar, o correspondereis da minha parte com hum particular agradecimento; porém tudo em segredo, por não acrescentar o ciume aos outros ministros, que alli tem administração.

15.º

Como muita parte das politicas entre os Principes e Potentados Asiaticos tem alguma differença das que usamos na Europa, he preciso ouvir para a direcção e conhecimento das pessoas a Gorqui Sinay, e na sua falta a Narana Sinay, por conta de encaminhar o acerto das acções, no que he preciso obrar com a maior ponderação, assim pela conservação do trato, como por não arriscar o respeito, e aos referidos Bragmanes deveis tratar com decencia, porque a estimação que lhe deres, lhes augmente o conceito para as pessoas estranhas, e não será inutil o fim de bemquistar a sua diligencia.

16.º

Em vossa companhia vai o Capitão Fernando da Cunha Teixeira, por ser intelligente da lingua maratha, e tambem com semelhante, e outros motivos os sobreditos dois Bragmanes vos acompanham, a todos deveis logo advertir que de qualquer delles vos haveis servir á vossa eleição, e que

1759 Setembro 4 entre si devem guardar o competente segredo, sem que lhes hajam de excitar ciume as vossas disposições, que não cedem em desprezo de algum; porque assim estes, como os mais se hão de empregar efficazmente no bom successo, de que he a parte principal a união reciproca.

17.º

Do dinheiro, que vos vai entregue, haveis fazer as despezas ordinarias que occorrerem, com prudente e economico arbitrio, usando do credito que em Punem dará o Gorqui para passares as letras do dinheiro que vos for necessario, de que se fará pontual satisfação, e da mesma sorte das despezas extraordinarias.

18.º

E como os accidentes futuros se não podem acautelar com a respectiva providencia, espero que em todos os que sobrevierem obreis com tal circumspecção, que se evitem as prejudiciaes consequencias, que podem resultar de não serem aquelles encaminhados com a séria reflexão, que confio da vossa capacidade e zêlo desempenhareis de sorte que Sua Magestade Fidelissima fique bem servido, e eu tenha que vos louvar.

Goa, 4 de Setembro de 1759. — Conde da Ega.

Lista que foi com a Instrucção que se deu ao Tenente Coronel Jacques Filippe de Landreset, para a viagem de Punem

Lista do sagoate, que levou para Punem o Tenente Coronel Jacques Filippe de Landreset.

Do Sr. Conde V. Rey para o Naná:

TROUXINHAS

N.º 1 { 22 covados de velludo.
1 par de durgagim[1].

[1] *Durgagim*, certo panno de algodão branco.

N.º 2 { 1 colcha bordada.
11 covados de panno berne [1]. 1759 Setembro

Do mesmo Senhor para Anu Bay, tia de Naná, e mãi de Tatobá.

N.º 4 — 1 colcha de velludo.

Do mesmo Senhor para Naraena Vencata Ráo (Tatobá):

N.º 5 — 4 covados e 1 terço de panno berne de duas cores.

Do mesmo Senhor para o Nababo Mujefargenga:

N.º 8 { 2 peças de tabi [2].
1 peça de atalá [3] da China.
1 peça de damasco.

Carta do Vice Rey ao Naná pelo Tenente Coronel Jacques Filippe de Landreset

(Arch. da India, livro dos Reis visinhos, fol. 67.)

Muito illustre, grandioso e felicissimo Balagi Bagi Ráo Pradan, cuja amizade seja perpetua.

Pelo honrado Madagi Panta me foi entregue a carta do grandioso amigo, e muito recommendaveis as suas noticias, pelo que desejo a correspondencia do grandioso amigo, e na sua execução me continue repetidas occasiões de lhe agradar.

Com toda a attenção ouvi as proposições do grandioso amigo, e o mesmo Madagi Panta vai encarregado da maior parte da sua resposta por escripto e de palavra, e como julgo

[1] Panno *berne*, panno fino de lã, de que commummente faziam canhões e golas das fardas os officiaes militares.

[2] *Tabi*, certo panno de algodão com cores entretecidas.

[3] *Atalá*, certo panno de seda.

1759 Setembro 4 que o grandioso amigo será persuadido da rasão, estimarei cessem os escrupulos, que os mal intencionados procurarão introduzir para conseguirem alguma separação, o que se não deve attender.

Quanto á ultima proposição, como encontrou maiores embaraços, cuja resolução não tomou sobre a sua commissão o dito Madagi Panta, me pareceu mais conveniente evitar occasião de demoras, e mandar na sua companhia ao Tenente Coronel Jacques Filippe de Landreset, Commandante da artilharia, pessoa de toda a capacidade e distincção, que a esta acompanha para conferir na presença do grandioso amigo; pelo que lhe tenho ordenado, e informado de tudo, me será estimavel de que não só este negocio se reduza a termos de conclusão, mas outros maiores, em que eu mostre ao grandioso amigo a vontade com que nelles me empregarei.

Deus alumie ao grandioso amigo em a sua divina graça. Goa, 4 de Setembro de 1759.—Conde da Ega.

Carta do Vice Rey a Tatobá pelo dito Tenente Coronel Jacques Filippe de Landreset

(Arch. da India, livro dos Reis visinhos, fol. 67 v.)

Ao grandioso e felicissimo Naraena Vencata Ráo, que esteja sempre com saude.

Não posso duvidar da attenção que o Estado sempre deveu a V. m. e a toda a sua casa, e agora com a experiencia do seu repetido trato me obriga novamente da lembrança de V. m., a qual agradeço com todas as demonstrações, de que se faz acredor o cuidado de V. m. no empenho de se querer encarregar das negociações do mesmo Estado; eu tenho a precisa confiança do bom successo quando sejam encaminhadas pela direcção de V. m., nem faltarei em o encarregar ás pessoas por quem forem administradas, esperando que o tempo me dê occasiões de mostrar a V. m. igual satisfação em tudo o que for do seu agrado.

A respeito da proposta, que V. m. determinou ao honrado Baguevanta Panta, avisará a V. m. o Secretario do Estado, a quem assim o ordenei, por ser o ministro que com elle conferiu, e a V. m. informará de tudo. 1759 Setembro

Deus guarde a V. m., etc. Goa, 4 de Setembro de 1759.— Conde da Ega.

Carta do Secretario do Estado ao mesmo

(Arch. da India, livro dos Reis visinhos, fol. 67 v.)

Ao grandioso e felicissimo Naraena Vencata Ráo, que esteja sempre com saude. 1759 Setembro 6

Chegou a esta parte Baguevanta Panta com a commissão de que V. m. o encarregou, e sem embargo de ser recebido e tratado com a maior decencia, assim pelo que respeita á sua pessoa, como pela communicação de sua proposta, se portou com tão pouca fé a estes obsequios, que o Illmo e Exmo Sr. Conde V. Rey tomou a resolução de enviar antes a resposta e sagoate pelo Tenente Coronel Jacques Filippe de Landreset, o qual ha de passar pela jurisdicção de V. m., e assim devo advertir-lhe que havendo de enviar a esta Côrte alguma pessoa, seja dotada de capacidade e prudencia, e não ao dito Baguevanta Panta, porque em semelhantes negocios provém todo o beneficio do bom methodo, a que o encaminha quem he encarregado da sua administração.

Fico muito obrigado á lembrança de V. m., e estimarei ter occasiões de mostrar-lhe a sincera vontade, com que sempre attenderei ás recommendações de V. m., e nesta o pratiquei representando a S. Ex.ª as antigas razões de obsequio e amizade, que lhe tem merecido o Estado, e posso segurar a V. m. a estimação que S. Ex.ª faz da sua correspondencia e expressões, e que eu pelo que me toca não desprezarei occasião de agradar a V. m. em tudo.

A essas partes vai o Tenente Coronel Jacques Filippe de Landreset, e como he pessoa de distincção e capacidade, estimarei que V. m. o attenda nos negocios que elle lhe participar, com o costumado zêlo e actividade.

Deus guarde a V. m., etc. Goa, 6 de Setembro de 1759.— Belchior José Vaz de Carvalho.

Carta do Secretario do Estado ao Naná pelo Tenente Coronel Jacques Filippe de Landreset

(Arch. da India, livro dos Reis visinhos, fol. 68.)

1759 Setembro 5 Muito illustre, grandioso e felicissimo Balagi Bagi Rao Pradhan, cuja amizade seja perpetua.

Sempre me foi muito estimavel a correspondencia do grandioso amigo, e na continuação que me permitte nas que agora recebo do seu attencioso obsequio se duplica a veneração, com que desejo repetidas occasiões de mostrar ao grandioso amigo individualmente a boa vontade que assiste ao dito Senhor, e a mim, para que a amizade até hoje correspondida vá cada dia a maior augmento.

Deus alumie ao grandioso amigo em a sua divina graça. Goa, 5 de Setembro de 1759.—Belchior José Vaz de Carvalho.

Carta do Vice Rey ao Naná pelo seu Enviado Madagi Panta

(Arch. da India, livro dos Reis visinhos, fol. 70.)

1759 Setembro 7 Muito illustre, grandioso e felicissimo Balagi Bagi Rao Pradan, cuja amizade seja perpetua.

Pelo honrado Madagi Panta me foi entregue a carta do grandioso amigo, e da mesma sorte as outras noticias, e todas me deverão igual estimação pela que merece o grandioso amigo pelo conceito que eu tenho das suas excellentes qualidades, a que procurarei sempre retribuir obsequiosamente cultivando a communicação do grandioso amigo nas occasiões de qualquer desempenho de sua vontade.

Ouvi com particular attenção ao dito Madagi Panta, e sinto que achasse embaraços tão justos para a ultima conclusão de tudo o que continham os artigos da sua proposta, que se não podessem logo resolver, como elle communicará ao grandioso amigo, pois tem capacidade para o reconhecimento das referidas difficuldades, e se conformou com ellas, sujeitando-se a tornar a essas partes com o Tenente Coronel Jacques Filippe de Landreset, Commandante da artilharia, a quem envio á presença do grandioso amigo, e como he pessoa distincta e de talento, confio não desagradará ao grandioso amigo, pois com a precisa instrucção lhe encarreguei a conferencia das negociações do grandioso amigo por conta de mostrar-lhe quanto me he recommendavel a sua correspondencia e amizade. 1759 Setembro 7

Deus alumie ao grandioso amigo em a sua divina graça. Goa, 7 de Setembro de 1759. — Conde da Ega.

Carta do Secretario do Estado a Sadobá, por outro nome Sadassiva Panta, pelo Gorqui Sinay

(Arch. da India, livro dos Reis visinhos, fol. 71.)

Muito illustre, grandioso, e felicissimo Sadassiva Panta, cuja amizade seja perpetua. 1759 Setembro 13

Com muito particular estimação, e cordial affecto recebi a carta do grandioso amigo ao tempo que desta Côrte sahia Madagi Quensoa, recommendando-me nella a respeito da negociação, a que foi enviado o mesmo Madagi Quensoa, e como desta Côrte vai para essa parte o estimado Tenente Coronel Jacques Filippe de Landreset, Commandante da artilharia, estou persuadido que ficará conhecendo o grandioso amigo a boa vontade que tem o Illmo e Exmo Sr. Conde V. Rey, e eu não menos, pela particular estimação que faço das suas excellentes qualidades, e das grandes vantagens de que he dotado o grandioso amigo, e especialmente no tempo presente, pela certeza que do referido me deu o dito Madagi Quensoa nas conferencias que tivemos, e por todas estas circumstancias me serão sempre muito recommendaveis a sua amizade e correspondencia, que desejarei vão a maiores augmentos.

Deus alumie ao grandioso amigo em a sua divina graça. Goa, 13 de Setembro de 1759. — Belchior José Vaz de Carvalho.

Carta do Secretario do Estado a Balvanta Rao pelo Gorqui Sinay

(Arch. da India, livro dos Reis visinhos, fol. 71 v.)

1759 Setembro 13 Ao tempo que desta Côrte se retirava Madagi Quensoa, recebi a estimavel carta de V. m., na qual me recommenda sobre a negociação, a que veiu o mesmo Madagi Quensoa, e como desta Côrte vai para essa parte o grandioso Tenente Coronel Jacques Filippe de Landreset, e em sua companhia o honrado Gorqui Sinay, creio que V. m. não deixará de saber a boa vontade que assiste ao Illmo e Exmo Sr. Conde V. Rey, e a mim não menos pela estimação que faço das suas excellentes qualidades, de que eu tinha noticia, e agora recebi mais particular pelas conferencias do dito Madagi Quensoa, e todas estas circumstancias me farão recommendavel a correspondencia de V. m. e a sua amizade, que desejarei vá sempre em augmento.

Deus guarde a V. m., etc. Goa, 13 de Setembro de 1759.— Belchior José Vaz de Carvalho.

Carta do Vice Rey para o Naná

(Arch. da India, livro dos Reis visinhos, fol. 75)

1759 Novembro 20 Muito illustre, etc.

Pelo honrado Jacques Filippe de Landreset fui informado do atrevido insulto, com que o infame traidor acommetteu e feriu a pessoa do grandioso Sadobá; esta noticia me penetrou vivamente, porque a amizade do grandioso amigo me deve a maior estimação, e faz em todas as occasiões huma estimavel correspondencia; desejo que o restabelecimento da molestia seja principio para conseguir as correspondentes felicidades, e que o grandioso amigo gose todas, dandome occasiões do seu agrado, como tenho mais largamente encarregado ao sobredito Tenente Coronel para o fazer presente.

Deus alumie ao grandioso amigo em a sua divina graça. 1759 Novembro 20
Goa, 20 de Novembro de 1759.—Conde da Ega.

Carta do Secretario do Estado para o mesmo Naná

(Arch. da India, livro dos Reis visinhos, fol. 75 v.)

Muito illustre, etc.

A sensibilidade que me occasionou a desgraça succedida 1759 Novembro 23
ao grandioso Sadassiva Pandito foi igual á que pedia hum successo tão estranho, e do livramento que a Providencia lhe permittiu nelle, devo congratular ao grandioso amigo os parabens, assim pelo beneficio do bem publico dos vassallos, como da felicidade que eu sempre desejo ao grandioso amigo, o que agora novamente repito com o maior obsequio, e fará presente ao grandioso amigo o honrado Tenente Coronel Jacques Filippe de Landreset, a quem encarreguei destas expressões, como de todas as que pede o meu devido agradecimento.

Deus alumie ao grandioso amigo em a sua divina graça. Goa, 23 de Novembro de 1759.—Belchior José Vaz de Carvalho.

Carta do Secretario do Estado a Sadobá

(Arch. da India, livro dos Reis visinhos, fol. 75 v.)

Muito illustre, etc.

Com o maior sentimento recebi a noticia do attentado com que o infame traidor insultou a pessoa do grandioso amigo, atrevendo-se a offender huma vida tão necessaria aos povos, e tão estimavel para a minha veneração e agradecimento; desejarei que se conserve illesa em todo o tempo, e eu assim o felicito ao grandioso amigo, esperando nesta certeza muitas occasiões de lhe agradar, como ao grandioso amigo dirá o honrado Tenente Coronel Jacques Filippe de Landreset, por quem encaminhei as devidas expressões da minha intenção.

1759 Novembro 23 Deus alumie ao grandioso amigo em a sua divina graça. Goa, 23 de Novembro de 1759. — Belchior José Vaz de Carvalho.

Carta do Secretario do Estado a Visnu Naique, Sar Dessay de Pondá, estante em Punem

(Arch. da India, livro dos Reis visinhos, fol. 76 v.)

Recebi a carta de V. m., com a estimação que me merece a sua correspondencia e amizade, e lhe agradeço o affecto com que tem occorrido para a audiencia do honrado Tenente Coronel da artilharia Jacques Filippe de Landreset, e a pompa com que foi recebido pelo felicissimo Balagi Bagi Rao, esperando que V. m. se applique á sua continuação, como da sua amizade se espera, e em mim achará V. m. sempre igual correspondencia nos particulares em que me falla, como tambem em todas as occasiões que se offerecerem do agrado de V. m., a quem avisará o honrado Babú Ráo a boa vontade que tem experimentado em mim a seu respeito.

Deus guarde a V. m. Goa, 23 de Novembro de 1759. — Belchior José Vaz de Carvalho.

Carta do Secretario do Estado a Gorqui Sinay, em Punem

(Arch. da India, livro dos Reis visinhos, fol. 76.)

1759 Novembro 24 Recebi a carta de Gorqui Sinay, e estimo que chegasse com boa viagem, e possuisse saude livre das molestias que padecia, e da mesma sorte a noticia que Gorqui Sinay me dá de achar todo o favor na pessoa do Tenente Coronel Jacques Filippe de Landreset, de quem eu não esperava menos, e creio que não deixará de o continuar, porque sei que o merece.

Pela recommendação que Gorqui Sinay me fez, tenho attendido a todos os particulares que me representou seu filho, e em toda a occasião não deixarei de lhe mostrar o meu affecto, como até aqui tem merecido. 1759 Novembro 24

Tambem recebi todas as noticias que Gorqui Sinay me enviou, alem das que tive pelo dito Tenente Coronel, e espero que Gorqui Sinay me continue todas que de novo se offerecerem.

Ainda que na presente occasião escrevo ao Dessay Visnú Naique, comtudo Gorqui Sinay fará da minha parte huma visita com particularidade, segurando o meu affecto em tudo o que lhe respeita, e da mesma sorte a Madagi Panta, com acrescentamento de que fico esperando para lhe dar hum affectuoso abraço.

Como a muita occupação em que me acho me não dá logar, ficará sabendo Gorqui Sinay de tudo o mais pelo que escreve Rogu, a quem tenho encarregado esta diligencia.

Nosso Senhor, etc. Goa, 24 de Novembro de 1759.— Belchior José Vaz de Carvalho.

Carta do Vice Rey a Ramogi Madeo, Governador de Suvarnadurga e Commandante das tropas do Naná, que se acham de cerco á praça de Zangirá do Sindy

(Arch. da India, livro dos Reis visinhos, fol. 86 v.)

Com muita estimação recebi a carta de V. m. e as suas noticias, cuja continuação sempre me será agradavel, e como até o presente não chegaram a esta Côrte o Dessay Visnu Naique e Madagi Panta, por esta causa não posso dar positiva resposta ao que V. m. me participa, e em tudo o que respeitar a amizade do grandioso amigo, não deixarei de mostrar a minha boa vontade para lhe dar gosto. 1760 Fevereiro 4

Nosso Senhor, etc. Goa, 4 de Fevereiro de 1760.—Conde da Ega.

Carta do Secretario do Estado para o mesmo

(Arch. da India, livro dos Reis visinhos, fol. 86 v.)

Por mão do cabo Custangi Survó recebi a carta de V. m., que me foi de muita estimação, e apresentei ao Illmo e Exmo

1760 Fevereiro 4 Sr. Conde V. Rey a que lhe pertencia, cuja resposta levou o mesmo Custangi Survó, pela qual ficará V. m. inteirado de tudo.

Desejo que V. m. me permitta occasiões de lhe dar gosto, e que a amizade cresça cada vez a maior augmento.

Deus guarde, etc. Goa, 4 de Fevereiro de 1760.—Belchior José Vaz de Carvalho.

Carta do Secretario do Estado a Visnum Naique e Nadagi Panta, enviados do Naná que se acham em Pondá

(Arch. da India, livro dos Reis visinhos fol. 87.)

1760 Fevereiro 14 Recebo a carta de V. m.ces, e fico sabendo o que nella me referem, e estimando a sua chegada a Pondá, me conformo com os embaraços que se consideram dos dias de entrudo, a que V. m.ces passem a esta Côrte no dia quarta, ou quinta feira seguinte, e até ahi se disporá tudo, e com aviso da determinação, que V. m.ces fizerem de hum destes dias, hirão os conductores com as ordens na fórma do costume.

Deus guarde a V. m.ces Goa, 14 de Fevereiro de 1760.—Belchior José Vaz de Carvalho.

Outra para os mesmos

(Arch. da India, livro dos Reis visinhos, fol. 88 v.)

Depois de ter eu respondido esta manhã á carta de V. m.ces, me representou Rogú Sinay de que V. m.ces desejavam toda a brevidade, e que estavam promptos a passar a esta Côrte no dia domingo; em satisfação deste desejo de V. m.ces tenho feito todos os avisos necessarios, e hirão a esperar os conductores a V. m.ces em S. Thiago no dia referido, e bastará que V. m.ces cheguem ahi até ás dez horas da manhã, avisando-me sempre em resposta desta a sua resolução, e do que for necessario.

Deus guarde a V. m.ces Goa, 14 de Fevereiro de 1760.—Belchior José Vaz de Carvalho.

Carta do Secretario do Estado para Visnum Naique e Madagi Panta, enviados do Naná

(Arch. da India, livro de Reis visinhos, fol. 88 v.)

Recebi a carta de V. m.ces, e fico sabendo o justo motivo que me allegam transferindo a sua vinda para o dia quarta feira 20 do corrente, que foi determinado na primeira carta que eu escrevi a V. m.ces em resposta da sua; e se na segunda se determinou para o dia de hoje domingo, he porque assim me representou Rogú Sinay da parte de V. m.ces, e não tenho duvida que com effeito venham no dia referido 20 do corrente, como tudo melhor explicará Gonú Sinay Marcaicar, que vai instruido, e o ouvi com attenção. 1760 Fevereiro 17

Deus guarde a V. m.ces Goa, 17 de Fevereiro de 1760.— Belchior José Vaz de Carvalho.

Carta do Vice Rey Conde da Ega ao Vedor da fazenda

(Arch. da India, livro dé cartas é ordéns, fol. 118.)

Como se faz preciso assistir com as despezas aos dois Enviados do Naná, Dessay Visnum Naique e Madagi Panta, que se acham nesta Côrte com a gente da sua comitiva, na fórma que em Punem se praticou com o nosso Embaixador, e por ora não cabe no possivel fazer arbitrio da despeza, V. m. lhes mandará logo entregar 500 rupias para as referidas despezas, até que vá a que se ha de fazer especificamente. 1760 Fevereiro 27

Deus guarde a V. m. Pangim, 27 de Fevereiro de 1760.— Conde da Ega.

Traducção do papel incluso, que tem dois sellos, o grande na cabeça e o pequeno no fim, ambos de Ballagi Bagi Ráo (Naná) no qual diz o seguinte

(Arch. da India, livro 2.º de Pazes, fol. 115.)

Sêllo grande.

Papel do contrato, ou ajuste passado pelo Sarcar do felicissimo Panta Pradana (Naná), no anno chamado Sitain 1760 Fevereiro 29

1760 Fevereiro 29 meyam alaph (de 1759), aos generosos Secretario Dom João, e mais Ministros conselheiros do porto de Goa, em como ao Ill.mo e felicissimo V. Rey do dito Zanzirá [1] ou porto, tem o dito Sarcar passado o papel de contrato ou ajuste, conforme o qual os mesmos conselheiros, dando attenção ao que nelle se refere, e fazendo conquistar as tres fortalezas do Abexim (Sidy), e agregar ao dito Sarcar, aos sobreditos conselheiros se darão 25:000 rupias, consignando-as nas aldeias da provincia de Ellur da Praganã Xapur, e assim o fiquem entendendo.

Escripta em 5 do mez Zámadelavol (25 de Dezembro). Conforme a ordem.

Sêllo pequeno.

Traduzido por mim Ananta Camotim Vaga, Lingua do Estado, em 29 de Fevereiro de 1760.—Ananta Camotim Vaga [2].

A copia maratha authenticada a fl. 117.

Está junta esta nota: «O papel originario, de que he a traducção a fl. 115, se entregou aos Enviados do Naná por ordem de S. Ex.a, deixando a sua copia, que he a que fica a fl. 117, para vir reformado, o qual veiu com effeito, e se acha a fl. 146 deste livro.—Vaz de Carvalho».

He o seguinte:

Traducção do papel junto de letra gentilica sellado com o sello de Naná, em que diz o seguinte

(Arch. da India, livro 2.º de Pazes, fol. 145.)

1760 Novembro 11 Sêllo grande.

Papel passado pelo Sarcar do honrado Pandito Pradana (Naná) do ajuste feito por intervenção do Tenente Coronel

[1] *Zanzirá*, ou *Zangirá*, significa propriamente *ilha*, e tambem *porto*. Dahi veiu o nome á praça do Angriá.

[2] Veja-se a carta do Enviado do Naná ao Lingua do Estado, em data de 10 de Setembro de 1759, a pag. 46.

Jacques Filippe de Landreset, pessoa do Ill.mo e Ex.mo Conde da Ega, V. Rey no porto de Goa, no anno chamado Ilhade Sitain meyam alaph (de 1760), em como quando o anno passado veiu o sobredito da parte de S. Ex.ª a Punem a tratar varias materias, nesse tempo por ter obrigado fazer empreza das duas praças de Zanzirá e Canssá, do Sidy, atacando-as fortemente, e fazer dellas com effeito entrega ao Sarcar, e em contemplação ao augmento da amizade do Estado, se obrigou a dar ao Ill.mo e Ex.mo V. Rey Conde da Ega, ao Secretario Belchior José Vaz de Carvalho, e ao Tenente Coronel Jacques Filippe de Landreset, Procurador do Estado, depois de tomar Zanzirá e Canssá, e estar de posse dellas a gente do Sarcar, e arvorar nellas as suas bandeiras, 25:000 rupias da copia do tributo, que em cada hum anno se cobra do reinado de Bidrur, na fórma estipulada se mandará dar da copia do tributo do dito reinado, e assim o fiquem entendendo. 1760 Outubro 24

Hoje, 15 do mez Rabilavol (24 de Outubro de 1760).— Conforme a ordem.

Sêllo pequeno.

Traduzido por mim Ananta Camotim Vaga, Lingua do Estado, em 16 de Novembro de 1760.—Ananta Camoty Vaga.

O original maratha, fl. 146.

Instrucção de que ha de usar o Capitão de mar e guerra Manuel Caetano Gomes da Silva na viagem que ora faz na Palla dos mercadores mouros para a costa do Norte, levando em sua conserva dois batelões e quatro manchuas.

(Arch. da India, livro de instrucções, fol. 149.)

1.º

Assim que estiverem embarcadas as tropas, que vão de soccorro debaixo do commando do sargento maior João Manuel de Azambuja, com os seus mantimentos e trem das companhias, vos fareis á véla com todas as embarcações da vossa conserva, e tambem com as do Maratha, que quizerem aproveitar-se do vosso comboi, dando a estas toda a boa passagem. 1760 Março 24

2.º

1760 Março 24 Antes de vos fazeres á véla dareis ordens por escripto aos Cabos dos batelões e manchuas, para que estes vos sigam em boa conserva.

3.º

O destino do presente soccorro he para as terras de Zanzirá e Canxá, para onde deveis hir navegando sem perderes tempo que seja favoravel a vossa derrota, e das mais embarcações, e chegando com o favor de Deus para as ditas terras, fareis que se desembarquem as tropas com os seus mantimentos, e todos os mais effeitos respectivos, de que tambem vai encarregado o commandante das mesmas tropas, e vós hireis comprimentar da minha parte a Ramagi Madeo, Cabo das tropas marathas, que estão sitiando aquellas fortalezas.

4.º

Depois de desembarcadas as tropas, e tudo o mais que lhe pertence, conferireis com o dito Ramagi Madeo a respeito do comboi que elle deve dar na fórma do ajuste ao batelão de Damão, até ser entregue ao seu senhorio naquella Praça, e que da mesma sorte vos dê elle comboi sufficiente para vires com as mais embarcações a esta cidade, pelo perigo de se adiantar a estação do tempo, o que vos hei por muito recommendado, confiando do vosso zêlo, e depois de surgires na barra da Aguada me dareis parte da vossa chegada.

5.º

Como a vossa derrota assim á hida, como na torna viagem, he prejudicial toda a demora, não deveis embaraçar-vos em contender com outras embarcações, ainda que sejam de inimigos do Estado, e se insultarem as da vossa conserva, neste caso procurareis fazer-lhe todas as possiveis hostilidades.

6.º

Encarrego-vos muito que as embarcações vão em perfeita conserva quanto vos for possivel, em ordem a evitar qualquer arribada a esta cidade, porque será de grave consequencia ao real serviço, e deveis pôr em hum dos principaes pontos do regimento aos Commandantes das embarcações esta mesma prohibição, advertindo-lhes que a sua falta farei castigar exemplarmente, pois em caso de serem obrigados a arribar, o façam ás terras do Maratha, aonde apresentarão o passaporte dos Enviados do Naná, que lhe ha de ser entregue, para se lhes dar o que necessitarem, e o transporte para as terras do norte aonde se encaminham. 1760 Março 24

7.º

Aos medicos, cirurgiões, boticarios, barbeiros, alfaiates, mainatos, e mais officiaes naturaes desta terra, dareis toda a boa passagem, fazendo-os tratar com brandura, e isto vos encarrego como ponto principal da vossa instrucção, ficando vós responsavel da falta da observancia desta ordem.

8.º

Quando vos recolherdes a esta cidade entregareis esta instrucção na secretaria do Estado, onde se vos passará certidão de a haveres entregue.

9.º

E porque os accidentes do mar se não podem bem premeditar, os deixo á vossa disposição, esperando obreis de sorte que Sua Magestade fique bem servido, e eu tenha que vos agradecer.

Goa, 24 de Março de 1760. — Conde da Ega.

Instrucção de que ha de usar João Manuel de Azambuja, Sargento mór de infanteria, Commandante do corpo das tropas que foram de soccorro ás terras do Norte a favor da guerra do que Balagi Bagi Ráo traz com Sidy.

(Arch. da India, livro de instrucções, fol. 180.)

1.º

O principal objecto da vossa viagem he acompanhar a esta parte do corpo de soccorro, que está destinado a favor das

1760 Março 24 tropas do Naná na guerra que tem no norte com Sidy de Zangirá, para dar principio a algumas disposições menores, e mostrar ao mesmo Naná que o Estado lhe procura o adiantamento de suas vantagens, ainda quando a estação do tempo vai tão adiantada, só porque examinado o sitio, e as forças dos inimigos, e da situação do paiz se possa tomar huma positiva e ultima resolução, como se julgar mais conveniente.

2.°

Chegando ao referido sitio, aonde se acha em campanha o Cabo Ramagi Madeo, o visitareis da minha parte, e lhe fareis entregar as cartas que levaes para o mesmo, por conta da vossa acommodação, e das tropas de que sois commandante, requerendo-lhe vos faça promptificar o fornecimento, mantimento e mais viveres, na fórma dos artigos da capitulação, que com esta vos ha de ser entregue, e quando chegue o Enviado Madagi Panta, estipulareis com elle a fórma do sustento, e assistencia das tropas em preço estavel dos seus mantimentos, não só para o presente tempo, mas tambem para o futuro; e com o que achares, o que deve ser segundo a lista que vai com esta, proporcionareis a assistencia das tropas com a maior commodidade, a que der logar a situação.

3.°

Encommendo-vos efficazmente a devoção ao culto divino, e exercicio da Religião catholica, para que a observancia das obrigações, que a todos comprehende, assim de assistencia de missas e confissões, especialmente antes de entrar em qualquer occasião, seja principio de conseguir hum exito feliz, como ainda nas devoções particulares do terço, ladainha, etc., porque deste modo acharemos propicio o favor do céu, e se edificará exemplarmente o gentilismo.

4.°

Na direcção economica e militar do corpo das tropas não tenho que vos advertir, pois conheço da vossa actividade e zêlo cuidareis na sua obediente disciplina de sorte que se acredite na modestia dos costumes e no desempenho das acções, evitando-lhes absolutamente os jogos de parar, de cartas e dados, ou quaesquer outras occasiões de distracção, informando-vos particularmente de tudo, não lhes consentindo o trato familiar com pessoas de quem se possa entender menos sinceridade, porque em paiz, e com gente de tão pouca fidelidade, não he bastante toda a cautela, de que deveis usar com prudente dissimulação. 1760 Março 24

5.º

Examinando com militar advertencia a situação do paiz, e estado das tropas, lhe disporeis as ordens que devem praticar, impondo as penas com o rigor que vos parecer necessario, para o que vos concedo todo o poder, e jurisdiccão igualmente para serem executadas, e as fareis publicar por bando por parte a que o regimento não der providencia, ou vós as acrescentareis, mandando alem disto que nas companhias sejam lidas com o mesmo regimento, para que nenhuma pessoa possa allegar ignorancia, e aos seus transgressores castigareis precisamente, assim para que a moderação não faça abusar da imposição de penas, como para que o temor do castigo lhes cohiba a perpetração dos delictos, e da mesma sorte vos concedo a jurisdicção no civil para decidir as questões dos contratos originados nesta campanha, a qual podereis commetter á pessoa que vos parecer.

6.º

Se alguma pessoa commetter crime, pelo qual mereça pena de morte, ou tratos de polé, lhe mandareis formar processo para ser sentenciado em junta de guerra pela pluralidade de votos, e esta se deve compor de seis votos, os quaes se hão de proferir por vós, e cinco officiaes dos mais antigos e graduados, em que sempre deve entrar o official que fizer as vezes de sargento mór do corpo; e quanto ao modo de formar os processos, se vos dará methodo com esta instrucção, com declaração que para formar o processo, relatar e propor o feito, e inquerir as testemunhas, ha de servir de juiz o Mandante que fizer as vezes de Sargento mór.

7.º

1760 Março 24 Pelas capitulações do Tratado havereis o conhecimento das condições que se estipularam da parte do Naná pertencente ao Estado, as quaes religiosamente cumprireis, e quando se vos falte a algumas, requerereis a sua observancia ao dito Ramagi Madeo com a devida moderação, conservando o respeito da auctoridade, e caracter decente ao logar que occupaes.

8.º

Havendo casos extraordinarios, e que vos pareça difficultosa a sua resolução, a poreis em conselho com os capitães, e seguirá a pluralidade dos votos.

9.º

Esta parte do soccorro, de que hides encarregado, he huma protecção do empenho com que o Estado favorece o partido do Naná, e a satisfação delle confio da vossa pessoa no conceito do vosso prestimo e valor, e que o continuareis não só na civilidade e trato a respeito do corpo das nossas tropas, mas ainda muito mais das dos Marathas e seus Cabos, o que muito vos recommendo, e não menos o cuidado de não expor as tropas á acção de perigo evidente, e muito mais ao principio do ataque de Zangirá, antes de chegar a outra parte do soccorro que fica nesta cidade, e ha de partir no verão seguinte, salvo recolhendo o possivel effeito, e bom exito da execução.

10.º

Com esta vos ha de ser entregue hum livro rubricado, e assignado pelo escrivão da matricula geral, para se fazerem os assentos dos officiaes e soldados, e mais pessoas applicadas ao serviço, e das altas e baixas para se poder passar mostra, e fazerem os pagamentos, evitando-se por este modo o prejuizo da real fazenda, e dos particulares, como tambem outro livro para se registarem as ordens minhas que forem necessarias, ou quaesquer outros regimentos, de que se necessite conservação ou direcção, e podereis acrescentar aquelles que julgares convenientes á boa economia e conservação da fazenda, igualmente na receita dos effeitos de que ha de tomar entrega o Almoxarife que vai nomeado. 1760 Março 24

11.º

A cada hum dos soldados destinareis para as suas fardas o que for conveniente, e as deveis mandar fazer para o principio do verão futuro com toda a decencia, e da mesma sorte se fardarão os officiaes, provendo-se dos generos que são necessarios da ilha de Bombaim, aonde me persuado os haverá competentes.

12.º

A experiencia, e o conhecimento que tendes do paiz dos Asiaticos, vos deve conciliar todas as necessarias cautelas, para não confiar delles sem huma prudente meditação, tomando pelas suas acções as medidas para encaminhar a deliberação das ordens.

13.º

Aos medicos, cirurgiões, boticarios, barbeiros, alfaiates, mainatos, e mais officiaes naturaes desta terra dareis toda a boa passagem, fazendo-os tratar com brandura, e isto vos encarrego como ponto principal da vossa instrucção, ficando vós responsavel da falta da observancia desta ordem.

14.º

Em todos os casos, a que neste regimento não prover de remedio, vos regereis pelo Tratado das capitulações celebrado entre o Estado e o dito Naná.

15.º

E porque aos accidentes futuros se não póde dar providencia, nos que occorrerem vos havereis de modo que Sua Magestade fique bem servido, e eu tenha que vos agradecer.

Goa, 24 de março de 1760.—Conde da Ega.

Instrucção particular que se deu para della usar o Sargento mayor João Manuel de Azambuja, que foi commandando o corpo das tropas destinado em soccorro do Maratha

(Arch. da India, livro de instrucções, fol. 152.)

1760 Março 24 A prudencia de hum cabo, que commanda tropas, he tão necessaria como o mesmo valor; aquella deve persuadir o animo de hum commandante a despir-se de toda e qualquer paixão particular, ou seja contra, ou a favor dos seus subalternos; o orgulho, e a presumpção têem sido muitas vezes causa das maiores ruinas, produzindo aquelle vicio muito funestas consequencias; pelo que se faz preciso tomar todas as cautelas para que insensivelmente não caiâmos no precipicio.

Todas as vossas acções devem ser dirigidas ao melhor serviço de Sua Magestade e do Estado, e o mesmo espirito se procura inspirar aos que se acham debaixo do vosso commando, a fim de estabelecer entre elles huma perfeita união.

Para com os soldados benemeritos se lhe farão todas as demonstrações de estimação, sem que por estas se falte á disciplina, na qual consiste ordinariamente o bom successo das acções, servindo esta muitas vezes de animar as tropas, e de as fazer felizes; é preciso que os officiaes dêem o exemplo aos soldados na cega obediencia, com que devem executar as ordens do seu superior, e neste ponto não haja disfarce algum, porque do contrario tenho a experiencia de tristes successos, que vi acontecer.

Como hides servir entre os gentios, vos recommendo muito o cuidado de mostrar que somos christãos, e nesta materia espero do vosso zêlo que sejaes o primeiro em dar exemplo ás vossas tropas.

Sobre o que fica dito não faltava que discorrer; porém confio da vossa intelligencia que o fareis de modo que eu tenha muito que louvar-vos.

Logo que se fizer o desembarque, escolhereis logar o mais

vantajoso que for possivel, para nelle formar o vosso campo, observando sempre ter a vossa gente junta, e prompta para o que podér succeder, lembrando-vos que a desconfiança he precisamente necessaria em quem commanda, e que toda a surpreza será o descredito de hum cabo, o qual não fica airoso com a desculpa de dizer que não cuidou; a este fim não haveis de desprezar cousa alguma, principalmente na presente occasião, em que vos achaes entre infieis com hum poder tão diminuto; porém estas cautelas devem tomar-se de sorte que os proprios officiaes vossos subalternos vos não percebam, porque do contrario se poderá introduzir entre as mesmas tropas algum receio. 1760 Março 24

Tereis todo o cuidado a que se não falte em cousa alguma ao trato dos soldados, os quaes devem comer carne quatro vezes por semana, tanto ao jantar, como á ceia, sendo possivel, e se não houver pão, se lhes darão ápas de farinha á proporção, e aos almoços huma vez se lhe dará *atolla*, e outras *cacheril* com salgado e *achares* [1].

Determinar-se-ha logo logar, que sirva de hospital para os doentes, que serão assistidos com o maior cuidado e caridade, para o que mandareis todos os dias hum official a visital-os, e informar-se de cada hum em particular de como são tratados, e das novidades que achar vos dará parte para proveres de remedio, como for mais conveniente; os capitães contribuirão com a paga que recebem dos soldados para o sustento dos enfermos, a qual não sendo bastante, podereis mandar tirar da caixa militar o que for sufficiente para acudir á necessidade; os medicos, boticarios e sangradores, fareis por acommodar, ou no mesmo hospital, podendo ser, ou junto a elle, e quando para o serviço dos enfermos seja necessaria alguma gente de fóra, a nomeareis de sorte que não falte nada á assistencia dos referidos enfermos.

1 *Atolla* he arroz cozido com *jagra* (assucar de palmeira) e succo de côco.

Cacheril, arroz e grão cozido com manteiga.

Achar, conserva de fructas, peixe, etc., em vinagre e sal.

1760 Março 24 Com as munições de guerra deveis ter a maior cautela, e as vossas tropas conservareis sempre municionadas a sessenta cartuxos cada soldado, e ainda nos mesmos quarteis; e para que das referidas munições não haja desvio, poreis por obrigação aos Cabos de esquadra de passar revista ás patronas e cartuxeiras, ao menos de quarenta e oito a quarenta e oito horas.

Todos os sabbados mandareis ler nas companhias os capitulos do regimento, a fim de que todos saibam a lei por que devem governar-se, e não alleguem ignorancia no caso, em que commetterem delictos.

Se for possivel praticar-se com as vossas tropas o que vou a dizer, será muito conveniente. Costumam os commandantes das companhias allemãs ter huma lista exacta desde o chapéu até o sapato, de tudo quanto tem o seu soldado, e todas as semanas os Cabos de esquadra e Sargentos lhe vão passar revista, a saber se elles distrahiram ou acrescentaram os seus bens, e achando-lhe novidade, ou de huma ou outra fórma, entram no exame da distracção ou augmento, e desta fórma se evita, ou que os soldados roubem, ou joguem o que têem; a obrigação desta revista passa todos os quinze dias o Tenente da companhia, e huma vez por mez o Capitão; e por esta se evita muitas vezes o mau procedimento dos soldados. Eu bem sei que na India será difficultoso introduzir-se esta pratica; porém o modo consegue tudo, e vós persuadindo primeiro aos officiaes a utilidade deste methodo, e aquelles aos soldados, poderemos conseguir facilitar esta importante materia.

Ramagi Panta he o Cabo que commanda as tropas do Maratha no bloqueio em que se acham de Zanzirá; dizem que este está sitiando hum pequeno Forte situado no ilhote de Canxá, e nos persuadem a facilidade daquella empreza; pelo que depois de chegares áquelle sitio, o examinareis com todo o cuidado; e se julgares que a sua entrada não he difficil, e o podereis ir tomar sem risco e credito das nossas armas, o fareis; porém se do contrario vos parecer a acção duvidosa, vos eximireis de entrar nella, desculpando-vos para isto, que vos faltam algumas cousas precisas para aquelle effeito. 1760 Março 24

Como esta materia he duvidosa, espero que a vossa prudencia tome nella aquella resolução que for mais acertada, e se com effeito se conseguir a tomada do Forte com as facilidades que nos dizem os Cabos marathas, nem por isto vos deixeis persuadir dos mesmos Cabos para entrares na empreza de Zanzirá, porque desta Praça tenho mais solido conhecimento, e sei que a sua força he desmarcada á proporção do corpo que vos acompanha; he certo que me persuado que os defensores de Zanzirá se desanimarão á vista das nossas tropas; se assim for, e vós tiveres toda aquella moral certeza, que se necessita em semelhantes casos, de que a dita praça se renderá; neste caso vos permitto fazer a diligencia possivel para acreditar as nossas armas; bem entendido que sempre deveis desconfiar da facilidade dos Cabos marathas, porque a estes importará pouco o sacrificio das nossas tropas, e a mim me importa muito a sua conservação.

Para entrares nas occasiões tomareis as mais proporcionadas medidas, que vos dictar o vosso conhecimento, acautelando por todos os modos qualquer successo que possa acontecer; não digo por isto que os soldados deixem de parecel-o nas occasiões, porque nestas devem lembrar-se do nome portuguez, cuja gloria se acha abatida na Asia, não por falta de valor, mas sim porque a disciplina militar está esquecida, e o costume, em que todos se pozeram, de desprezar os inimigos, entendendo que bastava ver-nos para se renderem, e quando não succede deste modo, perdem acordo, e com elle toda aquella arrogancia, que antes lhes infundia os espiritos; pelo que deveis pôr todo o vosso cuidado em acautelar semelhante desordem, na certeza de que o inimigo desprezado tem sido causa da perda de infinitas acções.

Deveis procurar o allivio das tropas nos quarteis quanto vos for possivel, para que o demasiado trabalho não produza algumas doenças; a este fim vos darão sipaes marathas, que

1760 Março 24 pedireis ao Commandante, ou Cabo, que por parte de Naná se achar comvosco.

Fareis exercitar os soldados, e officiaes como for preciso, mas sempre medindo o tempo, de sorte que se façam aquelles sem tanto discommodo, ou proprio *(sic);* as ordens que passares para que o corpo de tropas, que deve exercitar-se, esteja prompto, serão sem antecipação, como costumam ordinariamente, de modo que se determinares principiar pelas quatro horas, por exemplo, não fareis juntar as tropas com mais antecipação que a que for precisa para se formarem e repartirem, e vos achareis ás horas destinadas sem falta no sitio em que se deve exercitar, sendo precisa a vossa pontualidade para com ella dar exemplo a todos.

Cuidareis com a maior actividade, em que os officiaes do vosso commando se sentem na vossa presença, e com elles discorrereis sempre no vosso officio, e tambem em fazer-lhe ver as suas obrigações, mostrando-lhe a utilidade que cada hum em particular tem de proceder com honra, e de fazerse perito na sua arte.

Se depois de vos achares sitiando qualquer Praça, se arvorar bandeira de qualquer nação Europêa, nem por isso deveis cessar de continuar as operações como auxiliar que sois de Naná, e no caso que antes de entrar em acção se arvore alguma, neste deveis suspender os vossos progressos; emfim obrareis em tudo como auxiliar do Maratha, porque neste caso não se viola em nada os Tratados que temos com os Europeus.

Os partidos, que são communs na India entre os officiaes, têem sido de funestas consequencias, e já no meu tempo me mostrou a experiencia as producções daquella abominavel maxima; pelo que não só vos recommendo, mas positivamente mando que, constando-vos com certeza de que algum official, esquecido de sua obrigação, move os camaradas áquelle fim, o suspendaes logo do seu exercicio, e pela primeira occasião que se offerecer mo remettaes a esta capital, para nella servir de exemplo aos mais, e de que tendes esta ordem, fareis scientes todos os vossos subalternos, para que cada hum se acautele de cahir em tão perniciosa e abominavel culpa. 1760 Março 24

Como para a precisa economia e conservação das tropas se faz indispensavel a distribuição economica dos soldos das mesmas tropas, vos encarrego que dos soldos dos soldados façaes pelo modo, que vos persuadires mais regular para a sua execução, huma divisão de quatro partes; a primeira destinareis para o seu sustento pelo ajuste que se fizer conforme ao preço dos mantimentos; a segunda para o fardamento pelo que for preciso para elles; a terceira será da quantia de 5 rupias, que mandareis dar na mão de cada soldado para as suas despezas particulares; a quarta, que he do que restar, será recolhida em hum cofre para se lhe dar no fim do anno em ordem a conservarem-se com mais affecto ao serviço com esperança daquelle premio.

Em carta separada vos remetto a lista dos vencimentos das tropas, na fórma que vai registada no livro das suas matriculas, como tambem a porção que toca á fazenda real, e ha de ficar no cofre para as suas despezas, e deste vos dou permissão para todas as ordinarias e extraordinarias, que devem ser lançadas pelo escrivão, e alem destas vos concedo a permissão de poderes dispender 500 xerafins cada mez, dos quaes fareis a despeza em folha particular, para me dares só a mim esta conta, em caso que julgueis ser importante o segredo della.

De tudo o que achares me dareis conta com toda a individuação, informando-me do estado das tropas, do procedimento dos officiaes, e de tudo o que occorrer a este respeito, e do que houver da parte dos Marathas, e de qualquer outra novidade, que se fizer conveniente, por todas as vias que se offerecerem; e sendo novidade extraordinaria, que necessite de providencia, mandareis o aviso por patamar.

Quando vos recolherdes a esta cidade, entregareis esta instrucção na secretaria, onde se vos passará certidão de a haveres entregue.

E porque os incidentes da guerra se não podem bem premeditar, os deixo á vossa disposição, esperando que obreis

1760 Março 24 de sorte que Sua Magestade fique bem servido, e eu tenha que vos agradecer.

Goa, 24 de Março de 1760. — Conde da Ega.

Carta do Vice Rey a Ramagi Madeu, General das tropas do Naná em Rajapury

(Arch. da India, livro dos Reis visinhos, fol. 94.)

Recebi duas de V. m. com a costumada estimação, e fico sabendo de tudo o que nellas me diz a respeito do estado, em que se acha a empreza, de que V. m. he encarregado, a qual desejarei que se consiga, e que eu possa em tudo contribuir para a gloria de V. m. e credito das armas do Felicissimo.

No que respeita á demora do soccorro, foi causa a que tiveram em chegar a esta cidade Visnú Naique, e Madagi Quensoa, e me fez persuadir que a acção de Zanzirá ficava reservada para o verão futuro; neste conceito appliquei as embarcações grandes para outro destino, e ainda quando chegassem, parecia que a estação do tempo se achava muito adiantada para se poder concluir o projecto; attendendo porém ás razões, que V. m. ponderou nas suas cartas, determinei que fosse a parte do soccorro, que V. m. pediu ultimamente, como V. m. será informado pela carta do Secretario do Estado, e do Commandante do corpo João Manoel de Azambuja, e espero que da sua boa correspondencia se possa afiançar o exito, que eu sempre desejo, como tambem occasiões de lhe agradar.

Nosso Senhor, etc. Goa, 24 de Março de 1760.

P. S. Como a estação do tempo se tem adiantado tanto, parece, e eu assim o julgo, que a empreza de Zanzirá he difficultosa, e se deve reservar ao verão futuro, em que o corpo de tropas possam unidas obrar com mais vigor, e porque esta parte das ditas tropas não levam os petrechos necessarios por falta de embarcações de maior lote. — Conde da Ega.

Carta do Secretario do Estado para o mesmo Ramagi Madeu

(Arch. da India, livro dos Reis visinhos, fol. 94 v.)

Tenho recebido duas cartas de V. m., e ambas me tem devido a estimação que merecem as demonstrações que V. m. tem praticado, não só a respeito do Estado, mas ainda na correspondencia e amizade, que me participou em tão repetidas occasiões, e de que eu desejo mostrar hum perfeito e agradecido desempenho. 1760 Março 24

Já em outra disse a V. m. que a demora, que os honrados Visnu Naique, e Madagi Quensoa, tiveram em chegar a esta Côrte, fizera crer ao Ill.mo e Ex.mo Sr. Conde V. Rey que a acção de Zanzirá ficava reservada para o verão futuro, e neste conceito se applicarão as embarcações grandes para outro destino, e ainda quando chegassem, fomos todos persuadidos de que a estação do tempo estava muito adiantada para se poder concluir o projecto, e por esta causa se concordou que fosse a parte do soccorro, que V. m. ultimamente pediu, no que particularmente me interessei, não só pelo empenho que mostrou o Felicissimo Panta Pradan, mas porque sendo V. m. como general da acção o primeiro movel, e toda a gloria do vencimento, dever-se attribuir ao seu valor, direcção e virtude, que eu reconheço; estimarei que o Senhor das victorias permitta a V. m. esta para eternizar o seu nome, e que em toda a parte conheça o sincero animo, com que me empregarei em tudo o que for do seu agrado.

Confio da generosidade, grandeza e animo de V. m., haja de concorrer com particular effeito para tudo o que for do beneficio do corpo das tropas, que agora vai, e que como soldado de tanto valor e experiencia, queira dissimular algumas faltas, que são inevitaveis da pouca pratica e conhecimento do paiz de muitas das pessoas, que vão no mesmo corpo, para que tambem concorre a differença dos costumes, o que tudo supprirá o talento de V. m. em ordem a concordar estas differenças, o que melhor dirão a V. m. os ditos

1760 Março 24 Visnu Naique, e Madagi Quensoa, a quem tenho encarregado esta diligencia.

Remetto a V. m. a lista da matricula da gente que vai de soccorro, do seu numero, e da importancia dos soldos que deve vencer, e cobrar na fórma do ajuste que tem feito os ditos Visnu Naique, e Madagi Quensoa.

Deos guarde a V. m., etc. Goa, 24 de Março de 1760.— Belchior José Vaz de Carvalho.

Carta do Vice Rey ao Sargento mór Clemente Ferreira

(Arch. da India, livro dos Reis visinhos, fol. 112 v.)

Com a occasião de mandar huma pequena parte do soccorro, que está destinado na jurisdicção de Zangirá, nomeei para o acompanhar e commandar ao Sargento mór João Manoel de Azambuja, e porque naquella distancia será decente que faltando elle, fique substituindo o lugar pessoa de igual graduação e com as qualidades necessarias, tenho feito eleição para a sobredita substituição do Sargento mór Clemente Ferreira, a quem antecipo este aviso em ordem a evitar qualquer demora na execução da diligencia em caso que se haja de verificar, sobre o que do mesmo corpo ha de hir noticia ao Sargento mór Clemente Ferreira, de quem espero o desempenho que confio na sua actividade e zêlo do real serviço, e lhe recommendo que em beneficio do mesmo conserve o segredo do contexto desta carta.

Nosso Senhor, etc. Goa, 24 de Março de 1760.—Conde da Ega.

Outra para o mesmo

Logo que o Sargento mór, Clemente Ferreira, receber esta, hirá sem demora alguma tomar o commandamento do corpo de tropas que foi de soccorro a Zangirá no lugar de João Manoel de Azambuja, e usará da mesma jurisdicção e instrucção que este levou, com plena auctoridade sobre as tropas do dito corpo, o que lhe hei por muito recommendado, como pede a gravidade da materia, e precisa providencia. 1760 Março 24

Nosso Senhor, etc. Goa, 24 de Março de 1760. — Conde da Ega.

Carta do Secretario do Estado a Ramagi Madeu

(Arch. da India, livro dos Reis visinhos, fol. 95.)

Como se offerece a occasião de se recolher para essa parte Ganês Panta, não quero deixar de procurar as novas da boa saude, que desejo a V. m. acompanhada de muitas felicidades, e de lhe dizer que estimarei tenha já chegado a esse sitio a armada, que partiu desta cidade com as tropas de soccorro, que permittiu a brevidade do tempo, e que com ellas tenham tido as armas do Felicissimo Panta Pardan victorias contra as do Sidy, permittindo-me V. m. muitas occasiões do seu agrado. 1760 Abril 5

Deus guarde a V. m., etc. Goa, 5 de abril de 1760. — Belchior José Vaz de Carvalho.

Carta do Secretario do Estado ao Sargento mór João Manuel de Azambuja, Commandante das tropas de soccorro a Zanzirá

(Arch. da India, livro dos Reis visinhos, fol. 128.)

Foi presente a S. Ex.ª a carta que V. m. me escreveu, e em resposta della me ordenou, que dissesse a V. m. que a força dos artigos da capitulação proximamente ajustada com o Naná, a respeito do presente soccorro, lhe foi remettida pelo Lingua do Estado em hum manguerim do mesmo Naná, e as cartas para Ramagi Madeo levou o Capitão de mar e guerra Manuel Caetano Gomes da Silva.

Remetto a V. m. a cifra inclusa para poder usar della nas cartas, que escrever pelos patamares, e pelas embarcações que não forem nossas.

Deus guarde a V. m., etc. Goa, 5 de abril de 1760.

1760 Abril 5 *P. S.* Depois de ter escripto a V. m., me determinou S. Ex.ª que lhe avisasse de que nesta parte corria a noticia de que o Sidy levantára nas suas fortalezas bandeira portugueza, e ainda que a brevidade da noticia, e algumas circumstancias de que se reveste, a fazem assás duvidosa; comtudo não he incrivel, muito mais se recordarmos outros semelhantes successos da Asia com os nossos antepassados; pelo que se deve acautelar em todo o caso este accidente, que sem positiva determinação, talvez pozesse a V. m. em algum embaraço para a ultima resolução, pelo que ordena S. Ex.ª, que sendo certo o referido, he absolutamente necessario que V. m. tome posse das fortalezas em nome de Sua Magestade Fidelissima, fazendo-as guarnecer com tropas igualmente marathas, visto que não tem corpo militar capaz de o fazer competentemente, e depois dará conta com toda a individuação a S. Ex.ª interpondo o seu parecer. Será da mesma sorte preciso que eu lembre a V. m., que destas sujeições se tem com os nossos mesmos originado muitas ciladas nos tempos antigos, para que não despreze as cautelas que V. m. julgar convenientes á segurança da empreza e das tropas.

A execução de qualquer destas resoluções he assaz critica e delicada, mas para esta decisão he que se deve reservar o prudente acordo da applicação militar, germanando o valor e o discurso, assim para não desacertar no modo de encaminhar o effeito a hum bom exito, como para concordar a direcção com o beneplacito dos officiaes marathas, porque este he o ponto mais principal desta questão, de que aviso a V. m. por ordem do mesmo Senhor, que lhe encarrega, e confia do seu arbitrio o desempenho. — Belchior José Vaz de Carvalho.

Traducção da copia da carta gentilica apresentada pelo Dessay Visnú Naique, e Madagi Panta, enviados do Naná, que se acham nesta côrte, dizendo ser da do General de Bombaim, escripta a Ramagi Mahadeu, cabo das tropas do mesmo Naná em Rajapury, na qual depois da cortezia diz o seguinte

(Arch. da India, livro 2.º de Pazes, fol. 130.)

He constante em toda a parte a amizade, que se corresponde desde muito tempo entre esta Companhia e o Sidy, em cuja contemplação no tempo proximo passado o grandioso General Bouchior escreveu ao Felicissimo Pandito Pradana (Naná), persuadindo-lhe que convinha ao nosso credito e amizade soccorrer ao dito Sidy, a quem resta sómente hum só porto, e para este tambem haver de ser conquistado anda V. m.^{cê} fazendo exactas diligencias ha muito tempo; eu por ser amigo de huma e outra parte até aqui fiquei em neutralidade a fazer amizade entre hum e outro, sobre que escrevendo proximamente o dito grandioso General Bouchior ao Felicissimo Pandito Pradana (Naná) e a V. m.^{cê} V. m.^{cês} não convieram nessa proposta, e vindo no conhecimento de que por seu proprio exercito não conseguia nada, tem convidado e trazido aos Portuguezes, inimigos antigos de V. m.^{cês} para seu soccorro, o que he muito differente, e contra rasão da amizade. O grandioso Sidy Ibramo Yacut Cam, vendo o seu ultimo aperto, veiu pessoalmente a esta capital a requerer que fosse soccorrido como amigo tão antigo desta Companhia, e devendo ser recolhido ao seu Zanzirá, escrevi ao Felicissimo Pandito Pradana (Naná), e a V. m.^{cê} dizendo que para o dito fim tinha sido despedido o dito grandioso Sidy embarcado em nossa armada, e que desejava que passasse as ordens necessarias a que fosse livremente sem experimentar desattenção alguma a nossa bandeira, protestando que no caso de não respeitarem os cabos das embarcações de V. m.^{cê} a bandeira da Companhia, ficaria rompida a amizade que ha entre ella e o Felicissimo Pandito Pradana (Naná), ficando V. m.^{cê} obrigado a responder pelo prejuizo que eu recebesse. 1760 Abril 13

1760 Abril 13 •Todo este tempo, como V. m.cê e o dito Sidy faziam guerra entre si, conservei eu a neutralidade. Depois disto, applicando V. m.cês exactas diligencias, trouxeram soccorro dos Portuguezes, seus antigos inimigos; se nesta occasião de tão grave desamparo de hum nosso amigo tão antigo, nós não procurarmos sem fazer seu caso, certamente o mundo me pedirá conta; alem do que pergunto a V. m.cê que quando trouxer qualquer nação de chapéu para fazer guerra da sua parte, e conseguir a sua pretensão, porque rasão o Sidy não ha de convidar aos Inglezes para a sua defensa; pois em breves palavras explico a V. m.cê muito, e vem a ser que não poderei convir-me que o Sidy fique deste modo destruido, ou extinguido; nem deixar-me ficar quieto, porque em tomar esta resolução he mesmo que perder o meu credito, e he constante ao mundo de que eu não tenho outra cousa por maior do que a fé e o credito. Eu prezo ser amigo assim do Felicissimo Pandito Pradana (Naná), como do dito Sidy; se a hum hoje virar as costas, qual he a fé que então resta; da mesma sorte as não virarei á amizade do Felicissimo Pandito Pradana (Naná). Em conclusão, em attenção á amizade, digo a V. m.cê como amigo no que respeita á empreza, que logo que receber esta carta despeça aos Portuguezes, e no caso que V. m.cê os deixe ficar, e elles disparem artilharia contra o Sidy, me será preciso tomar o Zanzirá debaixo da minha protecção, arvorando nelle a bandeira, e guarnecer como for necessario. Alem do referido, communico a V. m.cê a noticia de que o generoso Mestre Pocamo *(sic)*, Almirante de Sua Magestade Britannica, tem escripto a favor do Sidy ao Felicissimo Pandito Pradana (Naná), o qual com a sua magnanimidade não ha de deixar de obrar com attenção á dita carta do Almirante e á minha amizade, pelo que espero que V. m.cê não entenda com o dito Sidy, e creio que isto mesmo ordenará a V. m.cê o dito Felicissimo Pandito Pradana (Naná), para que deixe ficar em socego ao mesmo Sidy. V. m.cê que he dotado da prudencia, e experimentado nas praticas do mundo, e conhece a razão de que eu não falto cumprir a boa fé, espero que obre de sorte que não haja occasião de diminuir a amizade, que corresponde entre mim e o dito Felicissimo Pandito Pradana (Naná), e quando V. m.[cê] entenda que eu a procuro, me queira crer que não tenho semelhante intenção, e se esta faço a V. m.[cê] he em attenção á amizade, e porque lhe desejo todo o bem, dizendo que despeça aos Portuguezes, na efficaz certeza de que por elles não ha de colher bem, nem interesse, ou beneficio algum. Finalmente, como V. m.[cê] he dotado de toda a prudencia, escuso dar conselhos largos, e só me resta pedir-lhe que me tenha sempre no seu affecto e graça. 1760 Abril 15

Escripta em 28 do mez Xabana (15 de Abril). Esta he a carta. Recebida em 5 do mez Soval (21 de Maio).

Traduzida por mim Ananta Comotim Vaga, Lingua do Estado, em 30 de Maio de 1760. — Ananta Camoty Vaga.

Traducção da carta de Ballagi Bagi Ráo (Naná) escripta ao Dessay Visnú Naique, e Madagi Panta, seus enviados, que se acham nesta côrte, na qual alem da cortezia diz o seguinte

(Arch. da India, livro 2.º de Pazes, fol. 132.)

Anno chamado Sitain meyam alaph (de 1760). Recebi a carta de V. m.[cês] na qual me dizem haver expedido huma palla e cinco manchuas dos Portuguezes, providas de polvora, balla e mais petrechos, sem embargo de não haverem promptas nesse porto as fragatas, que se achavam fóra delle em varias partes, applicando a este fim exactas diligencias com o V. Rey, e com o Secretario, pela viva recommendação do honrado Ramagi Mahadeo, e que o dito Secretario era pessoa de grande qualidade, e como tal, não attendendo á duvida, que muitas pessoas propunham, em attenção á minha amizade expediu aquillo que estava prompto e presente; ao que se me offerece dizer-lhes que não era conveniente que expedisse o pouco soccorro no tempo incompetente, o qual chegando com effeito em Razapury, e estando para se applicarem as diligencias respectivas, os Inglezes levando por 1760 Abril 27

1760 Abril 27 mal, proveram a contraparte de todo o necessario até agora, de sorte que estando para vir ás mãos a fortaleza de Canssá dentro em dois dias, se perdeu o negocio por causa dos ditos Inglezes. He justo que o V. Rey e o Secretario tenham agora brio desta materia, e não posso saber se he da sua intenção ameaçar aos Inglezes, e conseguir o projecto intentado. V. m.^{cês} proponham a ambos de sorte que tomam esta materia a peito, dizendo que entre todos os Reys de chapéu, o dos Portuguezes he principal, soldado valoroso, e não he mercador como elles, e como tal fiz a sua amizade, e se o dito V. Rey, e o Secretario com medo dos Inglezes ficarem quietos, qual será a mim a utilidade da sua amizade, e porque razão devo romper a dos Inglezes, e assim propondo V. m.^{cês} por melhor modo a ambos os sobreditos me participem a sua resolução. Sem embargo de não haver ajustado na capitulação de que eu devo dar soldos para a gente, ou tropas dos Portuguezes, que viessem na sua armada, o honrado Ramagi Mahadeo contra o ajuste deu alguma parte dos soldos pelos pedir a gente da armada. V. m.^{cês} façam que entre ambas as partes haja cada dia maior augmento da amizade, avisando-me da sua resolução, se he de fazer assim, ou não, e da mesma sorte se fazem que os Inglezes estejam quietos no seu logar. Se os Portuguezes não tiverem poder, he o mesmo que nada, ou tudo he debalde, e se he que tem poder, devem marchar no mez Badaprada (Setembro), e conseguir a empreza dentro em oito dias, de sorte que os Inglezes sejam affrontados, e firme a nossa amizade, e que estarão admittidos na minha inteira graça. Se na fórma referida tomarem elles o Zanzirá, e me entregarem, neste caso se attenderá no que respeita a Mardangoro (fortaleza, ou serra de Pondá), e interesse delles. V. m.^{cês} explicando melhormente, me dêem conta do que for na verdade, escusando os meios das esperanças futuras, servindo estas uteis ao emprego de V. m.^{cês} que me mandem logo a resposta desta carta.

Escripta em 11 do mez Ramazana (27 de Abril).
Sêllo pequeno.

Recebida pelos patamares, em 7 do mez Soval, em portuguez 23 de Maio. 1760 Abril 27

Traduzida por mim Ananta Camotim Vaga, Lingua do Estado, em 11 de Junho de 1760.—Ananta Camotim Vaga.

Traducção do papel de pozdata (sic) escripta por Ballagi Bagi Ráo (Naná) ao Dessay Visnu Naique, e Madagi Panta, seus enviados, que se acham nesta côrte, no qual alem de cumprimento diz o seguinte

(Arch. da India, livro 2.º de Pazes, fol. 128.)

Anno chamado Sitain meyam alaph (de 1760). Sobre os 500 granadeiros com as peças de artilharia que deve dar, acompanhar o meu exercito pagos pelo Sarcar na fórma ajustada, V. m.cês fallando ao V. Rey e Secretario, os deixem promptos para serem expedidos logo que receberem a minha carta no mez Badrapada (Setembro), e me mandem a resolução nesta materia, com advertencia que bastará ao menos que 200 granadeiros com dois ou tres cabos de experiencia, bons e valorosos, em que não haja falta, sejam remettidos quando eu os mandar chamar acabada a festa de Dessará, que he em Outubro. 1760 Maio 21

Escripta em 11 do mez Ramazana (27 de abril).

Sêllo pequeno.

Recebida pelos patamares, em 5 do mez Soval (21 de Maio).

Traduzida por mim Ananta Camoty Vaga, Lingua do Estado, em 18 de Maio de 1760.—Ananta Camoty Vaga.

Traducção da carta de Ballagi Bagi Ráo (Naná) escripta ao Dessay Visnu Naique, e Madagi Panta, seus enviados, que se acham n'esta côrte, na qual alem da cortezia diz o seguinte

(Arch. da India, livro 2.º de Pazes, fol. 126.)

Anno chamado Sitain meyam alaph (de 1760). Recebi a carta que V. m.cês me escreveram, dando-me noticia de que 1760 Maio 10

1760 Maio 10 quando V. m.[cês] ahi chegaram a armada portugueza se achava occupada fóra em varias partes, e que havendo Ramagi Mahadeo pedido com varias instancias a dita armada para a empreza do Zanzirá, com effeito foram logo expedidos nas embarcações da armada, que se achavam nesse porto, 500 até 600 homens portuguezes, com polvora, bala e os mais petrechos. Os Portuguezes prometteram com huma grossa armada bem petrechada, de tomar, e entregar-me a praça de Rajapury, e todos os mais lugares pertencentes ao Sidy, e haverem tambem elles pelo meu Sarcar o seu interesse, e deste modo foi ajustada a capitulação.

Á vista do que devendo elles logo na volta da chegada do Tenente Coronel mandar a dita armada de naus do reino com todos os petrechos necessarios, e concluir a dita promessa, o não fizeram, e no tempo incompetente mandaram algumas embarcações de guerra com alguns petrechos sómente para apparencia. Vendo os Inglezes as suas poucas forças, chegaram a Zanzirá levando comsigo todo o necessario, e proveram abundantemente aquellas duas praças de sorte que o que se havia de conseguir em dois dias, agora serão necessarios seis mezes. Na fórma acima referida se ajustou com o V. Rey, e da minha parte não tem havido faltar a cousa alguma. Depois da chegada da armada dos Portuguezes, os Inglezes obraram de modo que fica dito, e não sei se o V. Rey, e o Secretario tomam esta desattenção a peito; os Portuguezes são dominados *(sic)* entre todas as nações da Europa valorosos soldados, e por taes convem a elles de sahirem em tempo competente com huma armada bem grossa, e provida de todos os petrechos, e tomarem com effeito as praças de Zanzirá e Canssá, e fazerem a entrega dellas, affrontando aos Inglezes; V. m.[cês] proponham este negocio ao dito V. Rey, e Secretario, sabendo delles a sua resolução, porque se elles assim o puderem executar, he que será boa a nossa amizade, e senão, que utilidade tenho eu della, e a que fim debalde dar a comer o dinheiro. V. m.[cês] se appliquem com todo o cuidado neste negocio de modo que tome firme resolução, e em conclusão lhes digo que propondo ao dito V. Rey, e ao Secretario a desattenção dos Inglezes, façam que elles, tomando esta materia a peito, concluam sem falta em tempo competente o negocio da tomada, e entrega das ditas praças, e a resolução que elles derem me participem V. m.^{cês} com toda a brevidade, e nesta materia já tenho escripto a V. m.^{cês}, ao V. Rey, e ao Secretario antecedentemente. Espero logo a resposta, e assim o fiquem entendendo. 1760 Maio 10

Escripta em 24 do mez Ramazana (10 de Maio).

Sêllo pequeno.

Recebida em Goa, em 5 do mez Soval, em portuguez 21 de Maio.

Traduzida por mim Ananta Camoty Vaga, Lingua do Estado, em 28 de Maio de 1760 — Ananta Camoty Vaga.

Carta do Secretario do Estado ao Sargento mór João Manuel de Azambuja, Commandante das tropas que foram a Zanzirá

(Arch. da India, livro dos Reis visinhos, fol. 114 v.)

O Illmo e Exmo Sr. Conde V. Rey ordena que V. m. de toda a quantia, que nessa parte receber dos Marathas para pagamento dos soldos das tropas, mande separar 5 por cento, e fazendo-a conservar no cofre, dê parte a S. Ex.ª para resolver ultimamente a sua distribuição, o que aviso a V. m. por conta de se lhe dar inteira execução. 1760 Julho 1

Deos guarde a V. m. Goa, 1.° de Julho[1] de 1760. — Belchior José Vaz de Carvalho.

Carta do Vice Rey para o mesmo commandante

(Arch. da India, livro de Reis visinhos, fol. 114 v.)

Pelas cartas de 16 de Abril, e de 13 e 22 de Maio passados, me informa o Sargento mór Commandante João Manoel

[1] Assim está no registo, mas parece que deve ser *junho*, pelo logar que occupa, pois os seguintes registos são de *junho*.

1760 Julho 1 de Azambuja, o estado em que se acha o corpo das tropas, e o que tem passado com o Cabo Ramagi Madeo, e os mais do exercito dos Marathas.

Como o Sargento mór João Manoel de Azambuja me não falla a respeito do pontual pagamento do soldo, julgo que se tem satisfeito, o que nesta parte me deixa socegado, e quanto á provisão de mantimentos e viveres, tenho instantemente advertido aos Enviados de Naná a effectiva execução dos artigos das capitulações, o que elles me asseguram, enviando toda a instrucção, e determinações necessarias, e igualmente o encarreguei ao Enviado, que vai para Punem da parte do Estado, se bem que os sobreditos me apresentaram huma lista dos preços dos mantimentos, que os Marathas fornecem a essas tropas, e sendo verdade, não ha excesso; ainda que espero do Commandante João Manuel de Azambuja toda a activa diligencia em fazer beneficiar o necessario para a conservação das tropas.

Desejarei que a temperança da estação tenha diminuido a intensão das doenças, que neste anno foram geraes, ainda naquelles que não tiveram as pessoaes molestias e incommodos, que experimentou esse corpo, e lhe não deixaria de acrescentar os motivos das queixas que ahi se atearam, e para a assistencia dos enfermos vai a botica da lista pequena, que entregou o Alferes Ambrosio José Ribeiro, o qual ficou por justo impedimento, pelo que o Sargento maior Commandante lhe mandará nessa parte pagar os seus soldos, e da mesma sorte ao Tenente Manoel Jansem, que se recolheu doente.

Os patamares desta cidade que levam a botica, póde o Sargento maior Commandante demoral-os o tempo que lhe for conveniente para escrever quando se fizer mais preciso.

Convieram os Enviados em dar por emprestimo as porções que deixaram algumas pessoas para a sua familia, as quaes mandará o Commandante João Manoel de Azambuja mandará *(sic)* descontar nos soldos dos que forem comprehendidos, e os conservará para serem remettidos no verão

futuro em ordem a se lhes restituir, e a quantidade liquida 1760
consta da lista inclusa, assignada pelo Secretario do Estado. Julho 1

Á minha noticia chegou que na occasião passada vieram as cartas particulares abertas, e desta sorte foram entregues ás pessoas a que se encaminhavam, e nesta não houve carta daquella qualidade, o que me deixa assás perplexo sobre a causa, e encarrego ao Sargento maior Commandante me informe a occasião destes procedimentos, e o auctor daquella.

Em todas as acções he a concordia e boa harmonia do trato o primeiro movel para a conservação, o que se faz mais indispensavel nas campanhas e exercitos, devendo ser o principal objecto dos officiaes e seus commandantes, e assim o encarrego ao Commandante João Manoel de Azambuja, não só pela precisa necessidade que tem de obrar com distincto acerto pela superioridade do logar, como tambem por ser espalhado nesta cidade que entre os officiaes ha mui pouca harmonia, e confio na prudencia e direcção do Sargento maior Commandante haja de evitar semelhantes desordens, pelas funestas consequencias que he provavel se poderão seguir.

Foi reparavel aos coroneis dos regimentos que os capitães respectivos desse corpo lhe não dessem as contas da economia, que em toda a parte se costumam dar aos regimentos, pelo que o Sargento mór Commandante lhes dará sem duvida essa permissão, para que se não possam escusar com o sobredito pretexto, ou outros que possam embaraçar a execução das suas obrigações.

Aos officiaes que adoecerem devem ser pagos os soldos por inteiro, e das sobras da caixa tirará o Sargento maior Commandante o salario que julgar conveniente para pagamento dos que os substituirem.

Nosso Senhor, etc. Goa, 1.º de Junho de 1760. — Conde da Ega.

Carta do secretario do Estado ao Sargento mór Commandante João Manuel de Azambuja

(Arch. da India, livro de Reis visinhos, fol. 115 v.)

1760 Junho 5 Ainda que S. Ex.ª na sua carta diz a V. m.cê que se lhe remette a botica da lista, que trouxe o Alferes Ambrosio José Ribeiro, comtudo me ordena o dito Senhor diga a V. m.cê que como o tempo não dá logar para a conducção de todos os remedios da dita lista, porque os patamares os não podem levar com segurança, vão tão sómente os que constam da lembrança inclusa, que remetto a V. m.cê para na sua conformidade mandar tomar a entrega.

Deos guarde a V. m.cê, etc. Goa, na secretaria, 5 de Junho de 1760. — Belchior José Vaz de Carvalho.

Carta do Vice Rey a Ramagi Madeo, General do Naná

(Arch. da India, livro de Reis visinhos, fol. 117 v.)

1760 Julho 1 Recebi a carta de V. m. com a estimação que merece a sua correspondencia e amizade, e por ella fui sabedor de tudo o que se offereceu a respeito da empreza pretendida, que estimarei se consiga com bom successo.

Pelo Commandante das tropas sou informado da falta que ha de viveres necessarios para a sua subsistencia das mesmas, e do excesso dos seus preços, e como destes se obrigou nas capitulações a fazer por esse Sarcar, espero que V. m. faça dar toda a providencia nesta parte em execução das ditas capitulações, pela utilidade que disso se seguirá á conservação das ditas tropas, sobre o que escrevem tambem a V. m. os honrados Madagi Panta, e o Sar Dessay Visnu Naique.

Nosso Senhor, etc. Goa, 1.º de Julho de 1760. — Conde da Ega.

Carta do Secretario ao mesmo

(Arch. da India, livro de Reis visinhos, fol. 118.)

Recebi a carta de V. m. com as noticias da sua boa saude e dos embaraços que se offereceram á empreza pretendida, e fiz presente ao Illmo e Exmo Sr. Conde V. Rey a que lhe pertencia, por cuja resposta, e pelo que os honrados Madagi Panta, e o Dessay Visnu Naique escrevem, ficará V. m. sabendo tudo, e o affecto com que desejo a V. m. todas as felicidades, e occasiões de lhe dar os parabens do bom exito das negociações respectivas, que certamente espero sejam conseguidas, acrescentando mais este triumpho ás suas generosas acções. 1760 Julho 1

Deos guarde a V. m. Goa, 1.º de Julho de 1760. — Belchior José Vaz de Carvalho.

Carta do Secretario ao Commandante João Manuel de Azambuja

(Arch. da India, livro de Reis visinhos, fol. 115 v.)

Por ordem do Illmo e Exmo Sr. Conde V. Rey remetto a V. m.^cê^ a copia inclusa das cartas escriptas a V. m.^cê^ pelos patamares desta cidade, que levam a botica, para que no caso que elles não chegarem antes desta, execute V. m.^cê^ o contheudo nella, como segunda via dellas. 1760 Julho 2

Deos guarde a V. m.^cê^ Goa, 2 de Julho de 1760. — Belchior José Vaz de Carvalho.

Carta do Vice Rey ao Naná

(Arch. da India, livro de Reis visinhos, fol. 118 v.)

Ao mui illustre, grandioso e felicissimo Balagi Bagi Rao Pradan, cuja amizade seja perpetua.

Recebi a carta do grandioso amigo com aquelle gosto que

1760 Julho 2 sempre me causam as suas noticias, pelo affecto com que lhe desejo todas as felicidades.

Pela dita carta, e pelos honrados Visnu Naique, e Madagi Quensoa, fui informado do embaraço que teve a empreza de Zangirá e Canssá, e o que se offerece dizer ao grandioso amigo sobre esta materia, espero que os sobreditos lhe façam presente tudo pelo que lhes tenho communicado, e a boa vontade que em mim tem achado no que he do agrado do grandioso amigo.

Deos alumie ao grandioso amigo em a sua divina graça. Goa, 2 de Julho de 1760.—Conde da Ega.

Carta do Secretario para o Naná

(Arch. da India, livro de Reis visinhos, fol. 118 v.)

Ao muito illustre, grandioso e felicissimo Balagi Bagi Rao Pradan, cuja amizade seja perpetua.

Recebi a carta do grandioso amigo com aquella estimação que sempre faço das suas noticias, pelo cordeal affecto com que lhe desejo todas as felicidades.

Fiz presente ao Illmo e Exmo Sr. Conde V. Rey a carta que o grandioso amigo lhe escreveu, e por ella, e pelo que os honrados Sar Dessay Vistu Naique, e Madagi Quensou communicaram, foi informado de tudo o que tem havido a respeito da empreza de Zanzirá e Canssá, e como elles escrevem ao grandioso amigo nestá occasião, espero que attenderá ao que elles lhe participarem, na confiança que em mim achará sempre boa vontade para o que for da gloria do grandioso amigo, a quem Deos alumie em a sua divina graça.

Goa, 2 de Julho de 1760.—Belchior José Vaz de Carvalho.

Carta do Vice Rey ao Naná

(Arch. da India, livro de Reis visinhos, fol. 121.)

Ao muito illustre, grandioso e felicissimo Balagi Bagi Rao Pradan, cuja amizade seja perpetua. 1760 Setembro 6

Recebi a carta do grandioso amigo com o costumado affecto pela muita estimação que faço da sua amizade, e boa correspondencia, e por ella fui sabedor do que nella me participa o grandioso amigo, e os seus enviados os honrados Madagi Panta, e Visnu Naique, e como agora mando á presença do grandioso amigo o honrado Jacques Filippe de Landreset, Tenente Coronel do corpo da artilharia, em companhia do dito Visnu Naique, ficará informado o grandioso amigo pelo mesmo Tenente Coronel da sinceridade, e boa intenção que tenho para conservar a amizade que entre nós ha, e de procurar as occasiões do gosto do grandioso amigo, a quem Deos alumie em a sua divina graça.

Goa, 6 de Setembro de 1760. — Conde da Ega.

Carta do Vice Rey ao Naná

Ao muito illustre, grandioso e felicissimo Balagi Bagi Rao Pradan, cuja amizade seja perpetua. 1760 Setembro 7

Pelo justo desempenho que merecia a attenção, e boa correspondencia que o Estado praticou até agora com o grandioso amigo, se fizeram as capitulações de tantos *(sic)*, assignadas pelos Ministros de ambas as potencias, e como pelas ultimas cartas do grandioso amigo, as quaes me representaram os sobreditos, vejo a alteração que tem padecido a estipulação referida; para concordar esta differença vai á presença do grandioso amigo, com a instrucção necessaria de poder concluir, o Tenente Coronel Jacques Filippe de Landreset, quanto respeitar ao ajuste, e espero que o grandioso amigo attenda em beneficio da conservação da antiga amizade.

Deos alumie ao grandioso amigo em a sua divina graça. Goa, 7 de Setembro de 1760. — Conde da Ega.

Carta do Secretario para o Nanà

(Arch. da India, livro de Reis visinhos, fol. 121 v.)

1760 Setembro 8 Ao muito illustre, grandioso e felicissimo Balagi Bagi Rao Pradan, cuja amizade seja perpetua.

Pela carta do grandioso amigo fui certificado da sua saude e felicidades, que sempre lhe desejo pelo muito que me interesso na sua amizade, e boa correspondencia, a qual desejo seja sempre firme com novos augmentos. Creio que o grandioso amigo estará informado pelos honrados Visnu Naique, e Madagi Panta o affecto que me deve pelo que respeita a seus negocios, e para que estes effectivamente sejam conseguidos com o devido fim vai mandado na presente occasião á presença do grandioso amigo o honrado Jacques Filippe de Landreset, Tenente Coronel do corpo da artilharia, e em sua companhia o dito Visnu Naique, e pelo mesmo Tenente Coronel ficará o grandioso amigo informado de todas as materias respectivas, e do muito que me interesso em beneficio de todas as suas negociações.

Deos alumie ao grandioso amigo em a sua divina graça. Goa, 8 de Setembro de 1760.—Belchior José Vaz de Carvalho.

Carta do Secretario para o Tenente Coronel Jacques Filippe de Landreset

(Arch. da India, livro de Reis visinhos, fol. 122 v.)

1760 Setembro 11 Como depois de escrever a V. m. remettendo-lhe as vias das cartas e papeis de sua enviatura, acresceram algumas cartas mais, as remetto a V. m. cuja entrega ás pessoas a quem pertencem regulará V. m. pela lista inclusa, por não levarem as vias o subscripto *(sic)* que entre nós usamos. Sempre terá V. m. a minha obediencia prompta para o seu serviço.

Deus guarde a V. m. muitos annos. Ribandar, 11 de Setembro de 1760.—Belchior José Vaz de Carvalho.

Carta do Vice Rey para Trimbaca Rao Mamá

(Arch. da India, livro de Reis visinhos, fol. 122 v.)

Pelo Secretario do Estado fui informado da distincta qualidade da pessoa de V. m. e das suas virtudes; e sendo-me de grande satisfação esta noticia, e a de que V. m. ficava em Punem, não posso deixar de lhe dizer que estimo muito a occasião que agora tenho de mandar a essas partes o Tenente Coronel da artilharia Jacques Filippe de Landreset, pelo qual constará a V. m. a estimação que faço da sua pessoa, com que lhe desejo todas as felicidades. 1760 Setembro 11

O dito Tenente Coronel vai encarregado de alguns negocios, e estimarei que V. m. o attenda em tudo o que respeitar ao augmento da amizade e boa correspondencia que ha entre este Estado e o felicissimo Panta Pradan, e que me dê occasiões de mostrar a V. m. igual satisfação no que for do seu agrado.

Deos guarde a V. m., etc. Goa, 11 de Setembro de 1760.— Conde da Ega.

Do Secretario do Estado ao mesmo

(Arch. da India, livro de Reis visinhos, fol. 123.)

Com a occasião de hir a essas partes o Tenente Coronel da artilharia Jacques Filippe de Landreset, me lembrei da pessoa de V. m. e da sua devoção e amizade com este Estado, para lhe communicar a referida noticia, e de que sei V. m. se acha em Punem assistido de saude, o que he muito estimavel, e igualmente desejo a V. m. as maiores felicidades.

Deos guarde a V. m. Goa, 11 de Setembro de 1760.— Belchior José Vaz de Carvalho.

Carta do Vice Rey para Naraena Vençata Rao, por outro nome Tateá

(Arch. da India, livro de Reis visinhos, fol. 123.)

1760 Setembro 11 Ainda que não me faltam noticias de V. m. que sempre me são estimaveis, comtudo não quero perder a occasião que agora tenho de as procurar pelo Tenente Coronel Jacques Filippe de Landreset, que presentemente mando para essas partes, onde espero que V. m. o attenda em tudo o que respeitar ao augmento da nossa amizade e boa correspondencia, que desejo cresça cada vez mais, e que acredite a sincera vontade com que lhe desejo saude e muitas felicidades, e não menos occasiões de lhe dar gosto.

Deos guarde a V. m. Goa, 11 de Setembro de 1760.— Conde da Ega.

Carta do Secretario ao mesmo

(Arch. da India, livro de Reis visinhos, fol. 123 v.)

Como na presente occasião vai para essas partes o Tenente Coronel Jacques Filippe de Landreset, não quero perder a que tenho de procurar noticias do grandioso amigo, que em todo o tempo saberei estimar na certeza de que cordialmente lhe desejo as maiores felicidades, e na continuação dellas o augmento da amizade e boa correspondencia, que se cultiva entre ambas as partes, a qual espero que cresça cada vez mais, e que o grandioso amigo acredite o meu sincero affecto, e a vontade com que fico para lhe dar gosto.

Deos guarde ao grandioso amigo. Goa, 11 de Setembro de 1760.—Belchior José Vaz de Carvalho.

Carta do Vice Rey ao Sargento mór Commandante João Manuel de Azambuja

(Arch. da India, livro de Reis visinhos, fol. 124 v.)

Recebi a carta do Sargento maior Commandante João Manoel de Azambuja, escripta em 10 de agosto passado, e ainda que tenho a satisfação de que fica de saude o Sargento maior Commandante, e tambem da boa união das tropas, e da regular conducta militar e disciplina de que me informa, comtudo me he muito sensivel que as tropas tenham padecido as outras molestias pessoaes que o Sargento maior Commandante me participa, e maiormente a falta de pagamento, mantimentos, e de quem ministre o serviço particular das companhias, sobre o que farei maior esforço para que haja competente providencia, e me persuado, porque ao Tenente Coronel Jacques Filippe de Landreset encarrego effectivamente de tratar em Punem, para onde agora faz viagem, esta materia, representando as prejudiciaes consequencias que se segue da sua falta, e se tomar hum acertado arbitrio, não esquecendo a nomeação de pessoa que haja nesta parte de fazer os ajustes dos mantimentos e viveres, com o mais que for util á subsistencia das tropas. 1760 Setembro 12

Logo que houver commodidade farei enviar a botica da segunda lista com o resto que ficou da primeira, por se não quererem obrigar os patamares a leval-a sem infallivel perigo pelo rigor da invernada.

Parece-me muito bem a resolução que o Sargento maior Commandante tomou de receber no serviço desse corpo aos soldados estrangeiros, no que deve pôr as cautelas de sua conservação por não arriscar a ausencia dos nossos, que muitas vezes vem alliciar para os levarem comsigo como praticos na deserção, conveniencias que lhe propõem.

Os soldados desertores que ahi puder acolher o Sargento maior Commandante deve conservar impedidos, e envial-os para esta cidade com toda a segurança, e a declaração da sobredita qualidade.

1760 Setembro 12 A porção que mandei separar de 5 por cento da quantia geral que se for recebendo do soldo das tropas, ficará em deposito até a minha resolução.

Muito bem me pareceu a disposição do fardamento das tropas, e muito mais pela qualidade do paiz, e pelo que respeita a essa fórma da aula, que o Sargento maior Commandante destinou, não póde deixar de ser da maior utilidade, com os meios de evitar os jogos, no que continuará, e nos actos da religião sempre recommendaveis.

Quaesquer nomeações que forem passadas pelos officiaes desse corpo, me serão encaminhadas para eu resolver o que for conveniente.

Alem dos dois soldados que recommendei em outra ao Sargento maior Commandante para os seus adiantamentos, o faço agora novamente, e com elles a outro que veiu na minha monção chamado...

Tambem fui entregue da lista dos mantimentos, mappas, e mais declarações, que estimo por virem com maior individuação do que nas cartas antecedentes, e desta sorte continuará o Sargento maior Commandante em me informar.

A ordem que João Manoel de Azambuja recebeu minha para que o capitão mais antigo de cada hum dos corpos podesse dar as partes que respeitavam á economia do seu corpo, não tem relação com o logar de mandante desse corpo, e foi equivocação de o julgar assim o Sargento mór Commandante, porque se encaminha a que os coroneis possam fazer nos seus livros as declarações em ordem a poderem acertar qualquer disposição com o preciso conhecimento, em que não ha incompatibilidade com a jurisdicção desse corpo; pelo que o Sargento maior Commandante ordenará na fórma acima referida que os capitães mais antigos communiquem as partes peculiares de seu regimento aos coroneis, evitando por este modo a confusão na variedade dos officiaes que por outro as participariam, e neste sentido deve o Sargento maior Commandante entender a ordem do coronel Henriques.

Fico entregue da carta dos officiaes desse corpo, em que

me representam a concordia e boa harmonia com que se tem portado; e da minha parte agradecerá este procedimento, em que espero continue, para eu ter novos motivos para correspondentes demonstrações. 1760 Setembro 12

Nosso Senhor, etc. Goa, 12 de Setembro de 1760.—Conde da Ega.

Carta do Vice Rey ao Sargento mór Commandante João Manuel de Azambuja

(Arch. da India, livro do Reis visinhos, fol. 126.)

Pelo Capitão José Joaquim me foi entregue a carta do Sargento maior Commandante João Manuel de Azambuja, e pelo mesmo repetida a informação que já tinha chegado a meu poder pela carta de 10 de agosto do Sargento maior Commandante, e como não havia cousa de novo que acrescenta., e muito menos sobreviesse accidente extraordinario, me pareceu muito intempestivo o tirar do corpo das tropas o official, que pelo seu exercicio se fazia dos mais necessarios, acrescendo a que nas suas expressões se não adiantava o credito que merecem as cartas do Sargento maior Commandante, e nesta consideração deve ficar advertido para evitar semelhante irregularidade, nem expor os officiaes ao risco do mar em semelhante tempo, excepto nos casos extraordinarios, em que se faz indispensavel aquella resolução.

Como na outra carta tenho respondido ao Sargento mór João Manoel de Azambuja em tudo o que se offerecia para as minhas determinações, se poderá reger por ellas, escusando agora sua repetição.

As advertencias que eu mandei ao Sargento maior João Manoel de Azambuja em ordem á concordia dos officiaes, não tiveram origem em alguma informação daquelles que passaram a esta cidade, nem eu na minha carta persuadi a sua confirmação, pelo que tendo João Manoel de Azambuja o conhecimento de que estas recommendações se fazem indispensaveis a quem governa, não deve attribuir a principio

1760 Setembro 12 menos decente o que he precisa disposição da disciplina militar.

Nosso Senhor, etc. Goa, 12 de Setembro de 1760.—Conde da Ega.

Lista das cartas e papeis que leva o Tenente Coronel Jacques Filippe de Landreset

(Arch. da India, livro de Reis visinhos, fol. 120 v.)

A instrucção geral.

Instrucção particular.

Huma bolsa de damasco nacar com carta credencial para o Naná, com o n.º 1.

Outra dita com outra carta para o mesmo, com o n.º 2.

Outra dita com carta do Secretario do Estado para o mesmo Naná, com o n.º 3.

Papeis

Copia do tratado de paz ajustado em Goa, e assignado pelos enviados do Naná Visnu Naique, e Madagi Panta em 20 de Março de 1760.

Copia de huma carta do Naná, escripta aos sobreditos seus enviados em 10 de Maio de 1760, com sua traducção.

Copia de outra carta do mesmo Naná para os ditos seus enviados, escripta em 7 de Julho do dito anno, com a sua traducção.

Copia de duas cartas, tambem do mesmo Naná, escriptas aos ditos enviados em 17 do dito mez de Julho com suas traducções.

Copia da carta de Binancar Mahadeo, escripta aos sobreditos sem data, e traduzida em Goa em 9 de Agosto de 1760, com a sua traducção.

Copia da carta do Sargento maior e Commandante das tropas de Banda, escripta a S. Ex.ª em 10 de Agosto de 1760.

Lista dos Sagoates.

Lista dos trastes que leva para Sagoates que se offerecerem.

Lista das mesinhas para o Naná, e que tenha cautela em as tomar, porque são de morte em qualquer excesso.

Lista dos Sagoates que levou o Tenente Coronel Jacques Filippe de Landreset em 8 de Setembro de 1760 1760 Setembro 12

Do Senhor Conde Vice Rey para o Naná

Hum paquete que veiu da fazenda com o encerado.

Do Secretario de Estado para o Naná

Hum paquete sinetado com o letreiro ao mesmo Naná.

Lista dos trastes que vão para sagoates que se offerecerem

1.° Dezeseis covados de velludo nacar de Europa.
2.° Huma salva e pucaro com tampa de prata dourada e esmaltada.
3.° Huma peça de ló amarello pintado.
4.° Huma peça de damasco azul.
5.° Hum par de cachorrinhos.
6.° Oito frascos de aguardente anizada.
7.° Hum barril de vinho anizado.
8.° Huma caixa de medicamentos.

Lista das cartas que de novo acresceram, pertencentes á enviatura do Tenente Coronel Jacques Filippe de Landreset

(Arch. da India, livro de Reis visinhos, fol. 122.)

Huma bolsa de damasco amarello, que leva carta do Illmo e Exmo Sr. Conde V. Rey para Tateá, com o n.° 4.

Outra dita, que leva carta do Secretario do Estado para o mesmo Tateá, com o n.° 5.

Outra dita com carta do Illmo e Exmo Sr. Conde V. Rey para Trimbaca Rao Mamá, com o n.° 6.

Outra dita que leva carta do Secretario do Estado para o mesmo Trimbaca Rao Mamá, com o n.° 7.

Secretaria, 12 de Setembro de 1760.—Belchior José Vaz de Carvalho.

Carta do Vice Rey para o Sargento mór Commandante João Manoel de Azambuja

(Arch. da India, livro de Reis visinhos, fol. 126 v.)

1760 Setembro 16 O Tenente Coronel Jacques Filippe de Landreset vai á Côrte de Punem em qualidade de Ministro plenipotenciario do Estado a tratar negociações de importancia; e como desta diligencia poderão resultar algumas concernentes ás disposições do destino do corpo de tropas do soccorro, para que tambem se encaminhou esse, que está a cargo do Sargento maior Commandante João Manoel de Azambuja, he preciso prevenil-o destas circumstancias, para que em caso de passar a essa jurisdicção o mesmo Tenente Coronel, execute em todo o caso quaesquer disposições que elle encarregar ao Sargento mór Commandante, assim a respeito das operações militares, como da subsistencia e economia das tropas, por ser conveniente regular em tudo as acções pela instrucção dos negocios estipulados naquella parte com o Naná, os quaes são occultos ao Sargento mór Commandante, de quem espero obre com o devido acerto em observancia desta minha determinação.

Nosso Senhor, etc. Goa, 16 de Setembro de 1760. — Conde da Ega.

Carta do Vice Rey para Ramagi Madeo

(Arch. da India, livro de Reis visinhos, fol. 126.)

1760 Setembro 19 A carta de V. m. me foi entregue pelo honrado Madagi Quensou, e como sempre me foram agradaveis as noticias de V. m. e as idéas militares que tem disposto para a acção da fortaleza de Zangirá, que me deixam na confiança de se conseguir effectivamente pela que me deve o valor e a actividade, com que V. m. tem desempenhado as emprezas de que foi encarregado, e pelo mesmo Madagi Quensou será V. m. instruido do que até agora se tem conferido, e da boa vontade com que me interesso na execução do Tratado, que nesta cidade se ajustou, e tambem nas que forem de particulares dependencias de V. m. desejando empregar-me no que for do seu agrado. 1760 Setembro 19

Deos guarde a V. m. Goa, 19 de Setembro de 1760.— Conde da Ega.

Carta do Secretario do Estado a Ramagi Madeo

(Arch. da India, livro de Reis visinhos, fol. 127.)

Com grande gosto recebi a carta de V. m. por mão do honrado Madagi Quensou, porque sempre me são estimaveis as suas noticias, na certeza de que lhe desejo todas as felicidades.

Pela resposta do Illmo e Exmo Sr. Conde V. Rey ficará V. m. entendendo o que eu lhe podia dizer a respeito dos negocios do Sarcar, e seguro a V. m. que nelles me interesso muito, e não menos nos particulares que se offerecerem do agrado de V. m., a quem Deos guarde, etc.

Goa, 19 de Setembro de 1760.—Belchior José Vaz de Carvalho.

Carta do Vice Rey para o Sargento mór Commandante das tropas em Zangirá João Manuel de Azambuja

Pelos patamares que foram expedidos desta cidade logo que chegou a galveta, que o Sargento mór Commandante João Manuel de Azambuja enviou com o Capitão José Joaquim, respondi a todos os pontos da sua carta; e como a galveta se recolhe a tempo que eu me acho neste convento de Nossa Senhora do Cabo a esperar as naus do reino, adianto esta diligencia para certificar-lhe a referida entrega das suas cartas e da minha resposta, e que não deixarei de applicar todos os meios para adiantar as providencias que o Sargento maior João Manoel de Azambuja me pedia, e ultimamente recommendei ao Tenente Coronel Jacques Filippe de Landreset, para que na Côrte de Punem cuidasse effectivamente 1760 Setembro 20

1760 Setembro 20 em tudo o que respeitar a esse corpo, não obstante que os enviados do Naná me affirmam ter-se-lhe continuado o pagamento, de cuja falta se queixava o Sargento maior João Manoel de Azambuja.

Nosso Senhor, etc. Goa, 20 de Setembro de 1760.—Conde da Ega.

Carta do Vice Rey ao Tenente Coronel Jacques Filippe de Landreset

(Arch. da India, livro de Reis visinhos, fol. 129.)

1760 Outubro 9 O enviado de Naná Madagi Quensou, com a sua costumada advertencia, me quiz prevenir informando de que o Dessay Visnu Naique muitas vezes cultiva por natural genio os negocios com mais lentidão do que devêra, e como esta omissão não procede de malicia, deve ser desculpavel; o que aviso ao Tenente Coronel Jacques Filippe de Landreset, para que com o mesmo Dessay procure sempre cultivar toda a boa harmonia em ordem á consecução das negociações de que ao Tenente Coronel tenho encarregado, e de novo lhe recommendo.

Nosso Senhor, etc. Goa, 9 de Outubro de 1760.—Conde da Ega.

Carta do Vice Rey Conde da Ega ao vedor geral da fazenda

(Arch. da India, livro de Cartas e ordens, fol. 158.)

1760 Outubro 25 Até agora estava eu na intelligencia de que os enviados do Maratha estavam pagos da sua comedoria, e da gente da sua comitiva desde o dia em que vieram, e agora como sou informado que não se lhe satisfez todo o tempo a sua comedoria, V. m. logo que receber esta, mande ajustar as contas da dita comedoria, e o que se ficar devendo satisfazer, descontando-se primeiro a metade daquella importancia desde que Vistú Naique sahio desta cidade para hir para os Gattes.

Deos guarde a V. m., etc. Pangim, 25 de Outubro de 1760.—Conde da Ega.

Carta do Vice Rey para o Sargento mór Commandante das tropas que se acham em Dandá, João Manuel de Azambuja

(Arch. da India, livro de Reis visinhos, fol. 2.)

Como sou informado pelo Sargento mór João Manoel de Azambuja, Commandante das tropas que estão em Dandá, que nessa parte tem experimentado as mesmas tropas falta de provimento e viveres, por cuja razão era justo que tivessem ellas o refresco dos comestiveis do reino, passei ordem para se remetterem ahi os que constam da lista inclusa. A importancia dos referidos viveres, que somma em 3:561 xerafins, 1 tanga, e 45 réis, e se conhece da dita lista junta, he preciso que o Sargento mór faça entregar pelo cofre do pagamento dos soldos ao capitão de mar e guerra da náo *Monte Alegre* José Placido de Mattos, para que traga aquelle dinheiro a esta cidade sem fallencia, pois foi tomado emprestado a hum particular, e recommendo ao Sargento mór toda a brevidade nesta satisfação por conta da com que deve voltar aquella náo, porque as do reino hão de partir sem falta a 20 de dezembro, visto ella saír tarde por causa da tormenta que aqui houve na vespera da sua partida, advertindo que a mesma náo *Monte Alegre* não ha de hir outra vez a essa altura por causa da referida brevidade. 1760 Novembro 1

Nosso Senhor, etc. Pangim, 1.º de Novembro de 1760. — Conde da Ega.

Carta do Vice Rey ao Sargento mór João Manuel de Azambuja

Com os mantimentos e viveres, que nesta occasião mando remetter ao Sargento mór João Manoel de Azambuja, vae tambem a botica de medicamentos que consta da lista inclusa, cuja importancia deve sahir do dinheiro que mandei separar e recolher em hum cofre pelo desconto de 5 por cento de todos os pagamentos que recebem essas tropas, pelo que ordeno ao Sargento maior João Manoel de Azam-

1760 Novembro 1 buja que mande entregar a importancia da dita botica ao Capitão de mar e guerra da náo *Monte Alegre*, para aqui se satisfazer á parte donde se tirou este dinheiro para aquella despeza, e da mesma sorte remetterá tambem a importancia do que vae da fazenda. Tambem remetto a lista inclusa das porções de dinheiro que nesta cidade tem recebido as familias de alguns officiaes, e outras pessoas desse corpo para o seu sustento, cuja importancia deve o Sargento maior João Manuel de Azambuja descontar nos soldos e pagamentos dos ditos officiaes e pessoas, e remetter a esta cidade pelo mesmo Capitão de mar e guerra.

Nosso Senhor, etc. Goa, 1.º de Novembro de 1760. — Conde da Ega.

Carta do Vice Rey ao Sargento mór João Manuel de Azambuja

(Arch. da India, livro de Reis visinhos, fol. 4.)

1760 Novembro 3 Na náo *Monte Alegre* vão remettidos a essa parte alguns naturaes da terra, que constam da lista inclusa, para o serviço das companhias desse corpo, pelo que recommendo ao Sargento maior João Manoel de Azambuja que mande ter cuidado delles, para que não fujam, porque devem lá assistir em quanto as tropas se não recolherem a esta cidade.

Nosso Senhor, etc. Goa, 3 de Novembro de 1760. — Conde da Ega.

Carta do Vice Rey ao Sargento mór João Manuel de Azambuja

1760 Novembro 8 Recebi a carta do Sargento mór João Manoel de Azambuja de 17 de Outubro do presente anno, que me remetteu pelo patamar, e fico entregue do mappa que veiu da gente que ahi fica, e dos que falleceram, como tambem das noticias que me participa das faltas que padece esse corpo, o que me he muito sensivel, e tenho noticia que o Maratha já mandou pagar e conduzir a esse campo alguns viveres, e huma quantidade de carneiros, com os quaes, e com aquelles que agora vão, e a botica dos medicamentos que fiz remetter, fará o Sargento mór tratar a gente, e especialmente os doentes, com toda a caridade e cuidado, emquanto ahi não remetto outra providencia e botica com as tropas. 1760 Novembro 8

Nosso Senhor, etc. Goa, 8 de Novembro de 1760. — Conde da Ega.

Carta do Vice Rey ao Sargento mór João Manuel de Azambuja

(Arch. na India, livro de Reis visinhos, fol. 4 v.)

Pela lista inclusa verá o Sargento maior João Manoel de Azambuja o que aqui se tem despendido com as familias, a quem alguns dos officiaes, e mais pessoas desse corpo, deixaram parte dos seus soldos, e que importa em 673 rupias, as quaes deve o Sargento maior João Manoel de Azambuja descontar nos soldos e vencimentos dos ditos officiaes, e remetter a sua importancia a esta cidade, advertindo aos mesmos officiaes, e mais pessoas, que já se lhe não póde aqui fazer o referido beneficio, visto não restar cousa alguma do dinheiro, que os enviados de Naná haviam emprestado, e que por esta causa o devem mandar de lá para se continuarem as referidas applicações, que estão paradas.

Tambem da mesma lista consta que se despenderam com a botica de medicamentos, que agora vae, 200 rupias, as quaes da mesma sorte deve o Sargento maior João Manoel de Azambuja remetter a esta cidade, tirando-as do cofre em que deve estar recolhido o dinheiro applicado para as despezas extraordinarias.

Nosso Senhor, etc. Goa, 8 de Novembro de 1760. — Conde da Ega.

Carta do Vice Rey ao Sargento mór João Manuel de Azambuja

(Arch. da India, livro de Reis visinhos, fol. 5.)

Por alguns motivos que me foram presentes, e attendendo tambem ao justo impedimento que o Tenente Manoel Jansen com exercicio de ajudante das ordens do Sargento maior João 1760 Novembro 14

1760 Novembro 14 Manoel de Azambuja tem tido até o presente, e por razão da sua molestia, que o obrigou a recolher-se a esta Côrte, para nella tratar do seu curativo, o mesmo Sargento maior João Manoel de Azambuja entregará ao procurador que o dito Manoel Jansen constituir, os soldos que se tiverem cobrado dos vencimentos do referido posto, e o mesmo praticará o Sargento maior com os officiaes Alberto Pereira Garcez e Ambrosio José Ribeiro, por serem assistidos da mesma justiça.

Nosso Senhor, etc. Goa, 14 de Novembro de 1760. — Conde da Ega.

Carta do Vice Rey a João Manuel de Azambuja, Commandante das tropas que estão em Dandá

(Arch. da India, livro de Reis visinhos, fol. 6.)

1760 Dezembro 16 Como tenho mandado pôr prompto o soccorro das tropas que hão de hir unir-se com as que se acham debaixo do commando do Sargento maior João Manoel de Azambuja, e he necessario adiantar os trabalhos que se precisam para o effeito da acção, para que quando as ditas tropas cheguem a essa parte se ache tudo promptificado, ordeno ao mesmo Sargento maior João Manoel de Azambuja que execute as ordens que lhe deixou o Tenente Coronel Jacques Filippe de Landreset, como tambem as que agora lhe remette.

A este respeito escrevo tambem ao Commandante do Maratha, para que dê toda a ajuda e favor ao Sargento maior João Manoel de Azambuja, promptificando tudo o que lhe for preciso para este fim, e quando elle assim o não execute, lhe protestará o Sargento maior João Manoel de Azambuja formalmente, de sorte que a todo o tempo conste da sua diligencia, e as cautelas com que procuramos da nossa parte encaminhar as disposições da campanha, com advertencia porém que em todas as occasiões que o Sargento maior João Manoel de Azambuja propozer, deve exercitar a devida moderação e obsequio, não servindo de ultrage ao respeito do seu logar e da nação. 1760 Dezembro 16

Nosso Senhor, etc. Goa, 16 de Dezembro de 1760. — Conde da Ega.

Carta do Vice Rey a Ramagi Madeo, cabo das tropas marathas em Dandá

(Arch. da India, livro de Reis visinhos, fol. 9 v.)

Como tenho mandado promptificar as tropas de soccorro, que devem hir para a empreza do ataque do Zanzirá na fórma do ajuste, he preciso que V. m. concorra com tudo o o que lhe pedir o Sargento maior Commandante João Manoel de Azambuja, a fim de adiantar os trabalhos que se precisam naquelle sitio para o effeito da acção, e se succeder que chegando as ditas tropas a esse porto não achem tudo prompto, será V. m. responsavel na presença do Grandioso Panta Pradan de toda a falta que houver, e neste caso poderei eu sem offender as condições estipuladas desobrigar-me de continuar a empreza; e faço a V. m. este aviso e declaração antecipada para que a todo o tempo conste a pontualidade da minha diligencia, e as cautelas com que procurei encaminhar as disposições da campanha em ordem a se conseguir o bom exito a que se dirige, e a este mesmo fim aviso a V. m. de que o Sidi se acha em Bombaim, para que V. m. passe ordem á sua armada, de sorte que elle não possa tornar a entrar em Zanzirá, e quando haja descuido neste particular, será V. m. igualmente responsavel na presença do Felicissimo.

Nosso Senhor, etc. Goa, 16 de Dezembro de 1760. — Conde da Ega.

Carta do Secretario do Estado a Madagi Panta, enviado do Naná

(Arch. da India, livro de Reis visinhos, fol. 10.)

Terça feira 16 do corrente, propondo eu a V. m. por escripto, pela ordem que tive do Illmo e Exmo Sr. Conde V. 1760 Dezembro 18

1760 Dezembro 18 Rey, o que o caso pedia, lendo V. m. o papel da proposta, me respondeu que, recolhendo-se a sua pousada, e apresentando o dito papel a seu companheiro, mo tornaria a remetter com a sua resposta, sem a qual enviando-mo V. m. hontem por hum dos seus patamares, tornei logo outra vez a remetter-lho fechado, e entregue ao seu bragmane Ganú Sinai Marcaicar, para que viesse o mesmo papel com resposta, que por não receber ainda, faço esta para que me diga o que ha nesta materia, para eu assim o fazer presente a S. Ex.ª

Deos guarde a V. m., etc. Secretaria, 18 de Dezembro de 1760.—Belchior José Vaz de Carvalho.

Carta do Vice Rey a Ramagi Madeo, cabo das tropas marathas em Dandá

(Arch. da India, livro de Reis visinhos, fol. 10 v.)

1761 Janeiro 3 Com particular gosto recebi tres cartas de V. m., sendo huma dellas entregue pelo estimado Custangi Panta, que cá veiu mandado por V. m., e fiquei percebendo as materias que ellas continham.

Ao sobredito Panta ouvi com attenção, e o despeço com a resposta do que me propoz, como elle melhor o dirá de palavra, e tambem da estimação que faço da correspondencia e amizade de V. m., e da que elle me mereceu. Os estimados Madagi Panta, e o Sardessay Visnu Naique tambem me communicaram as mesmas materias, cujas resoluções ficará V. m. entendendo pelo que elles, e o honrado Tenente Coronel Jacques Filippe de Landreset escreverem.

Nosso Senhor, etc. Goa, 3 de Janeiro de 1761.—Conde da Ega.

Do Secretario para o mesmo

(Arch. da India, livro de Reis visinhos, fol. 11.)

Recebi a carta de V. m. de 16 de Dezembro proximo passado, e foi presente a sua materia ao Ill.mo e Ex.mo Sr. Conde

V. Rey, interpondo os meus bons officios, cuja individual resposta leva o estimado Custangi Panta, como melhor dirá a V. m. vocalmente, e da boa vontade que me assiste para lhe dar gosto. 1761 Janeiro 3

Deos guarde a V. m. Goa, 3 de Janeiro de 1761.—Belchior José Vaz de Carvalho.

Carta do Vice Rey ao Naná

(Arch. da India, livro de Reis visinhos, fol. 11 v.)

Muito illustre, etc.

Recebi a carta do grandioso amigo, dizendo-me que os mercadores vassallos deste Estado, que costumavam fazer o commercio de Baçaim, o não continuavam, e que eu lhes permittisse esta licença para o poderem frequentar, e em attenção ao que o grandioso amigo me pede, mandarei passar as ordens necessarias para todos aquelles que quizerem fazer o dito commercio se aproveitarem da boa vontade do grandioso amigo, a quem desejo sempre dar gosto. 1761 Janeiro 8

Deos alumie ao grandioso amigo em a sua divina graça. Goa, 8 de Janeiro de 1761.—Conde da Ega.

Carta do Vice Rey ao Naná

(Arch. da India, livro de Reis visinhos, fol. 16.)

Muito illustre, grandioso e felicissimo Balagi Bagi Rao Pradan, cuja amizade seja perpetua. 1761 Janeiro 29

A noticia que o grandioso amigo me deu por sua carta, escripta a 31 do mez passado, por ser tão distincta a victoria das suas armas contra as do Patane, me foi mui gostosa, e muito estimavel, por eu desejar sempre ao grandioso amigo as maiores felicidades, e as melhores fortunas em todas as suas campanhas, acompanhadas de huma mui perfeita saude, por cujo motivo com grande impaciencia fico esperando que o grandioso amigo me dê pelos primeiros patamares a

1761 Janeiro 29 plausivel noticia da paz, que me diz está tratando com o dito Patane com grandes vantagens do seu sarcar.

Os dois enviados Madagi Panta e Visnu Naique, que o grandioso amigo tem em Goa, tem cumprido mui inteiramente a tudo o que devem ao seu serviço, e espero que o grandioso amigo a seu tempo terá toda a boa prova da sua fidelidade, e do zêlo com que o servem.

Deos alumie ao grandioso amigo em a sua divina graça. Goa, 29 de Janeiro de 1761.—Conde da Ega.

Carta do Secretario do Estado a Visnú Naique e Madagi Panta, enviados do Naná

1761 Fevereiro 11 Por ordem do Ill.mo e Ex.mo Sr. Conde V. Rey remetto a V. m.cês inclusa a copia da carta, que em 23 de Dezembro do anno proximo passado escreveu o Sargento maior João Manoel de Azambuja, Commandante das tropas portuguezas em Dandá, a Ramagi Panta Darvó, protestando-lhe sobre as materias nella declaradas, e S. Ex.ª recebeu junto com a outra do mesmo Commandante vinda nesta ultima galveta, para que sejam V. m.cês informados de tudo o que ahi tem passado entre os dois commandantes das tropas portuguezas e marathas.

Deos guarde a V. m.cês, etc. Secretaria, 11 de Fevereiro de 1761.—Belchior José Vaz de Carvalho.

Protesto de que a carta acima faz menção

(Arch. da India, livro de Reis visinhos, fol. 16.)

1760 Dezembro 23 Sr. Ramagi Pant Boroe.—Em 9 de Novembro se fez á véla deste porto para o de Goa o Tenente Coronel Jacques Filippe de Landreset, e em virtude do que ajustou com o Felicissimo Senhor Panta Pradane, me determinou (com o parecer do Sr. Ramagi Madeo) que promptas palmeiras, fachinas e cestões, entrasse eu na construcção da bataria para o ataque de Zangirá, para que V. m. deve dar gente na fórma dos artigos da alliança.

O Sr. Ramagi Madeo deu principio a esta operação tão vantajosa para acção do destino *(sic)*. 1760 Dezembro 23

No dia 15 foi a feliz vinda de V. m., com a qual se suspendeu o trabalho, que de presente seria vantajoso, por se ter adiantado, o que no futuro poderá servir de obstaculo para se não conseguir em tempo competente a expugnação da praça de Zangirá.

No dia 18 declarou V. m. que pretendia entrar na expugnação do forte de Canssá, e propoz as razões que bem lhe pareceram; que respondidas por mim dentro nos termos da attenção com a gravidade e modo que permitte a lei do tratamento das gentes, foram tão mal recebidas no seu conceito, que pela urbanidade deste se deliberou V. m. a fallar com desabono no credito da nação portugueza.

Com a certeza que V. m. de mim teve que as suas persuasões me não moviam a entrar em huma acção que certamente havia de servir de memoravel descredito ás duas potencias como alliadas, procurou V. m. o pretexto que a sua idéa lhe dictou *respective* ao Capitão de mar e guerra, que tocou este porto com o soccorro dos mantimentos mandados pelo Illmo e Exmo Sr. Conde V. Rey, meu Senhor, que admittira o Sidy a seu bordo, quando certamente se o não fizesse assim, não viriam os ditos mantimentos para terra, porque naquelle tempo não tinha V. m. aqui armada para o poder fazer, e no caso que a tivesse, poderia ser militasse a mesma razão no transporte do mar para terra, que militou na conjuncção *(sic)* da praia para este quartel, que nesta parte assim tanto como nas mais se justifica a effectiva observancia dos artigos da alliança.

Continuou V. m. em mandar pedir gente para entrar na acção de Canssá; e devendo lembrar-se que sahi de Goa em Março com 246 homens, e que destes tem fallecido 75 á fome, e outros para Goa doentes pela mesma causa, e os que actualmente existem, a maior parte doentes, não admitte V. m. razão alguma, só quer que se faça quanto pretende, escurecendo o conhecimento que eu tenho de que faltam as forças para se conseguir; as que V. m. aqui tem em toda a

1761 Dezembro 23 armada, e em terra, não são bastantes, para que o fim da acção se consiga como pretende; e á vista desta justa ponderação, e como interessado nas vantagens do Felicissimo Senhor Panta Pradan, que se não consegue sem victoria, tenho logar de dizer a V. m. se for a Canssá, e tiver a infelicidade de perder 600 ou 700 homens, de donde espera resarcir esta falta, pois a que se experimenta me não póde V. m. occultar.

O que fica dito tenho eu repetidas vezes proposto a V. m., e sendo motivo para me agradecer, o provoca á indignação, e com tal desabrimento de palavras que até os Sipaes tomam a confiança de seguir o exemplo de V. m., que sem mais consideração falla o que bem lhe parece, e não ha muitos dias na presença de dois officiaes, José Antonio de Lima e Sousa, e Antonio José Godinho, fallou com toda a liberdade que o Magestoso Estado deu a Griem *(sic)*.

No que V. m. tem obrado com a nação portugueza, he patente a todos os senhores cabos do exercito; ultimamente passou a grandeza de V. m. a exercitar-se na determinação de negar inteiramente o arroz e lenha para o sustento destas tropas, o que assim executa ha mais de hum mez, jactando-se desta liberalidade me mandou dizer que não queria dar arroz, e que faria morrer os Portuguezes em pé; he certo que os Portuguezes em pé costumam morrer com prompta contribuição a quem os mata, quando precisamente os casos assim o pedem.

O Ill.mo e Ex.mo Sr. Conde V. Rey, meu senhor, me repete pela carta que hontem recebi a prompta execução das ordens que me deixou o Tenente Coronel Jacques Filippe de Landreset, e para execução dellas sempre estive prompto, pois ainda doente como estou, hei de ir pessoalmente executal-as, como já tenho dito a V. m., a quem declaro que não sei qual seja o motivo porque V. m. mandou dizer a Goa que tinha promptificado o preciso para a bataria de Zangirá, quando V. m. não admitte o fallar-se-lhe nesta materia.

Espero pelo soccorro brevemente, e se com a chegada delle não estiver prompta a construcção das baterias de Zangirá, da parte do Illmo e Exmo Sr. Conde V. Rey, meu Senhor, e do Felicissimo Senhor Panta Pradan protesto a V. m. toda a falta de observancia da alliança, que poderá ter origem de não estar prompto o preciso para as baterias, e debaixo do mesmo protesto responderá V. m. ao Felicissimo Senhor, que lhe pedirá conta da liberdade com que tem fallado contra a nação, e da má providencia que tem dado ás tropas portuguezas que militam nesta guerra, e da parte do mesmo Felicissimo Senhor tomo por testemunhas deste protesto ao Sr. Ragogi Angriá, o Sr. Naró Pant, cabos deste exercito. 1760 Dezembro 23

Dandá Rajapury, 23 de Dezembro de 1760. — João Manoel de Azambuja.

Esta he a copia do protesto que o Sargento mór e Commandante das tropas fez entregar a Ramagi Pant Boroé, Cabo maior das tropas marathas, na barraca de Ramagi Madeo, estando presentes e na presença dos capitães e mais officiaes subalternos abaixo assignados, etc. — Fernando da Cunha Teixeira — Manoel Preto — Felix Cardoso de Mendonça e Menezes — Francisco Antonio Pereira Pinto.

Carta do Vice Rey para o Sidy de Dandá

(Arch. da India, livro de Reis visinhos, fol. 23 v.)

O anno passado recebi a carta de V. S.ª e tive hum grande desprazer de não haver hum meio seguro para encaminhar a minha resposta, e tambem que não tivesse passado a esta Côrte o estimado Sidy Abdul Cahir, para eu ser instruido de todas as circumstancias de poder livremente tomar resolução no negocio em que V. S.ª me falla, e commigo praticou o sobredito Abdul Cahir, a quem encarreguei vivamente a resposta de tudo o que V. S.ª me participa, de que creio vae convencido; desejaria eu que esta negociação não fosse tanto do interesse publico para mostrar a V. S.ª a estimação que faço da sua pessoa e anterior alliança, e espero que o tempo me permitta occasiões de exercitar o desempenho que agora 1761 Fevereiro 13

1761 Fevereiro 13 se me impossibilita, suppostas as circumstancias presentes, de que me não posso desobrigar, e creio que V. S.ª não duvidará que para esta execução não he preciso suspender a antiga amizade, de que V. S.ª se lembra, e eu procurarei conservar no que for do seu agrado.

Deos alumie a V. S.ª em a sua divina graça. Goa, 13 de Fevereiro de 1761.—Conde da Ega.

Carta do Secretario ao Sidy de Dandá

(Arch. da India, livro do Reis visinhos, fol. 24.)

Recebi a carta que V. S.ª me escreveu por mão do valeroso Sidy Abdul, enviado de V. S.ª, com muita estimação pela occasião que tive de me informar depois de muitos tempos da boa noticia de que V. S.ª logra a perfeita saude, que sempre lhe desejo. O dito valeroso Sidy communicou tudo o de que vinha encarregado por V. S.ª com a sua carta para o Illmo e Exmo Sr. Conde V. Rey, e na resposta que leva a V. S.ª lhe será presente tudo, como tambem a minha grande vontade de dar gosto a V. S.ª em toda a occasião de seu agrado.

Deos guarde a V. S.ª Goa, 13 de Fevereiro de 1761.—Belchior José Vaz de Carvalho.

Carta do Vice Rey a Sidy Hacut, de Dandá

(Arch. da India, livro dos Reis visinhos, fol. 24.)

1761 Fevereiro 18 Depois do fiel e estimado Sidy Cahir estar prompto com resposta minha á carta de V. S.ª, recebi a que novamente me escreveu V. S.ª a 11 do corrente por mão do dito estimado Sidy, e por elle me foram presentes todas as novidades que V. S.ª teve das partes de Dely, e communicou por sua carta ao dito seu enviado para mas participar, e assim esta attenção, como todas as expressões que V. S.ª me faz da sua amizade, lhe agradeço muito, offerecendo-me para tudo aquillo que for de mostrar a V. S.ª sempre a minha boa vontade. 1761 Fevereiro 18

Deos alumie a V. S.ª em a sua divina graça. Goa, 18 de Fevereiro de 1761. — Conde da Ega.

Carta do Secretario do Estado ao Sidy de Dandá

(Arch. da India, livro de Reis visinhos, fol. 24.)

Estando o fiel e estimado Sidy Cabir, enviado de V. S.ª nesta Côrte, prompto com a minha resposta, e tambem de S. Ex.ª para partir para Bombaim, recebi novamente outra carta de V. S.ª por mão do dito Sidy, sendo-me por elle presentes todas as novidades das partes de Dely, que V. S.ª lhe communicou por sua carta para mas participar, cuja attenção agradeço a V. S.ª muito particularmente, e não menos as expressões da sua estimavel amizade, como tudo o mesmo enviado de V. S.ª lhe participará, como tambem a boa vontade com que fico para lhe dar gosto.

Deos alumie a V. S.ª em a sua divina graça. Goa, 18 de Fevereiro de 1761. — Belchior José Vaz de Carvalho.

Instrucção particular que se deu ao Coronel do mar Caetano Correia de Sá, Commandante das tropas destinadas em auxilio do Maratha, para a expugnação das praças de Caussá e Zangirá

(Arch. da India, livro de Instrucções, 1762-1767, fol. 44.)

1.º

Ainda que me parece desnecessario recommendar a V. S.ª que o seu primeiro cuidado deve applicar-se a que as tropas do seu commando mostrem entre os infieis que são verdadeiros catholicos, empregando-se nestes actos com efficacia tal, que não só edifiquem o gentilismo, mas tambem movam a bondade infinita de Deos Senhor Nosso a abençoar as suas acções, com tudo para que o mesmo Senhor me ajude a discorrer nesta materia, quiz por ella principiar, fiando do seu 1761 Fevereiro 20

1761 Fevereiro 20 catholico zêlo que neste importante negocio incite V. S.ª com o seu exemplo a todos os seus subalternos, na certeza de que com semelhantes principios devemos esperar todos os bons successos.

2.º

Antes que V. S.ª sáia desta barra deve examinar se falta algum official ou soldado dos que estão destinados para o acompanharem, como tambem se as munições de guerra e bôca se acham todas embarcadas, e com as listas das referidas mandar fazer hum termo aos fieis, que as receberam para darem conta dellas quando lhe for pedida, evitando todo o descaminho, que ordinariamente experimenta o que pertence á fazenda real, nomeando V. S.ª alguma pessoa que julgar fidedigna, para na distribuição das mesmas munições as tomar a rol, que entregará a V. S.ª para depois se examinar se houve algum desvio.

3.º

Logo que V. S.ª pozer as referidas providencias, dandolhe o tempo logar, se fará á véla com as embarcações da sua armada, e em boa conserva procurará quanto lhe for possivel seguir a sua viagem para Dandá Rajapuri, aonde, levando-o Deos a salvamento, dará V. S.ª fundo no sitio que julgar conveniente, ordenando a este respeito ás mais embarcações do seu commando que façam o mesmo, o que executado, esperará V. S.ª que os cabos marathas o mandem cumprimentar, e receberá o seu obsequio com huma séria urbanidade, não dando porém a nenhum o melhor logar, e na primeira visita não entrará V. S.ª com elles em mais materias que as de cumprimentos, depois dos quaes os despedirá com aquella attenção que V. S.ª deve medir, segundo a qualidade da pessoa e o seu caracter, escusando-se quanto pudér de dar salvas de artilharia.

4.º

Mandará V. S.ª depois de receber aquella visita, hum official seu a terra cumprimentar o Cabo maratha, com advertencia que o que V. S.ª destinar a esta diligencia seja de menor patente que o que lhe foi mandado, mas sempre escolherá entre os seus algum mais luzido, e de capacidade tal que lhe não esqueça hum só ponto ou virgula do recado que lhe for commettido, e a este encarregará V. S.ª dos seus cumprimentos para o Cabo maratha, ao qual V. S.ª mandará dizer depois das ceremonias do estylo que ou elle Cabo maratha, ou seu substituto no dia seguinte deve vir a seu bordo para se ajustarem as disposições da campanha, por ser esta a minha ordem. Vindo aquelle, entrará V. S.ª em discurso, espreitando sempre com a maior cautela para onde elles se inclinam, e procurando que seja para a empreza de Canssá, a qual lhe não fará tão facil como elles a pintam, mostrando-lhe que se o fosse, não teriam elles perdido na sua expugnação tanta gente sem mais fructo que a perda daquella, a ruina das suas embarcações, e a despeza de muita polvora e bala, como lhe he constante. Depois que V. S.ª tiver disposto os animos dos Marathas á expugnação da referida praça, mostrará V. S.ª aos ditos Marathas as razões que eu tinha para suspender o soccorro que lhe dou pelos procedimentos que elles tem tido com as nossas tropas, faltando a tudo o ajustado no Tratado da paz e alliança; porém que eu convencido que as referidas faltas não procedem da intenção do Naná, quiz cumprir da minha parte com o ajuste, guardando para depois pedir huma satisfação a Naná, na certeza de que elle ma dará como deve, se elles seus cabos antes disso não tratarem de o fazer como são obrigados, porque deste modo póde ser que eu suspenda a diligencia de dar parte a seu amo dos seus irregulares procedimentos; passará V. S.ª deste discurso ao de dizer-lhe que V. S.ª espera que antes que as tropas entrem em acção devem ser inteiramente pagas de tudo o que se lhe dever, e quando elles assim o não façam, que V. S.ª tomará a resolução que lhe parecer mais conveniente. Se elles derem, como espero, a devida satisfação, ainda que não seja inteiramente completa, mostrará V. S.ª melhor acolhimento aos ditos Cabos, e quando o não façam, dirá V. S.ª que será obrigado a dar-me parte antes

1761 Fevereiro 20

1761 Fevereiro 20 de se mover a nenhuma operação, e que na demora da minha resolução se passará o tempo da campanha, e V. S.ª se retirará para Goa com todas as suas tropas, ficando elles responsaveis a Naná desta desordem; que se elles vassallos do Naná não têem empenho a servir bem seu amo, que os Portuguezes o não tem de destruir o Sidy; e que se vão áquella acção, o fazem rogados, e muito rogados; e concluida esta dependencia com credito nosso, como devemos esperar, fará V. S.ª o que vou a dizer.

5.º

Antes de toda e qualquer operação mandará V. S.ª examinar com a possivel exacção pelo engenheiro, e mais pessoas intelligentes, e em distancias proporcionadas, todo o recinto da pequena ilha e praça de Canssá, não consentindo que os que forem áquella diligencia se exponham inutilmente; feita esta operação, que dará a V. S.ª a precisa luz que necessita para as disposições do ataque que terá o seu principio, mandará V. S.ª postar as embarcações destinadas para bombear no proporcionado sitio, que os diligentes desta arte julgarem mais conveniente; depois do que mandará V. S.ª que as embarcações do Maratha e as nossas se postem na circumferencia de toda a ilha na disposição de atacal-a vigorosamente no caso que o effeito das bombas não produza nos defensores tal temor que os obrigue a querer capitular, o que succedendo, aceitará V. S.ª nos termos habeis.

6.º

Antes porém de V. S.ª tirar hum só tiro, nem consentir que se lance bomba alguma, mas sim logo depois de formar em ordem de batalha a sua armada, mandará V. S.ª huma pessoa intelligente na lingua fallar á praça com a civilidade que permitte a guerra, e dizer aos sitiados que elles estão presenciando a impossibilidade em que se acham de poder resistir, que V. S.ª não duvida do seu valor, mas que a temeridade lhe não póde servir mais que de total ruina, que huma capitulação honrada em semelhante caso lhe não póde servir de descredito, que os Portuguezes ainda que vão áquella expugnação, o fazem como alliados, e não como seus inimigos, que se elles se renderem, os mesmos Portuguezes procurarão fazer-lhe alguns partidos que lhe sejam menos prejudiciaes, que tomem a sua resolução, antes que experimentem o furor das armas; e quando elles insistam em querer defender-se, mandará V. S.ª principiar a bombear, e ao mesmo tempo dispor para fazer algum desembarque na ponta da ilha da parte de oeste, o qual deve ser favorecido da nossa artilharia, tendo-lhe primeiro arruinado as defensas da primeira e fraca fortificação, que elles tem naquelle sitio, o que conseguido, se procurará estabelecer no mesmo huma bateria, prevenindo-se a este fim tudo o preciso para que as nossas tropas se exponham o menos que for possivel ao fogo da praça, que lhe fica muito vizinha. Em quanto se dispõem todas estas cousas, deve V. S.ª mandar fazer ataques falsos a toda a hora, sem para estes expor senão as tropas irregulares dos Sipaes, marathas e nossas, reservando as brancas para os verdadeiros; persuado-me que os Sidis cançados do continuo trabalho de acudir aos ditos ataques, opprimidos por outra parte do effeito, e mais ainda do estrondo das bombas, não terão tanta constancia que esperem hum assalto formal; se porém a tiverem, V. S.ª o fará depois de lhe abrir brecha, e neste caso se deve mostrar ao Sidy, e ainda mais ao Maratha, que as tropas portuguezas são hoje as mesmas que sempre foram, sendo este o mais principal motivo que me persuadio a tentar esta acção, dependendo della a recuperação do abatido credito que ha tempos a esta parte tem padecido a nossa nação na Asia.

1761 Fevereiro 20

7.º

Se antes de V. S.ª entrar na expugnação daquella praça arvorarem os seus defensores alguma bandeira Europêa, suspenderá V. S.ª as operações, e se informará daquella novidade, mandando perguntar aos inimigos a quem pertence a praça, e quem são os Europeus que elles tem nella para o fim de pôrem a sua bandeira, e se com effeito na

1761 Fevereiro 20 mesma praça se acharem Europeus, estes devem mostrar-se ao publico, para assim se não continuar nos progressos; mas se a dita bandeira se firmar depois de V. S.ª ter dado principio á acção, nem por isso se deixará de continuar, o que só terá effeito se aquella for nossa, que neste caso deve V. S.ª cessar, e capitular com os sitiados, fazendo-lhe os mais vantajosos partidos que lhe for possivel, e mandal-os transportar com toda a civilidade para onde elles o pedirem, menos para a praça de Zangirá.

8.º

Os Inglezes têem grande ciume desta nossa alliança, e porque póde succeder que venham em soccorro dos Sidis, devo prevenir a V. S.ª a este respeito. Se com effeito os ditos Inglezes chegarem antes de V. S.ª ter dado principio ás operações, ficarão aquellas suspensas até se examinar qual he a sua determinação, mandando-lha perguntar, e declarando elles que aquella se encaminha a favor do Sidy, como auxiliares, V. S.ª lhe dirá que neste caso cada hum póde sem offensa dos Tratados entre as duas nações favorecer o partido que bem lhe parecer; mas se os mesmos Inglezes chegarem depois que V. S.ª tiver dado principio ao sitio, se continuará aquelle sem outra attenção, e se elles o pretenderem embaraçar, mandará politicamente saber qual he a causa daquelle procedimento; mas quando as forças dos referidos Inglezes sejam de qualidade que V. S.ª julgue que não tem com que combatel-as, a prudencia deve regular o procedimento que com elles se deve ter, a menos que nos insultem, porque neste caso lhe fará V. S.ª os seus protestos, e quando a estes não correspondam com a devida civilidade, deve V. S.ª desprezar toda e qualquer outra reflexão.

9.º

Fará V. S.ª toda a possivel diligencia para evitar qualquer encontro com os Europeus, mas succedendo encontral-os, e fazendo-se precisamente necessario haver entre as duas bandeiras aquella civilidade do costume, V. S.ª as disporá conforme a qualidade dos officiaes que commandarem as armadas, e sendo os das outras nações de patente superior á de de V. S.ª, não ponho duvida que V. S.ª o salve em primeiro lugar, mas sempre deve estar certo que será correspondido por igual, sem o que não salvará por modo algum. 1761 Fevereiro 20

10.º

Ha tempos a esta parte que na Asia tem sido de funestissimas consequencias os partidos, em que se dividem os officiaes, pelo que recommendo a V. S.ª vivissimamente que constando-lhe que entre os que nesta occasião marcham debaixo das suas ordens, ha algum que se lembre de fomentar discordias, V. S.ª não só o suspenda logo do seu posto, mas tambem o castigará asperamente, e na primeira occasião que se offerecer o remetta preso á minha ordem para servir de exemplo aos mais.

11.º

Examinará V. S.ª com toda a cautela os officiaes que mais se distinguem, e com melhor cara marcham ao inimigo; o mesmo deve V. S.ª observar a respeito dos soldados particulares, para que conhecendo huns e outros, os possa empregar conforme a occasião o pedir, e para depois me informar dos seus procedimentos, de sorte que eu saiba distinguir os benemeritos dos que o não são, e segundo o seu merecimento poder attendel-os.

12.º

A todos os soldados e officiaes, que V. S.ª vir que servem com gosto e desembaraço, lhe fará V. S.ª em publico os elogios que merecerem, honrando-os quanto couber no possivel, e vagando algum posto, lho fará conferir, sendo subalterno, e se for de patente, em meu nome lho poderá V. S.ª dar, o que confirmarei sem falta.

13.º

Acha-se a disciplina das tropas em bastante decadencia neste Estado, e porque esta he indispensavelmente necessaria em toda a parte, e muito mais em huma campanha, fará

1764 Fevereiro 20 V. S.ª toda a possivel diligencia para que aquella se observe com exacção, sendo o principio de todos os actos de hum militar a cega obediencia aos seus superiores, tendo succedido muitas vezes que esta virtude suppra o defeito do valor.

14.º

Se acaso succeder, como eu já aqui experimentei, que algum official esquecido da sua obrigação discorra nestas operações da campanha de modo que faça que os soldados repugnem entrar nellas, V. S.ª lhe mandará logo dar baixa, e o separará do corpo dos mais de sorte que nem com elle tenham communicação, suppondo que o dito official he hum membro podre, que junto ao todo o póde inficcionar.

15.º

Com os doentes e feridos mandará V. S.ª praticar todos aquelles actos de caridade, e de cuidado, que se fazem precisos á humanidade, para que os soldados conheçam que V. S.ª, assim como os expõe aos perigos, os soccorre nas necessidades, tratando-os como camaradas, e como filhos, do que seguirá que os mesmos soldados não só servirão pela obrigação do seu officio, mas tambem pelo amor e credito do seu general.

16.º

Aos soldados velhos, e bem procedidos, fallará V. S.ª sempre com todo o agrado, e ainda que estes não sejam distinctos, V. S.ª mostrará que os respeita pelos seus annos, e pelos seus serviços, para que com este exemplo os mais officiaes façam o mesmo, e o pobre soldado se anime a supportar o seu trabalho com mais gosto.

17.º

Prohibirá V. S.ª debaixo de penas a arbitrio seu que nenhum official trate mal de palavras aos soldados, porque do contrario se envilecem aquelles, o que deve evitar todo o general que commanda tropas; se estas merecerem castigos, tem Sua Magestade determinado os que se lhe devem dar, e não he preciso arbitrar outros de novo; e para que não succeda que o soldado commetta culpas, e para livrar-se das penas allegue ignorancia, mandará V. S.ª que todas as semanas se lhe leiam os capitulos do Regimento, que dizem respeito a esta materia. 1761 Fevereiro 20

18.º

Prohibirá V. S.ª tambem que os nossos soldados se familiarisem muito com os Marathas, por que não succeda, ou que os induzam a deserção, ou que faltem áquelle respeito, com que devemos procurar a conservação da nossa superioridade com os Asiaticos, e tambem porque do muito trato póde seguir alguma desordem, que nos dê mais trabalho para remediar.

19.º

V. S.ª que vive na India ha muitos annos, conhece muito bem a infidelidade destes barbaros, e por esta causa se me não faz preciso discorrer sobre as cautelas, que com elles deve praticar, supponde sempre que esta amizade presente he mais fingida que verdadeira, e que a todo o tempo que nos apanharem qualquer descuido, se aproveitarão delle em ruina nossa; pelo que na apparencia poderá V. S.ª mostrar-lhe toda a confiança, mas na realidade não ter nenhuma.

20.º

O serviço da campanha deve ser exactissimo, e as faltas que nelle se commetterem por nenhum modo admittirão desculpa, porque do contrario não só padece o mesmo serviço, mas se expõe muitas vezes todo hum corpo, de cujas consequencias he responsavel aquelle official, que por benignidade do coração foi omisso em castigar a mais leve culpa, não havendo neste officio ordinariamente nenhuma que seja venial.

21.º

No Tratado de paz e alliança com o Maratha se devia encaminhar esta expedição ás duas praças de Canssá e Zangirá; porém como os accidentes que sobrevieram me embaraçaram adiantal-a, e agora he já tarde para se emprehenderem

1761 Fevereiro 20 ambas, V. S.ª disporá as cousas de modo que fique para o anno que vem o ataque de Zangirá, procurando que esta falta cáia sobre a negligencia dos Cabos marathas, que não deram todas as providencias, que o Tenente Coronel Jacques Phelippe de Landreset determinou, quando por mim foi mandado áquelle sitio a este fim; que se aquellas estivessem promptas, não faltariamos nós ao promettido; mas que para agora se ordenarem, o tempo não dá lugar a dilação por causa dos ventos, qne prejudicam a nossa armada; porém isto será dirigido de modo que elles não percebam que já desde Goa hiamos nesta determinação, antes levavamos a contraria.

22.º

Ramagi Pant Pruo he o Cabo maratha, que se acha commandando as suas tropas; este, tendo subido áquelle lugar mais por fortuna que por merecimentos, não sendo de familia entre elles distincta, nem menos com serviços relevantes para a estimação que delle faz o Naná, naturalmente se tem ensoberbecido, produzindo nelle este defeito alguns actos muito irregulares a respeito das nossas tropas, que se acham naquella parte, o que he preciso reprimir-lhe debaixo dos limites da prudencia, sem porém da nossa parte lhe mostrar sujeição alguma, como na verdade não temos, porque pelo mesmo Tratado de paz se vê que todos os Cabos marathas, que com as nossas tropas servirem, devem estar sujeitos ao Commandante portuguez, e quando elle duvide deste artigo, V. S.ª lhe protestará sempre pela falta de cumprimento do ajuste, e que se elles não estiverem por elle, que V. S.ª não emprehenderá acção alguma, e me dará parte a mim e a Naná, ou tomará aquella resolução que lhe parecer mais conveniente, castigando como póde os infractores da paz, que são réus de morte, e por estes, e outros semelhantes meios hirá V. S.ª conduzindo aquelles cabos ao respeito que nós devemos conservar.

23.º

O Dessay Vistu Naique e Amadagi Quensou, que com

V. S.ª partem para esta campanha, são os embaixadores de que Naná se tem servido para estas negociações; elles estão nellas empenhados não só porque da sua melhor conclusão depende o credito que se farão com seu amo, mas tambem porque os seus interesses os fazem, segundo o costume asiatico, obrar tudo o que julgam mais proporcionado a este fim, pelo que V. S.ª os ouvirá sempre que elles o pretenderem, e com elles discorrerá com mais liberdade, ainda que sempre reservando para si tudo o que se faz preciso com semelhante gente, quero dizer, fazer-lhe mil agazalhos, mostrar-lhe muita confiança debaixo desta civilidade, communicar-lhe só aquellas cousas que nos forem vantajosas, de sorte porêm que elles não percebam esta politica; se houver alguma razão de queixa da nossa parte, mandará chamar algum delles, para que tratem de satisfazer-nos, mas tudo isto deve V. S.ª regular com tal proporção, que elles se persuadam que a urbanidade, com que são attendidos, poderá tornar-se em ruina sua, se della abusarem. 1761 Fevereiro 20

24.º

Na campanha de Dandá se acha hum corpo de tropas nosso, que tem padecido muitas molestias; V. S.ª, logo que chegar, depois dos primeiros comprimentos, mandará a terra saber os doentes que nelle se acham, e com a possivel diligencia fará que os Marathas lhe promptifiquem embarcações para aquelles se transportarem para Goa, nas quaes os fará V. S.ª embarcar com parte das muitas caixas, que injustamente se transportarão áquelle campo, dispondo aquellas tropas para mais facilmente se poderem recolher depois da expedição de Canssá, no que V. S.ª não fará nenhum mysterio, porque eu disse publicamente aos embaixadores que acabada a campanha mandava recolher tudo, não querendo deixar expostos os nossos soldados a acabarem miseravelmente no pestilente ar de Dandá, principalmente não havendo ali que fazer no inverno.

25.º

O Tenente Coronel Jacques Phelippe de Landreset vae

1761 Fevereiro 20 debaixo das ordens de V. S.ª em qualidade de segundo Commandante, e no caso que V. S.ª tenha alguma molestia, que embarace a continuação do seu commando, o que Deos não permitta, V. S.ª lhe fará entregar esta mesma instrucção, para que elle fique advertido do que deve obrar.

26.º

Commettendo algum soldado delicto, que pela sua qualidade se ache incurso em pena de morte, provado elle, póde V. S.ª mandar impor-lhe aquella, para o que lhe concedo todos os poderes, precedendo antecipadamente todas aquellas circumstancias, que se fazem indispensaveis em semelhantes casos.

27.º

Sendo o segredo com que se fazem as expedições militares ordinariamente preciso para o seu bom successo, tem muitas vezes acontecido pelo contrario aos generaes, que sem ouvir os seus subalternos tomaram resoluções positivas, pelo que o meio termo nestes casos me persuado contribuirá mais naturalmente para os acertos.

28.º

A este fim fará V. S.ª que nas horas que não houver que fazer se juntem na sua presença os officiaes, e com elles discorrerá sobre esta campanha, ouvindo como cada hum imagina sobre ella, fará V. S.ª que todos os que se acharem nas conferencias digam os seus pareceres a este respeito; isto he, propondo-lhe V. S.ª a questão de que, se qualquer delles fosse o commandante da acção, como a disporiam, ou fosse para o ataque de Zanzirá, ou de Canssá, e se houver entre elles curiosos, V. S.ª os inclinará a que escrevam o seu plano, ouvindo aos mais os seus discursos, não para os seguir, mas sim porque muitas vezes succede que hum homem, de quem menos se espera, descobre hum pensamento, que não lembra ao maior general, tocando a este depois polir aquellas imperfeitas obras, e reduzil-as á ultima perfeição.

29.º

Entre os officiaes, que acompanham a V. S.ª, ha alguns que me parece muito conveniente que V. S.ª os chame particularmente, e lhe diga a cada hum em separado que devendo principiar-se a campanha pela expugnação de Canssá, V. S.ª quer que elles formem o seu plano por escripto, e que lho apresentem; e estes são o dito Tenente Coronel Jacques Phelippe, e o Sargento mór João Manoel de Azambuja; entre os mais ha alguns bons soldados, e com experiencias, se V. S.ª quizer tambem honrar estes com aquella distincção, fique certo que este procedimento os obrigará a se fazerem em pedaços para contribuirem para a sua gloria, principalmente se nas operações que V. S.ª ordenar, houver alguma cousa que diga respeito ao seu parecer, sendo esta politica mais vantajosa de que póde servir-se hum general, pela qual se faz amar das tropas. 1761 Fevereiro 20

30.º

A nau *Conceição*, em que V. S.ª se transporta, não está já capaz de muito trabalho, pelo que deve V. S.ª não expol-a ao fogo da praça, não só por esta razão, mas tambem porque todas as munições de guerra destinadas para a acção se acham nella embarcadas, e se deve infallivelmente acautelar qualquer desgraça que possa acontecer, o que aqui não pondero, por me parecer desnecessario.

31.º

Sendo natural que dando-nos Deos fortuna para concluirmos a tomada da praça de Canssá, entrem os Marathas a persuadir para que se dê principio á de Zangirá, V. S.ª sem logo lhe dar a ultima resolução naquella materia, dirá que precisa examinar se estão as cousas em termos para entrar na dita acção, e mostrando que o manda fazer, commetterá a diligencia ao Tenente Coronel Jacques Phelippe de Landreset, e ao engenheiro, advertindo a ambos que só no caso que assentem pela situação em que se ache a praça que esta não póde resistir por muitos dias, informem a favor do novo

1761 Fevereiro 20 ataque; mas se pelo contrario entenderem que nelle ha a minima difficuldade, lhe ponham tantas, que pareça por agora impraticavel; o que feito, dará V. S.ª a sua resposta aos Marathas, e repetindo-lhe que pelas suas faltas he obrigado a não condescender naquella pretenção.

32.º

Tenho dito a V. S.ª tudo o que me occorre para as disposições desta campanha, confiando do zêlo, actividade e honra, com que V. S.ª sempre se tem empregado no serviço de Sua Magestade, que no mais que aqui não vae prevenido, tomará V. S.ª tão proporcionado arbitrio que o mesmo senhor tenha muito que louvar a V. S.ª e eu motivos para me mostrar o mais agradecido.

Goa, 20 de Fevereiro de 1761. — Conde da Ega.

Carta do Vice Rey ao Naná

(Arch. da India, livro de Reis visinhos, fol. 24 v.)

1761 Março 2 Ao muito illustre, grandioso e felicissimo Balagi Bagi Ráo Pradan, cuja amizade seja perpetua.

Como tenho occasião destes patamares que vão a esse exercito, não quero deixar de procurar noticia da boa saude do grandioso amigo e das suas victorias, e estimarei que ma communique.

Dou ao grandioso amigo a noticia de que ha dias se tem expedido a armada de soccorro portuguez contra as praças de Cansá e Zangirá, e espero na divina omnipotencia o bom exito do seu destino.

Deos alumie ao grandioso amigo em a sua divina graça. Goa, 2 de Março de 1761. — Conde da Ega.

Carta do Secretario ao Naná

(Arch. da India, livro de Reis visinhos, fol. 25.)

Ao muito illustre, grandioso e felicissimo Balagi Bagi Ráo Pradan, cuja amizade seja perpetua.

Sempre me he estimavel toda a occasião de saber as novas da boa saude, e felicidades do grandioso amigo, e como tenho esta de hirem os patamares ao exercito, não posso deixar de as procurar, desejando que sejam iguaes a sua satisfação. 1761 Março 2

Pela carta que escreve o Illmo e Exmo Sr. Conde Vice Rey; e o estimado Madagi Panta, que se achá nesta Côrte, ficará o grandioso amigo informado de tudo, e da boa vontade com que me interesso em beneficio das suas dependencias.

Deos alumie ao grandioso amigo em a sua divina graça. Goa, 2 de Março de 1761. — Belchior José Vaz de Carvalho.

Carta do Vice Rey para o Dessay Visnu Naique, que se acha em Punem

(Arch. da India, livro de Reis visinhos, fol. 26 v.)

Recebi a carta de V. m., e estimo que chegasse com feliz viagem a Punem, donde estimarei passe melhor, e que se recolha a esta parte com bom successo. Por Gorqui Sinay recebi todas as noticias de que V. m. me falla na sua carta, e pelo que respeita á promessa que V. m. diz fizeram os Inglezes de entregar as praças de Zanzirá e Canssá, tanto que o grandioso Panta se recolher de Induslan, escuso dizer nesta parte, porque V. m. tem juizo para julgar qual será o fim, e eu o que sei he que elles são homens de negocio, e por conclusão de tudo espero que o Panta Pradan se recolha victorioso pelo muito que me interesso nas suas felicidades. 1761 Abril 23

Nosso Senhor, etc. Goa, 23 de Abril de 1761. — Conde da Ega.

Carta do Secretario para o Dessay Visnu Naique

(Arch. da India, livro de Reis visinhos, fol. 27 v.)

Depois de V. m. partir para Dandá, a molestia que ha tempos padeço me duplicou tanto, que estive no perigo de perder a vida, mas graças a Deos estou livre delle, e sempre na cama continuando os remedios, e julgo que levarei 1761 Abril 24

1761 Abril 24 largo tempo para me restabelecer das forças, e antigo estado; e ainda que não dou expedição assim ao que toca ao meu cargo, nem ao particular pela razão referida, não posso deixar de responder á carta de V. m. que ha quatro dias recebi da data de 3 do corrente, dizendo-lhe que estimo as noticias que nella me communica, e de haver chegado com feliz viagem a Punem, de donde espero se recolha a esta parte com bom socego, e com as felicidades que sempre lhe desejo. O mais ficará sabendo por Gorqui Sinay.

Deos guarde a V. m. Goa, 24 de Abril de 1761.—Belchior José Vaz de Carvalho.

Carta do Secretario do Estado para Gorqui Sinay, estante em Punem

(Arch. da India, livro dos Reis visinhos, fol. 27 v.)

A molestia que ha tempos padeço me apertou tanto depois da partida de Gorqui Sinay, que estive no perigo da vida, mas pela mercê de Deos estou já com melhoras, e ainda na cama continuando remedios, e com dieta; nestes termos ha quatro dias recebi a carta de Gorqui Sinay, a qual fiz logo apresentar ao Illmo e Exmo Sr. Conde Vice Rey, estimando todas as noticias que nella refere, e a de ter chegado com saude a Punem, donde espero se recolha a esta Côrte com bom successo. Pelo que respeita ao mais verá Gorqui Sinay pelas ordens que S. Ex.ª lhe expede, e achando-me melhorado algum tanto, responderei a Gorqui Sinay como desejo.

Vae a carta a Regunata Panta, irmão do Naná, que Gorqui Sinay pede, cuja copia lhe não remetto por ser conforme o rascunho que Gorqui Sinay me enviou.

Nosso Senhor, etc. Goa, 24 de Abril de 1761.—Belchior José Vaz de Carvalho.

Carta do Secretario do Estado para Rogunata Panta, irmão do Naná

(Arch. da India, livro dos Reis visinhos, fol. 28 v.)

Ao possuidor da fortuna e felicidade, grandioso Rogunata Panta, cuja amizade seja perpetua. 1761 Abril 24

Para que houvesse a correspondencia da verdadeira amizade entre o Felicissimo e o Estado, o Illmo e Exmo Sr. Conde Vice Rey admittiu a negociação da empreza de Zanzirá e Canssá; e por haver segurado os honrados Visnu Naique, e Madagi Panta ter-se evitado a opposição dos Inglezes, enviou a armada composta de manuares, palas, galeões e gurabos, com 600 portuguezes escolhidos, 300 sipaes gentios, 200 homens do mar, e mais gente, e lascares, que faz o numero de 1:700 homens, fazendo-lhes o pagamento de soldo, ou ajuda de custo, 125:000 rupias, e com as munições e petrechos de 400:000, para dentro de hum mez ganhar as referidas duas praças, mas com as noticias de Industan os Inglezes procederam contra o que haviam ajustado com o Felicissimo, segundo as conferencias que nessa Côrte praticou o ministro deste Estado, e aqui affirmaram os ditos honrados Visnu Naique, e Madagi Panta, que tambem communicaram ao Estado varias noticias semelhantes; o Sr. Conde Vice Rey não deu ouvido a ellas, e em demonstração da amizade se expediu a dita armada, com cujo respeito o Sidy entregou as ditas praças aos Inglezes. Os commandantes do Felicissimo despediram para Goa aquella armada com os portuguezes que estavam em Dandá, não querendo acceitar a negociação ou conselho que declarou o commandante da armada; seja como for, está bem feito o que elles julgaram ser conveniente. Recolhendo-se o Felicissimo já desembaraçado de Industan, os Inglezes sem duvida entregarão as ditas praças, e quando assim não seja, o Felicissimo dará a providencia que eu sem ser ouvido me não resolvo a interpor arbitrio por ora; posso emfim segurar a V. m. que o Sr. Vice Rey vivamente deseja conservar a amizade do Feli-

1761 Abril 24 cissimo, ao que igualmente deve V. m. concorrer dessa parte, como melhor explicará com individuação Gorqui Sinay.

Os que manejam o governo de Pondá com a ambição da sua propria conveniencia não olham ao prejuizo que se seguirá aos interesses do Felicissimo, e á conservação da amizade do Estado, o que participo a V. m. para que tenha esta noticia.

Deos guarde a V. m. em a sua santa graça. Goa, 24 de Abril de 1761.—Belchior José Vaz de Carvalho.

Carta do Secretario ao Dessay Visnu Naique

(Arch. da India, livro dos Reis visinhos, fol. 30.)

1761 Maio 25 Já em outra dei a V. m. a noticia da minha molestia, e o estado a que me tinha reduzido, e ainda hoje me acho com applicação de remedios que prohibe qualquer exercicio, principalmente de litteratura, em cujos termos não posso dar a V. m. resposta competente á sua larga carta, que recebi ha poucos dias, sobre cuja materia julgo achará V. m. instrucção necessaria pelas determinações de S. Ex.ª Desejo que V. m. tenha todas as felicidades, e que me permitta as occasiões do seu gosto.

Deos guarde a V. m. Goa, 25 de Maio de 1761.—Belchior José Vaz de Carvalho.

Carta do Secretario para Gorqui Sinay em Punem

(Arch. da India, livro dos Reis visinhos, fol. 30 v.)

Recebi as cartas que me escreveu Gorqui Sinay, e ficando informado de todas as noticias que nellas communica, lhe recommendo a continuação das que de novo tiverem acrescido, na certeza de que para mim he estimavel toda a occasião das semelhantes, e das de boa saude de Gorqui Sinay, que achará providencia a tudo o mais que me representava pelas determinações de S. Ex.ª Por causa da minha molestia não posso ser mais largo, como já em outra disse a Gorqui Sinay, a quem desejo muita saude. 1761 Maio 25

Nosso Senhor, etc. Goa, 25 de Maio de 1761.—Belchior José Vaz de Carvalho.

Carta do Vice Rey ao Dessay Visnu Naique

(Arch. da India, livro dos Reis visinhos, fol. 30.)

Pelas ultimas cartas que me escreveu o Sar Dessay Visnu Naique, e ao Secretario do Estado, fico sabendo tudo o que ahi tem passado depois da sua chegada a Punem, e pelo que respeita a alguns factos que o Sar Dessay Visnu Naique diz allega Babú Ráo Foddonis terem-se praticado da parte do Estado com menos civilidade, pelas ordens que vão a Gorqui Sinay, e pelo que escreveu Madagi Panta ficará sabendo o Sar Dessay Visnu Naique o que por ora se me offerece dizer a respeito daquella materia, esperando me dê provas do conceito que sempre formei do seu procedimento, e as noticias dessas partes, como tambem as de sua saude. 1761 Maio 26

Nosso Senhor, etc. Pangim, 26 de Maio de 1761.—Conde da Ega.

Carta do Secretario do Estado a Roganata Panta, irmão do Naná

(Arch. da India, livro dos Reis visinhos, fol. 33 v.)

Ao possuidor da fortuna e felicidade, grandioso Rogunata Panta, cuja amizade seja perpetua. 1761 Junho 30

Ainda que por esta não escrevo ao Felicissimo, pela incerteza da sua chegada a essa Côrte, comtudo por não demorar a V. m. as devidas expressões, que pede a amisade em occasião que o Felicissimo com o trabalho de huma adversa campanha soffreu o penetrante golpe da falta do seu filho, cortando a fortuna as esperanças de hum tão digno successor, sou obrigado a fazer a V. m. presente o meu justo sentimento pela bem merecida correspondencia da sincera amizade, com que o Estado trata ao Felicissimo; espero que V. m. lhe faça

1761 Junho 30 presente este obsequio, e que sejam suavisados aquelles golpes na consideração da nobreza, que influe animos guerreiros para acções tão generosas, e confiando que o Senhor das victorias ha de communicar-lhe novos empenhos para acreditar o seu nome, concorrendo V. m. a auxiliar-lhe todas as propriedades no exercicio das suas excellentes virtudes.

Não ignoro que a occasião he impropria para conferir negociações de maior importancia; creio porém que V. m. desculpará a indecencia na contemplação das distancias, e que muitas vezes as demoras são de prejudiciaes consequencias a ambas as partes quando o tempo se não póde recuperar; nestes termos devo lembrar a V. m. que os nossos enviados que foram a essas partes se recolheram sem resposta positiva pela ausencia do Felicissimo, e sendo certo que o Illmo e Exmo Sr. Conde Vice Rey deu execução a tudo o que se estipulou no ultimo Tratado com o Felicissimo, parece que este deve da mesma sorte observar o que prometteu, e que V. m. se interesse como medianeiro, e como parte principal, visto estar encarregado ao presente de toda a administração desse governo, no que julgo não haveria falta da parte do Felicissimo, e eu assim o desejo para se continuar a mesma amizade.

Os enviados do Felicissimo que se achão nesta cidade me propozeram a continuação da conquista das fortalezas do norte com a idéa o enviado do Estado declarára nessa Côrte, e participando eu a S. Ex.ª o intento, respondeu que da parte do Estado se não faltaria a tudo o que pede huma alliança, mas que era preciso haver igualdade na correspondencia, o que encarreguei aos sobreditos enviados para o fazerem a V. m. presente, e V. m. verá da carta do Tenente Coronel Jacques Phelippe de Landreset, para que em tudo se conheça quanto procuro empregar-me nas occasiões do agrado de V. m., a quem Deos guarde, etc.

Goa, 30 de Junho de 1761.—Belchior José Vaz de Carvalho.

Carta do Secretario do Estado para Visnu Naique e Madagi Panta, Enviados do Naná, que se acham nesta côrte

(Arch. da India, livro dos Reis visinhos, fol. 32.)

1761 Julho 7

Tendo-se adiantado a execução das capitulações celebradas ultimamente entre o Estado e o Felicissimo, testificaram V. m.ces a religiosa observancia com que o Estado se portou, sem que da parte do Felicissimo até agora houvesse esperança da satisfação que merecia huma despeza tão consideravel, e hum soccorro maior que o empenho, e supposto que S. Ex.a podia adiantar o seu justo resentimento, comtudo, attendendo á infelicidade da presente campanha, e ao cuidado que deve acompanhar ao Felicissimo na falta de seu filho e primo, tem procurado exercitar toda a moderação, que pede a contemplação de tão funestos accidentes em huma reciproca *(sic)*; agora porém me ordenou dissesse a V. m.ces esperava por escripto os termos da resolução do Felicissimo em ordem áquella execução, porque o tempo não permitte maior demora, e julga S. Ex.a que V. m.ces não deixarão de estar instruidos para desembaraçar huma questão de que são plenamente encarregados, o que a V. m.ces participo, e confio me enviem huma positiva resposta

Deos guarde a V. m.ces Secretaria, 7 de Julho de 1761. — Belchior José Vaz de Carvalho.

Carta do Vice Rey para a viuva de Sambagi Razá

1761 Julho 16

Não me tinha causado pequeno sentimento a noticia do fallecimento do illustre Maha Razá, que sempre correspondeu sincera amizade com este Magestoso Estado, agora porém, a que tive da successão que Deos foi servido permittirlhe para o amparo desses dominios, que muito careciam, me foi de grande satisfação, e espero da bondade do mesmo Senhor, que não só conserve ao nascido com dilatados annos de vida, mas com fortunas e felicidades iguaes como as que

1761 Julho 16 lograram dignamente os seus predecessores, para que desta sorte se cultive entre ambas as partes a antiga correspondencia com novos augmentos.

Nosso Senhor, etc. Goa, 16 de Julho de 1761.—Conde da Ega.

Carta do Secretario do Estado a Ramogi Ráo Gorparó, General da viuva de Sambagi Razá

(Arch. da India, livro dos Reis visinhos, fol. 32 v.)

Por ser de summo gosto a noticia que teve o Illmo e Exmo Sr. Conde Vice Rey, de se haver a bondade divina compadecido desses dominios, permittindo-lhe successão legitima, tomou S. Ex.ª a resolução de escrever a carta que esta acompanha para a Sr.ª Zizá Bay, felicitando-lhe o nascimento de successor, e ordenando-me que eu a enviasse á direcção de V. m. por conta de a encaminhar á presença da mesma senhora; espero que V. m. assim o queira praticar informando-lhe o sincero affecto de S. Ex.ª para tudo o que respeitar a beneficio desse governo e dominios, permittindo-me as occasiões do agrado de V. m., que Deos guarde, etc.

Goa, 16 de Julho de 1761.—Belchior José Vaz de Carvalho.

Carta do Vice Rey para Madava Ráo, filho do Naná

(Arch. da India, livro dos Reis visinhos, fol. 34 v.)

1761 Julho 30 Muito illustre, grandioso e felicissimo Madava Ráo Panta Pradana, cuja amizade seja perpetua.

Pouco depois de eu ter a certeza de haver recolhido o grandioso Balagi Ráo, felicissimo pae do grandioso amigo, das partes do Industan, os honrados Visnu Naique, e Madagi Panta me deram a triste noticia do seu fallecimento, que me occasionou o maior desprazer no conhecimento do que tocava ao grandioso amigo, espero comtudo que suavise este penetrante golpe na consideração das gloriosas acções do Felicissimo, desejando que tenha o grandioso amigo na sua pena todo o allivio, e que na successão de pae tão illustre consiga as felicidades correspondentes. 1761 Julho 30

Creio que da sincera amizade que praticava com o Felicissimo se deve persuadir o grandioso amigo que será a sua continuação nos successores hum merecido obsequio da sua memoria, e nesta contemplação offereço a minha vontade ao grandioso amigo para quanto for do seu agrado, e estas mesmas asseverações lhe serão communicadas pelos sobreditos Naique, e Panta.

Deos alumie ao grandioso amigo em a sua divina graça. Goa, 30 de Julho de 1761.—Conde da Ega.

Carta do Secretario ao Madava Ráo, filho do Naná

(Arch. da India, livro dos Reis visinhos, fol. 35.)

Quando eu tive a noticia de haver recolhido a Punem das partes de Industan o Felicissimo Balagi Ráo, me chegou a triste nova do seu fallecimento, que me causou muito pezar, e desejando eu ter com o grandioso amigo a boa correspondencia que continuava com o dito Felicissimo seu pae, lhe dou cordealmente o pezame da sua morte, esperando que o grandioso amigo na grande pena que lhe considero pela perda de tão grande pae, tenha muitos allivios, e consiga sempre felicidades que póde merecer como seu filho, e que na continuação da amizade que tinhamos com o dito Felicissimo, pae do grandioso amigo, haja sempre muito fiel a nossa correspondencia com reciprocas utilidades a ambas as partes, sobre que escreve tambem ao grandioso amigo o Illmo e Exmo Sr. Conde V. Rey, e eu para o que for do seu agrado lhe mostrarei sempre muito boa vontade. 1761 Julho 31

Deos alumie ao grandioso amigo em a sua divina graça. Goa, 31 de Julho de 1761.—Belchior José Vaz de Carvalho.

Carta do Secretario a Trimbaca Rão, tio do Naná

(Arch. da India, livro dos Reis visinhos fol. 87.)

1761 Julho 31 Muito tempo ha que não tenho carta de V. m., e desejando sempre o meu affecto noticias suas, tenho estimado summamente a que agora tive de haver V. m. recolhido com bom successo de sua romaria, e porque toda a occasião me he estimavel de procurar a saude de V. m. me aproveito desta, significando-lhe a minha vontade, que he toda de frequentar a nossa correspondencia cada dia a novos augmentos, como melhor constará pelo que lhe escrevem os honrados Visnu Naique, e Gorqui Sinay, a quem tenho encarregado o mais.

Igualmente devo communicar a V. m. sentimento dos prejuizos e infelicidades que tem acontecido nas occasiões que sobrevieram ao Felicissimo, como porém ainda lhe ficou o remedio, que póde encontrar nos conselhos e direcções de V. m., creio que a sua capacidade e experiencia lhe ha de subministrar os meios mais proprios para recuperar, e ainda acrescentar conquistas dilatadas, no que eu conseguirei maior gosto pelo que me interesso em todas as suas felicidades.

Deos guarde a V. m., etc. Goa, 31 de Julho de 1761. — Belchior José Vaz de Carvalho.

Conta do Vice Rey Conde da Ega ao Secretario do Estado Thomé Joaquim da Costa Côrte Real

(Arch. da India, livro das Monções, n.º 132, fol. 681.)

1760 Janeiro 21 Illmo e Exmo Sr. — Na monção do anno passado informei a V. Ex.ª os motivos que foram causa para que o Bounsuló quebrantasse a paz do Estado, e dos progressos da guerra até aquelle tempo, agora continuarei os successos posteriores, para que V. Ex.ª os queira pôr na presença de Sua Magestade.

Quando partiu a nau de viagem deste Estado para esse reino, tinha eu já projectado atacar aos Bounsulós nas suas terras em ordem a deprimir-lhes as forças, e obrigal-os a conter nos limites do respeito que muitas vezes haviam perturbado, ou fosse pela inacção que experimentaram no governo antecedente, ou por se persuadirem de que o valor dos Portuguezes recebêra maior abatimento pela infelicidade da occasião de Pondá, não me esquecendo de que podia ser o bom successo o melhor torcedor para os sujeitar ás condições da paz antes desprezadas por elles na capitulação que me haviam supplicado. 1760 Janeiro 21

Para esta execução ordenei marchasse o exercito que se achava acampado no sitio de Coluale, da provincia de Bardez, de que era Commandante o Brigadeiro Agostinho Jansen Moler, e se compunha de sete companhias de granadeiros, duas de artilharia com 4 peças da nova invenção, 50 cavallos e 1:400 sipaes, com as munições e petrechos correspondentes, e no dia 27 de Janeiro do anno proximo precedente passou todo o corpo para a vargea de Macazana, e no mesmo dia foi alojar-se na aldeia e pagode de Pernem, na provincia deste nome, com intenção, segundo as minhas instrucções, de receber ali os Bounsulós, que estavam pactados a render obediencia ao Estado.

No dia seguinte foi mandado do campo hum destacamento de mais de 200 sipaes, a cargo do Sargento maior Joaquim José Pegado a examinar a campanha, e o lugar em que se achavam quatro manchuas de guerra no rio de Aurandem com provisões para o exercito, e na volta foi atacado por hum corpo de tropas inimigas em hum passo estreito, e depois de grande combate, em que os inimigos se retiraram com destroço, se recolheu o destacamento com a perda de 1 capitão, 1 sargento, e alguns poucos sipaes.

Aos 29 se destacou do campo hum corpo de 800 sipaes para hir buscar as munições de guerra e bôca em Coluale, e tornou na madrugada do dia seguinte sem trabalho que o embaraçasse, e ao mesmo tempo fez o inimigo huma entrada nas aldeias fóra dos muros da provincia de Bardez,

1760 Janeiro 21 em que foi vigorosamente rechaçado pelas companhias, que estavam de guarnição naquelle lugar.

Não suspendia eu com a parte da marcha, e assistencia do exercito o cuidado de repetir as apertadas ordens ao general da provincia, e mais officiaes competentes, a necessaria cautela a respeito da vigilancia com os inimigos, e da preparação do recebimento do corpo no retrocesso da sua marcha pelo perigo que lhe resultava de se entranhar em paizes estranhos, e de matos em alguns sitios impenetraveis, no que haviam excedido as minhas ordens, advertindo reiteradamente ao mesmo General a entrega das minhas cartas ao Brigadeiro commandante, nas quaes lhe determinava a sua extemporanea retirada, que se não executou logo por alguns incidentes e demoras dos avisos, em cujo tempo o tiveram os inimigos de engrossar o seu corpo, não só com as suas tropas, mas com aquellas que de novo lhe chegaram de huma boa parte do grande soccorro que o Maratha lhe havia destinado, com que passavam de 6:000 homens, e atacaram por entre os matos ao corpo das nossas tropas na marcha que fez no dia 4 de Fevereiro para as terras do Estado, pelejando de parte a parte com incrivel ardor muitas horas até que aos nossos se lhe acabaram as munições, e se viram obrigados a fazer marcha mais violenta da que devia ser, que aproveitando-se os inimigos desta occasião, a tiveram favoravel para matar com menos risco alguns officiaes, soldados e sipaes, que haviam largado as armas para salvar as vidas, e nesta desordem se perderam tambem as peças da artilharia e munições do exercito, que no dia 5 se tornou a juntar em Coluale, não deixando de haver feito muitas acções de valor, e muito maior e extraordinaria mortandade, que pela sua confissão foram mais de 300 os mortos, e muitos mais feridos das tropas do inimigo, o que particularmente informarei a V. Ex.ª em carta separada.

Logo que recebi esta noticia mandei acudir com todas as providencias necessarias para o curativo dos feridos, e precisas cautelas de todas as defensas de mar e terra, assim para que os inimigos não entendessem que esta pequena vantagem sua nos havia diminuido as forças, como para que em toda a parte encontrasse em igual resistencia ao grande numero de tropas que se lhe havia encorporado, tomando eu todas as medidas, proporcionando-as nos muitos e perigosos lugares que havia confinantes, com officiaes e pessoas que pude descobrir de maior intelligencia. 1760 Janeiro 21

Da mesma sorte procurei conseguir haver de entre os inimigos pessoas intelligentes que me denunciassem os seus intentos e as suas forças, que não foi pequeno beneficio para poder assistir com o pouco numero de tropas do Estado aos assaltos repetidos em differentes lugares, e ás indispensaveis guarnições de tantos fortes e fortalezas, e armadas, e ainda a fazer nas suas terras continuas sortidas, não sendo das menores a que o Commandante de Alorna mandou fazer no dia 16, em que os nossos sipaes depois de alguns dos inimigos mortos, e alguns prisioneiros, saquearam e queimaram tres aldeias vizinhas, tendo muita parte em algumas das referidas sortidas o Sar Dessay Custam Saunto Bounsuló, tio do pequeno Sar Dessay dominante, o qual tomou o nosso partido, e ainda hoje se conserva no serviço do Estado.

A este tempo se fez publica nesta cidade a noticia de que o Naná passava em romaria a hum pagode da jurisdicção do Angriá, que fica distante sete ou oito dias, e como eu estava informado das instancias repetidas que havia feito para que da parte do Estado lhe fosse enviada huma pessoa capaz de tratar alguns negocios, ainda que das cartas que delle havia recebido me não tocava em semelhante empenho; comtudo persuadido de que, sendo a primeira vez que viajava a estas partes o dito Naná, e que sendo o maior potentado da Asia, não seria indecente a diligencia de o cumprimentar, aproveitando-me ao mesmo passo do conhecimento da sua intenção pela formalidade do recebimento e do obsequio, e igualmente para tentar o caminho de suspender os soccorros aos Bounsulós, que eu presumia ser justa vingança das muitas causas, que da parte do Estado haviam precedido para se formalisar, e quebrantar agora os artigos da paz de Punem.

1760 Janeiro 21 Nesta consideração fiz a proposta n.° 1 ao Conselho do Estado, que resolveu pelos pareceres n.° 2 ser acertada a sobredita congratulação ao Naná, como se havia ponderado, e resolvido no interino antecedente governo, e me não enganei naquelle conceito, porque tendo o dito Naná os avisos de que eu tinha nomeado pessoa para o dito cumprimento, mandou logo nesta contemplação, e fez suspender a marcha em que estavam 2:000 cavallos de suas tropas de soccorro aos Bounsulós, e outro maior numero de gente de pé, com que desanimaram bastantemente os Bounsulós, solicitando por todos os caminhos que lhe pode suggerir a sua malicia embaraçar este principio de gratidão que o Naná praticou a nosso respeito.

Aos 6 de Março partiu Thomás José Codmor, Capitão de cavallos com exercicio de Tenente da companhia da minha guarda, em caracter de Enviado ao dito Naná, com o regimento que consta do n.° 3, e com a familia, guarda e comitiva competente, e como não póde alcançar o Naná ainda na viagem, foi obrigado a chegar á sua Côrte de Punem, aonde foi recebido do mesmo Naná, e do seu primo Sadabá, que he generalissimo de suas tropas, coigual no poder, com as ultimas demonstrações de affecto e agradecimento; não se trataram negociações substanciaes pelas causas que acima ponderei, e com as mesmas attenções foi despedido, e se recolheu a esta cidade, como consta do itinerario, que o dito Enviado entregou na Secretaria do Estado, n.° 4 [1].

Com estas evidentes demonstrações de amizade de Naná, e com o desprezo que o Bounsuló encontrou na industria de as perturbar, entrou a procurar com maximas simuladas que lhe fossem admittidas novas proposições para a paz, a que eu nunca duvidei, mas com a prudente desconfiança da sua pouca fé, por não haver diminuição alguma em procurar novos insultos nas terras do Estado, e por esta causa determinei reforçarem as guarnições, e que em todas as fronteiras lhe fizessem vigorosas entradas e hostilidades, o que seria

[1] Pag. 264 deste tomo.

de igual utilidade a diminuir o bloqueio que os inimigos tinham formado á praça e fortaleza de Bicholim, privando-a de todas as communicações para esta cidade, nomeei para o rio da Provincia de Bardez Commandante o Capitão de mar e guerra João Gomes da Costa, em ordem a impedir todas as passagens dos inimigos, e para os rios desta cidade e ilhas o Capitão de mar e guerra, hoje Coronel e Ajudante general, Henrique Carlos Henriques, por serem pessoas de valor conhecido, e que podiam dirigir com acerto a disposição das guarnições e embarcações, com que eram guarnecidos os mesmos rios. 1760 Janeiro 21

Em 15 de Abril enviou o Commandante Henrique Carlos Henriques huma espia do inimigo com sua mulher, os quaes se tinham rebellado, e passado ao campo dos inimigos, e aos 17 entrou o inimigo nas aldeias de fóra da dita Provincia com grande poder de cavallaria e sipaes, que foram rebatidos pelo partido do dito Sar Dessay Custam Saunto Bounsuló, e lhe matou quantidade de cavallos e sipaes; e para diminuir estas e outras inquietações dos inimigos, ordenei que por todas as partes se frequentasse as hostilidades, o que se praticou, e se lhe queimaram algumas aldeias da provincia de Pernem pelos sipaes que estavam commandados pelo Capitão de mar e guerra João Gomes da Costa, com o fim de desaffrontar o sobredito bloqueio da praça de Bicholim, que já passava de 2:000 homens com 500 cavallos, e esperança de se lhe acrescentar o aperto com o soccorro da cavallaria, que o filho de Vitaba Vissaramo, irmão do Secretario do Bounsuló, tinha conduzido de mais de 200 cavallos, e alguns centos de sipaes.

Aos 2 de Maio foi o Commandante dos rios, Henrique Carlos Henriques á aldeia de Sirigão, acompanhado de huma partida de sipaes, fez-lhe gravissima destruição, e trouxe com os paizanos huma grande parte de mantimentos, que ainda se achava na campanha, repetindo no dia 3 a mesma diligencia, e se recolheu deixando mortos alguns sipaes dos inimigos, e neste dia se retiraram as tropas de cavallaria, que tinham vindo em soccorro dos inimigos por ordem do

1760 Janeiro 21 Naná, a effeito do resentimento que o Enviado do Estado lhe representou.

No dia 14, e nos successivos continuou o dito Commandante dos rios, com os poucos sipaes que tinha debaixo da sua jurisdicção, mais vigorosamente as hostilidades, chegando até muito perto da praça de Bicholim, para inquietar e desalojar as metas que a cercavam, em que lhe matou alguma gente.

No dia 24 chegou a certeza de se terem retirado 500 cavallos, e a confirmação de que o resto não queria entrar em acção por falta de pagamento, e do desengano de não conseguirem a passagem que intentaram com grandes donativos os Bounsulós pelas terras de Pondá, para hostilisar a nossa provincia de Salcete, o que sem duvida faria ao Estado sensivel perturbação, e se lhe contraminou pela anterior noticia dos nossos espias, que me deu tempo para as devidas cautelas.

Aos 30 do dito mez expediu o Capitão de mar e guerra João Gomes da Costa ao Capitão de sipaes Pedro Vicente, que com huma partida de sipaes na outra parte do rio queimou quasi toda a aldeia de Morgim.

Aos 31 se recolheu a esta cidade o nosso Enviado, Thomás José Codmor, da sua assistencia na Côrte de Punem, depois de haver recebido nella do mesmo Naná, e dos seus parentes e mais grandes da sua Côrte, os mais distinctos obsequios, e os maiores que até agora nella havia recebido outro algum Ministro das potencias da Europa.

Em o 1.º de Maio introduziu á sua custa e diligencia o Commandante dos rios algum mantimento de arroz e sal, de que havia grande falta, e dando-me parte desta diligencia, lhe ordenei a continuação, e no dia 4 fez introduzir setenta cargas da fazenda real.

Já neste tempo cançado o Bounsuló dos repetidos ataques e entradas, que as nossas tropas lhe haviam feito, sem que elle podesse conseguir alguma effectiva nas nossas terras, tinha mandado a esta cidade com o titulo de Enviado Rogunata Xamo Ráo, pedindo por elle instantemente o ajustamento da paz, para cuja conferencia nomeei no mesmo dia ao Secretario do Estado Belchior José Vaz de Carvalho. 1760 Janeiro 21

Aos 6 se introduziu por industria do dito Commandante dos rios nova guarnição e mantimento na praça de Bicholim, com que se desenganaram os inimigos de concluir o seu intento, e foram diminuindo as metas, até levantar inteiramente o campo e o bloqueio, ainda que depois fizeram as nossas tropas varias presas e hostilidades na jurisdicção do mesmo Sar Dessay, e se recolheram as tropas das campanhas pela entrada do inverno.

A guarnição da provincia de Bardez constava no seu General Jeronymo Lobo de Magalhães, segundo Commandante Antonio de Mello Pereira e Sousa, terceiro Commandante o Tenente Coronel do regimento novo Ignacio de Sousa e Brito, Sargento mór da provincia o Sargento maior do dito regimento José Carlos, o Commandante dos rios de Chaporá o Capitão de mar e guerra João Gomes da Costa, o Commandante dos rios desta cidade e Bardez o Capitão de mar e guerra Henrique Carlos Henriques, tres companhias de granadeiros com huma peça da nova invenção com 16 artilheiros, 1:300 sipaes, e hum grande numero de auxiliares e de ordenanças, quinze embarcações pequenas de guerra postadas nos lugares competentes para a defensa dos rios, huma manchua mais de guerra no rio de Coluale, tres langabotes com peças da nova invenção, e cinco balões para as rondas alem de outras embarcações e alguns commandantes.

Aos 22 entraram nesta cidade os Enviados de Naná, e seu primo Tatobá, com grande pompa, e no dia 26 lhes dei audiencia com toda a ostentação, e entregaram as cartas credenciaes com as ultimas expressões de amizade, particularmente pelo que respeita ao Naná, e o seu Enviado Amadagi Panta se comportou em todas as acções com o mais proporcionado desempenho do seu caracter e affecto ao Estado, contribuindo em toda a parte a sua assistencia, e a zelosa actividade do Secretario do Estado, que tambem lhe nomeei conferente, para a brevidade da conclusão das pazes com o Sar Dessay Bounsuló, que se firmaram no dia 26 de Julho

1760 Janeiro 21 pelo Tratado n.º 5, e se publicaram no dia 7 de Agosto com geral satisfação dos povos e grandissimo trabalho dos conferentes, e aos 26 se cantou o *Te Deum Laudamus* na Sé Primacial, em acção de graças [1].

Em o 1.º de Agosto chegaram a esta cidade, pela via de Surrate vindas de Bassorá, as funestas noticias do execrando e inaudito attentado commettido na noute de 3 de Setembro contra a Sacra Real Magestade Fidelissima do Senhor D. José, revestidas porém de effeitos mais sensiveis ao amor, e ao respeito de seus fieis vassallos, e se publicaram constantemente por outras partes das costas do norte e sul, em cuja contemplação reformei só onze companhias de sipaes, deixando as outras para as defensas que poderiam ser necessarias, passando as ordens de reparar e guarnecer competentemente as fortalezas da barra, pondo-lhe por Commandantes aos Coroneis dos dois regimentos João Manoel Correia de Lacerda, e Antonio Mourão de Miranda, e as praças de ambas as provincias, e da mesma sorte nomeei ao dito Capitão de mar e guerra Henrique Carlos Henriques para Commandante da nau de guarda costa, tudo a fim de acautelar qualquer simulado insulto, como se podia presumir do estado a que se dizia estar reduzido esse reino pelas consequencias do referido attentado.

Conhecendo eu que a applicação das armas me não devia separar das politicas disposições do ministerio, e vendo que poderiam ter alguma confirmação aquellas funebres noticias com a chegada da nau da viagem desse reino, e pôr em maior abatimento o conceito das forças e soccorros deste Estado, procurei que antes do tempo da sua chegada se concluisse o que cabia na brevidade, e respeitava a hum benevolo ajuste das proposições do dito Enviado do Naná, como se mostra das respostas do dito Secretario do Estado n.º 6, que depois approvou o Naná, e com ella se despediu no dia 4 de Setembro cheio todo de obrigações e protestos de agradecimento

[1] Pag. 106 deste tomo.

ás honras publicas e particulares, com que o recebi e fiz tratar. 1760 Janeiro 21

Na companhia no dito Enviado partiu o Tenente Coronel da artilharia Jacques Phelippe de Landreset, investido do mesmo caracter ao mesmo Naná, de quem foi acceito, e tem recebido indiziveis estimações, como em outra tenho já exposto, e o regimento que elle levou para a sua direcção vae no n.º 7.

Aos 12 expedi a nau da guarda costa, recolhendo-me a esperar a do reino no convento do Cabo, por ser lugar mais proprio para evitar a demora das boas noticias, que anciosamente esperava da saude, e conservação da preciosa vida de Sua Magestade e Real familia, as quaes se confirmaram no dia 25, em que surgiu a dita nau.

No dia seguinte se executaram os sequestros, e reclusões dos religiosos da sociedade chamada da Companhia de Jesus, e se tem continuado na arrecadação dos bens dos seus collegios.

Tenho certeza ultimamente que o nosso Enviado Jacques Phelippe de Landreset se acha despedido da Côrte de Punem com toda a satisfação, e que o do Naná vem em marcha para esta cidade, aonde tambem chegou o Embaixador do Rey de Sunda, com que se poderá consolidar o socego publico, e afiançar o beneficio do Estado, que he o meu principal objecto.

Chegou tambem o Enviado do Bounsuló para concluir a ultima execução de alguns pontos do Tratado da paz, e aos 19 do presente mez chegou tambem o nosso Enviado dito Tenente Coronel da artilharia Jacques Phelippe de Landreset da expedição a que tinha sido mandado ao Naná, de que deu conta que eu refiro em carta separada [1].

Deos guarde a V. Ex.ª Goa, 21 de Janeiro de 1760.— Rubrica do V. Rey.

[1] Não achámos esta carta.

Itinerario do Enviado Thomás José Codmor que foi á côrte de Punem

(Arch. da India, livro das Monções, n.º 132, fol. 688.)

Documento n.º 4 da carta antecedente

1760 Ill.mo e Ex.mo Sr. — Partindo a 6 de Março de Goa a hir comprimentar a Balagi Bagi Ráo Naná, que havia noticia que tinha chegado a Griem a visitar hum pagode, com a instrucção que V. Ex.ª me deu para esta diligencia, a 12 cheguei a Canopor, depois de me haver visitado em Pondá Udou Panta, pessoa do dito Naná, que tinha vindo a tirar inquirição dos casos succedidos naquella provincia, e achando naquella villa a noticia da volta do dito Naná para a sua residencia e Côrte de Punem, em execução das novas ordens de V. Ex.ª continuei a minha viagem até á dita Côrte, tendo devido ao Governador da dita villa muito obsequio, amizade e estimação. Ao 1.º de Abril cheguei a Vitalgangi, donde me hospedou com grandeza a mulher de Narana Vencata Ráo Tateá; a 6 a Visnapor, a entregar as cartas que levava a Ganaxani e Trimbaca Ráo, que tambem me hospedaram bem; e a 14 á dita Côrte de Punem, donde devi muitas attenções ao Nababo Mujafarjang, e Naná me recebeu com grande applauso, e com as maiores honras que jámais lhe deveram os Enviados de outras nações, e do mesmo modo tambem Sadobá, seu primo, e todos os grandes da Côrte, e como a minha commissão não era senão para fazer huma visita ao dito Naná, a alguns negocios que me propoz sempre respondi em termos geraes, mas nem por isso deixou de attender a representação que lhe fiz a respeito do soccorro que queria dar ao Bounsuló, porque mandou suspender a marcha de 2:000 cavallos, e recolher tambem assim a cavallaria, como gente de pé, que já antecedentemente tinha dado ao dito Bounsuló, e acabada a minha commissão sahi de Punem a 15 de Maio, e cheguei a esta cidade a 31 do mesmo mez, de que tudo dou a V. Ex.ª esta noticia. — Belchior José Vaz de Carvalho.

Conta do Vice Rey Conde da Ega a Sua Magestade

(Arch. da India, livro das Monções, n.º 133, fol. 384.)

Senhor.—Havendo alguns annos que o Naná mostrava empenho na correspondencia do Estado, se adiantou de sorte que ao tempo da minha chegada a esta cidade tinha o governo interino eleito ao Sargento maior Ignacio de Sousa de Brito em qualidade de Enviado para hir á Côrte de Punem comprimentar aquelle potentado, a quem antecipára a noticia desta resolução. 1760 Dezembro 13

Com o adiantamento referido, e com a occasião de o sobredito Naná descer a primeira vez a esta parte dos Gates, e não muito distante desta capital, me pareceu justo mandar ao Capitão de granadeiros Thomás José Codmor fazer-lhe em meu nome o obsequio que pedia a civilidade; e succedendo ter-se recolhido á sua Côrte, a ella o foi cortejar, de que se pagou Naná tanto, que não poupou demonstrações para dar a entender a sua satisfação, e retribuil-a com igual attenção e vaidade.

Em seguimento do nosso Enviado, que logo se retirou, mandou o Naná outro a esta cidade, e pouco depois segundo, com que se augmentou a communicação e correspondente politica, e ultimamente se declarou pedindo ao Estado 500 homens portuguezes de soccorro para a conquista de Zangirá e Cassá da jurisdicção do Sidy de Dandá Rajapuri.

Sobre este importante negocio tornei a mandar a Punem, nomeando para a diligencia ao Tenente Coronel Commandante da artilharia Jacques Phelippe de Landreset com mais amplos poderes, por ser pessoa de quem pela sua capacidade, applicação e regular procedimento faço toda confiança, e com effeito seguindo as minhas particulares instrucções estipulou a concessão do soccorro com as condições da copia inclusa n.º 1 [1].

[1] Pag. 139 deste tomo.

1760 Dezembro 13 Não deixo de ponderar com profunda reflexão, que tem alguma dureza que vencer as obrigações de que me encarreguei, e que a debilidade presente das forças do Estado parece deve preferir o socego, e muito mais em caso de contingentes interesses e futuras esperanças, vendo-me eu porém empenhado já nas conferencias, que o trato familiarisou com o Naná, e com a positiva certeza de que se não concorresse voluntario para esta acção, era impossivel deixar de experimentar os sensiveis golpes da guerra, e os seus effeitos tanto mais penetrantes, quanto menos se facilita a proporção da defensa; e sendo necessario regular a opposição da repugnancia com o numero das tropas para as acções militares, me pareceu impraticavel a resistencia, havendo sido distinctos os meios da indifferença, que primeiro desejei abraçar; considerando tambem que supposto podesse a todo o risco defender-me com este pequeno numero de tropas de qualquer invasão do Maratha nestas ilhas, comtudo não promettia muita duração, porque era consequencia precisa a falta de rendimentos das provincias de Salcete e Bardez, alem de outros das alfandegas, sendo certo o perder-se tudo o que possue o Estado fóra desta cidade, e muito mais sendo hoje este pequeno recinto cercado e povoado dos mesmos Marathas, e do seu extraordinario poder, a que se vae ajuntando huma grossa armada, que em cada dia se augmenta.

Tenho certo conhecimento dos estragos da guerra, e da impossibilidade de assistir-lhe o Estado com as precisas despezas, e experiencia que baste para a sua resolução; vejo o credito das acções dos Portuguezes na Asia abatido, e que sem acção de valor sinalado se faz impraticavel o restabelecimento, e he menos arriscado o empenho, sendo a guerra a expensas, e em paiz alheio, evitando hum inimigo que põe em campanha mais de 200:000 cavallos, e muito maior numero de pé, alem de bemquistar os progressos com o nome de que o Maratha nos busca, e que com a felicidade nos cede aquelle importante tributo, iseotando-nos ao mesmo tempo de outros menores insultos a beneficio desta alliança; pelo que me resolvi a seguir o destino da fortuna, solicitando conseguir no caminho da benevolencia e confiança as vantagens que se impossibilitam por meio de guerra, ou outros qualificados interesses. 1760 Dezembro 13

Estas e outras semelhantes considerações foram occasião de contemplar ao mesmo Naná na moderação das condições da paz com o Bounsuló, a quem vivamente protegeu com efficaz empenho, e com formal soccorro de tropas, e se me fez inexcusavel aquella attenção.

Na execução do referido ajuste hei de mandar as tropas de soccorro, para se unirem com alguma parte que antes foi; o objecto principal he do ataque de huma praça, que ainda que circumdada de mar, se póde bater e bombear livremente da campanha, e por esta causa menos arriscada a empreza. Confio que o Senhor das victorias abençôe as armas de Vossa Magestade, e que eu protegido destes auspicios tenha a satisfação de as dirigir para gloria do augusto nome de Vossa Magestade sem que o empenhasse, porque nesta consideração procurei encaminhar a negociação em meu proprio nome, e com desobrigação do Estado.

Como os Inglezes se fizeram senhores do grande porto de Surrate, e pretendem do Maratha a ilha de Salcete, que antes possuimos, se tem mostrado com forte resentimento a esta união; maiormente porque o seu poder, e o pouco dos Francezes, os tem feito dominantes, e deixado senhorear dos mares destas costas, e da de Choromandel, e golfo de Bengala.

Ao tempo de se conferir o ajuste com os ministros do Naná, se fallou tambem na fórma que he estylo asiatico em semelhantes negociações no donativo, que elles chamam sagoate, e a que eu logo fiz rejeitar a proposição; mas o Naná formalisado de se lhe desprezar a offerta, não foi possivel incluil-a no Tratado; e assim prometteu com separação 25:000 rupias, que são 50:000 xerafins em cada anno, na fórma que consta da copia n.º 2 [1], o que tudo, sendo Deos

[1] Pag. 144 deste tomo.

1760 Dezembro 13 servido que se tome as praças, mandarei encorporar na fazenda real.

Tambem tenho conferido a paz com o Rey de Sunda pela ordem que trouxe de Vossa Magestade para o attender, e satisfazer da guerra pouca ajustada á fé publica de Pondá; o deploravel estado em que se acham os dominios deste Principe, tira a esperança de conveniencias maiores, e a conservação da praça do Piro nos não deu até agora mais que despezas, occupando huma numerosa guarnição; comtudo farei sempre a diligencia para segurar alguma utilidade, procurando principalmente se evite a entrada dos Inglezes, ou outra nação Europêa naquella costa, como o tinham feito os ditos Inglezes na feitoria e rio de Caruar, como exporei a Vossa Magestade pela nau de viagem.

A muito alta e muito poderosa real pessoa de Vossa Magestade Fidelissima guarde Deos felicissimos annos. Goa, 13 de Dezembro de 1760.—Rubrica do Vice Rey.

Conta do Vice Rey Conde da Ega a Sua Magestade

(Arch. da India, livro das Monções, n.º 134, fol. 480.)

1762 Janeiro 31 Pelas naus que no anno passado partiram deste Estado, puz na presença de Vossa Magestade o que tinha occorrido até áquelle tempo; na presente monção continuo a mesma diligencia, estimando poder dar a Vossa Magestade a agradavel noticia de que a paz, e tranquillidade se conserva nesta conquista, produzindo seus naturaes effeitos.

Pelo Tratado de paz, que em carta separada remetto, será presente a Vossa Magestade o que ultimamente celebrei com o Bounsuló, e em execução das mesmas ordens de Vossa Magestade, que me foram dirigidas pela Secretaria de Estado.

O Maratha, o chamado Naná, teve repetidos maus successos na campanha passada, e pela ultima acção ficou quasi destruido, morrendo-lhe nella seu primo Sadobá, como tambem o filho mais velho do mesmo Naná, e a maior parte de seus cabos de nome. E esta noticia fez tal impressão no animo do Naná, que ficou logo como louco, e pouco tempo depois falleceu, como se verá das relações inclusas. 1762 Janeiro 31

Os Inglezes nesta parte do mundo tem tido seus repetidos e afortunados súccessos, tomando aos Francezes todos os seus estabelecimentos em huma e outra costa, pelo que se acham estes em total decadencia, e aquelles em maior augem.

Desejo que estas noticias sejam agradaveis a Vossa Magestade, e que os meus procedimentos mereçam a real approvação de Vossa Magestade, na certeza de que todo o meu cuidado se emprega a este fim.

A muito alta e muito poderosa real pessoa de Vossa Magestade Fidelissima guarde Deos felicissimos annos. Goa, 31 de Janeiro de 1762.—Rubrica do Vice Rey.

Relação annexa á carta antecedente

(Arch. da India, livro das Monções, n.º 134, fol. 480.)

Na ultima decadencia do governo bramanico, pela catastrophe de ter perdido nos Estados do Industão os seus melhores exercitos, mais experimentados capitães, e de se lhe ter supprimido as grossas contribuições que percebia daquelles vastissimos dominios, ficando quasi orphão pelos fatalissimos golpes, que sentiu na morte de Sadobá e Visvas Ráo, e finalmente do Naná; succedendo-lhe no mesmo governo hum filho seu menor de pouca idade, chamado Madú Ráo á direcção de seu tio Ragobá; pretendeu Nizamaly Nababo, senhor do Decan, atacal-o com as suas forças neste verão, chegando muito perto de Punem no campo de Gonddem e de Lony, mas havendo tido sempre bom successo na sua marcha e acampamentos naquelles paizes, por se ter provado o seu valor nas resistencias, que Madú Ráo lhe mandou fazer com as suas forças commandadas por Bapogi Ráo, não pôde comtudo evitar que Rama Chandra Zadoa Ráo, hum dos principaes cabos do seu exercito, se deixasse subornar de dadivas, e promessas do dito Bapogi Ráo para conspirar contra o seu proprio amo o dito Nizamaly.

Não he cousa nova entre os Mouros conspirarem-se os seus vassallos contra seus proprios amos, porque ainda não ha muitos annos que o Nababo Mussaforjanga, vassallo de Nossarjanga, a troco da vida de seu amo abriu as portas do reino de Arcatte, e depois de todo o emporio do Decan para os grandes progressos que fizeram os Francezes até chegar Mr. Bussy a ser arbitro da paz e guerra de todos aquelles Estados, e depois a querer levantar-se com todo o governo do mesmo Decan com prisões, mortes e atrocidades, que fomentou contra Salabatagenga, Nizamaly e Bapabatgenga, todos irmãos e filhos do dito Nassargenga, e depois havendo o mesmo Salabatagenga declarado a guerra a Naná o anno de 1751; de tal modo que na sua marcha se despovoaram todos os paizes pelo grande terror de que ficaram possuidos os seus moradores desde Idrabad até Punem, que dista algumas cento e trinta leguas, sómente com a noticia do poderosissimo exercito de muita cavallaria, infantaria e artilharia, e elefantes, auxiliado de hum regimento dos Francezes, muitos engenheiros, bombas, e outros muitos petrechos de guerra, convidando ao mesmo tempo todo o mundo inteiro por cartas e enviados, que chegaram tambem a tomar muitos dias e noites de reflexão ao V. Rey, que então governava este Estado, sobre o que devia fazer naquellas beneficas circumstancias a favor da restauração da provincia do norte; quando mais imminente estava este golpe sobre Punem, com o maior pezar de todas as nações se viu obrigado este famosissimo exercito a capitular com Naná a sua liberdade pela ambição de seus principaes cabos, que se rebellaram e conspiraram contra o seu soberano, o desgraçado Salabatagenga; escusando-se de referir muitos outros successos semelhantes, que quasi todas as expedições mogolicas tem experimentado com grande magua do coração de todo o Decão.

Logo que Nizamaly teve noticia do trato do dito Cabo Zadou, que era de qualidade Maratha, o mandou chamar no mesmo instante, e como o recado que recebeu foi de noite, ficou-lhe facil a sua retirada com 2:000 cavallos de seu partido, algumas peças de artilharia, o seu trem, e com hum irmão de Nizamaly, chamado Mogol Aly, que o tinha preso á ordem do mesmo Zadou, para o exercito de Bapogi Ráo, ou por melhor dizer para o partido de Madou Ráo.

Esta infidelidade de Zadou sentiu amargamente Nizamaly, e suspeitando que poderia tambem haver no seu mesmo exercito alguns cabos mais de qualidade maratha inconfidentes ao seu serviço, os mandou vir á sua presença, e lhe declarou que de nenhum delles podia já fazer confiança, por serem todos da mesma casta de Zadou, obrigando-os a ratificar os seus juramentos de fidelidade, e mais ceremonias gentilicas a seu rito.

Entre outros cabos de experiencias militares, que Nizamaly tinha no seu exercito, e de quem fazia melhor conceito que de todos, era Nimbulcar e Muradacan, os quaes como zelosos do seu serviço o informaram aos poucos do estado da situação em que se achavam as suas forças depois da deserção de Zadou, propondo-lhe com suavidade a conveniencia da paz com Madou Ráo, que a continuação da guerra, e depois de larga conferencia nesta materia, ultimamente a mandou Nizamaly propor, e contra as vivas instancias, que lhe fizeram para a não admittir Bapogi Ráo, Zadou e Mogol Aly, acceitou Madou Ráo a mesma paz, incluindo nella os interesses dos seus dois novos alliados, e cumprindo-se ao mesmo Zadou a promessa de generalissimo dos exercitos marathas com a espectativa de ser promovido a outros cargos de maiores honras ou dignidades.

Soube-se tambem que Madou Ráo ficava tomando as suas medidas para fazer algumas expedições de suas forças para as partes do norte, e Gopalá Ráo estava nomeado para vir para estas partes do sul, e que o mesmo Madou Ráo fazia contas de chegar a Mirgi, e tambem a Satará.

Carta do Secretario de Estado Francisco Xavier de Mendonça Furtado ao Vice Rey Conde da Ega

(Arch. da India, livro das Monções, n.º 134, fol. 323.)

Ill.mo e Ex.mo Sr. — Por aviso que chegou da Bahia com a
1761 noticia de se achar a nau de viagem *S. Joseph* naquelle porto,
Março recebi a segunda via das cartas de V. Ex.ª, e nella as de 21
26 e 30 de Janeiro, e duas do 1.º de Fevereiro do anno proximo passado, dirigidas a esta Secretaria d'Estado, e huma de 30 do dito mez de Janeiro, escripta immediatamente a Sua Magestade[1], as quaes sendo presentes ao mesmo senhor, foi servido tomar nellas as resoluções que vou referir a V. Ex.ª

Na de 21 dava V. Ex.ª conta dos choques que tinha havido entre as nossas tropas e as do Bounsuló, e o mais que tinha occorrido nesse Estado.

Sua Magestade ratifica a V. Ex.ª que a sua real intenção, fundada no principal interesse do Estado, he que nelle se evitem guerras em quanto a indispensavel necessidade não obrigar a ellas; porque o mesmo senhor tem por serviço relevante o da conservação, em quanto o tempo não permitte que se estabeleçam meios proporcionados para a restauração, como preveniu a V. Ex.ª nas suas primeiras instrucções.

Toda a decente contemplação, que V. Ex.ª conservar para a boa intelligencia com o Naná, será sempre util, em quanto as cousas se acharem no estado presente.

Sua Magestade, á vista das circumstancias, em que se acha essa capital, approva o Tratado feito com o sobredito Bounsuló, e com as declarações que abaixo direi a V. Ex.ª; e tambem approvou os pareceres dos Conselheiros desse Estado, e a resolução tomada por V. Ex.ª de mandar cumprimentar Naná pelo Capitão Thomás Joseph Codmor, e de lhe enviar para negociar o Tenente Coronel Jacques Phelippe de Landreset.

[1] A de 21 de Janeiro de 1760 fica a pag. 256 deste tomo. As outras não se encontram.

As cautelas praticadas por V. Ex.ª com a noticia que chegou a esse Estado por Surrate do atrocissimo attentado commettido contra a real pesssoa do mesmo senhor na noite de 3 de Setembro de 1758, foram presentes a Sua Magestade, que ficou na intelligencia do que se obrou a este respeito. 1761 Março 26

No dia 30 do sobredito mez de Janeiro, em que V. Ex.ª referia immediatamente a Sua Magestade o que se passou nas guerras que haviam feito a esse Estado o Maratha e Bounsuló, foi sensivel ao mesmo senhor a perda da acção, em que a nimia credulidade do Brigadeiro Joaquim Jansen Moller poz em tanto perigo a conservação do Estado, onde he certo que se necessita de novas ordenanças, e de tropas melhor morigeradas, para que a obediencia e a disciplina se observe mais regularmente.

Entretanto reconheceu Sua Magestade, que o expediente de mandar ao Naná os dois Emissarios que V. Ex.ª lhe expediu, não foi arbitrario, mas indispensavelmente preciso pela urgencia das circumstancias em que se achava esse Estado, principalmente quando a carta que o Naná escreveu a V. Ex.ª felicitando-o da sua chegada, dando-lhe noticias de vir á fortaleza de Gueriem, e pedindo-lhe a nomeação de huma pessoa para tratar negocios, fez tão decoroso lugar á expedição dos mesmos Emissarios.

A casualidade de não achar Thomás Joseph Codmor a Naná em Gueriem, e de o seguir como por attenção sua pessoal até Punem, produziu muito bom effeito; e Sua Magestade achou muito bem praticadas as attenções que se tiveram nessa capital com o Enviado do referido Naná; as confidencias que se lhe fizeram; como tambem que depois de o haver convencido da justiça que tinhamos com o Bounsuló, se rendesse ao mesmo Naná a fineza de que se concedia pela sua intervenção a paz ao tal Bounsuló.

O mesmo senhor não póde deixar de approvar o juizo politico que V. Ex.ª fez na ultima parte da referida carta desde o paragrapho que principia «O zêlo, senhor, com que me emprego», até o fim della, por ser em tudo conforme com a

1761 Março 26 mo senhor, bem verá V. Ex.ª que o empen[illegible] de tornarmos ao Sidy a praça de Gengirá com aquelle obje[illegible] ção de Salcete, vem a cessar inteiramente pe[illegible] restitui- que Sua Magestade nem pretende, nem lhe conv[illegible] de por hora, nem ainda de graça, semelhante cessão.

Acrescem para o mesmo senhor ordenar, como orden[illegible] V. Ex.ª que por todos os modos possiveis se tire do referid[illegible] empenho, motivos tão grandes, como são: 1.º, o conhecimento que ha nesta Côrte da referida praça de Gengirá, e do seu porto; 2.º, o de que a respeito delle tem passado; 3.º, o das consequencias que teria cahir o mesmo porto nas mãos do Maratha.

A dita praça, que fica ao sul da cidade de Chaul, havendo sido pelo Mogol doada ao Mouro Sidy, com a obrigação de lhe guardar desde ella Surrate, he o melhor porto da costa do norte, com huma barra muito ampla, e hum esteiro de consideravel fundo, sempre navegavel, pelo qual entram os navios algumas milhas pela terra dentro; a praça, que domina o referido porto, he inexpugnavel por sua natureza, e por ser situada em huma ilha, que não permitte aproches, nem assaltos. Por isso, pretendendo-a tomar o Maratha desde o anno de 1733, e havendo-lhe feito hum bloqueio, que durou dois annos, foi obrigado a levantal-o, sem o poder conseguir. E emfim, se a tomasse agora, dahi se seguiria, por huma parte ficar senhor de todos os portos principaes da costa da India ao norte dessa capital, faltando-lhe sómente esse, e o de Damão, para ficar absoluto senhor da mesma costa. Por outra parte ficar o mesmo Maratha com aquella praça inexpugnavel, e seu porto, com hum asylo seguro para delle se fazer forte contra todos e quaesquer accidentes, que no continente podessem sobrevir-lhe. Por outra parte queixar-se de nós com justo titulo o Sidy, que sempre foi fiel ao Estado. E por outra parte emfim, expor-nos a que o Mogol nos fechasse o porto e o commercio de Surrate, vendo que os Portuguezes concorreram para a conquista da referida praça; porque os Asiaticos não entendem a differença, que se faz na Europa, entre fazer a guerra, e auxiliar (por effeito de tratados defensivos) as Potencias que são belligerantes; sendo que ainda na mesma Europa a dita differença só se faz, quando o auxilio se presta por virtude de convenções anteriores á guerra, e não quando se soccorre pendente ella hum dos belligerantes, para lhe engrossar as forças com que offende. 1761 Março 26

Final e decisivamente he Sua Magestade servido, que V. Ex.ª com as escusas do que passou antecedentemente com o mesmo Naná a respeito do bloqueio da referida praça, de que a experiencia presente mostra que não he expugnavel sem esforços maiores dos que V. Ex.ª póde fazer sem ordem positiva do mesmo senhor; e de que já se tem arriscado a muito em exceder as mesmas ordens, para fazer sahir do territorio do Estado as tropas com que o soccorreu; faça V. Ex.ª tudo o que couber nas suas diligencias para recolher as mesmas tropas; dizendo tambem a Naná que não podia conserval-as por mais tempo em tão grande distancia, de sorte que cheguem naus do reino com increpação de ellas haverem saído, sem que V. Ex.ª se ache no estado de responder a El-Rey nosso senhor que já se recolheram.

De tudo o que fica dito se confirmará V. Ex.ª ainda mais na certeza de que a resolução de Sua Magestade he actualmente a mesma, que era ao tempo em que o mandou instruir na sua partida desta Côrte, reduzindo-se ao ponto substancial da conservação do dominio presente, sem alguma idéa de restauração ou conquista futura; e que neste mesmo espirito he que V. Ex.ª deve trabalhar para a segurança do mesmo dominio presente; fazendo todo o possivel para que o Sunda se restitua á posse da praça de Pondá, e das que delle conservamos ainda; e o Bounsuló tambem á posse das que lhe foram tomadas pelas armas de Sua Magestade; praticando tudo isto por intelligencias e por negociações, sem que para a restituição de Pondá nos embarecemos em guerras com Naná, que seriam contrarias ao dito systema do mesmo senhor acima referido.

A negociação com o Sunda se póde fazer muito solidamente, fazendo-lhe entender que constando a Sua Magestade

1761 Março 26 que elle se privou da jurisdicção de Pondá, obrigado da falta que lhe fizeram as praças que lhe tomámos; sabendo o mesmo senhor que elle deu a referida jurisdicção em hypotheca só em quanto lhe não fossem por nós restituidas as sobreditas praças; e desejando Sua Magestade com a grandeza de animo, que lhe he natural, beneficiar os seus vassallos, e visinhos confinantes da Asia, tanto quanto tem beneficiado os da Europa e America, depois que succedeu na corôa destes reinos; e para que todos vivam contentes, em paz e abundancia, tem ordenado que sejam restituidas a elle Sunda as praças que estiverem debaixo do dominio do Estado; que elle Sunda póde contar seguramente sobre as referidas ordens, para na certeza dellas ver como ha de pagar a Naná o que lhe deve, e ajustar-se com elle a largar-lhe a fortaleza e jurisdicção de Pondá, conservando em segredo as sobreditas ordens; porque logo que o Naná fizer aquella restituição, sobre qualquer requerimento delle Sunda lhe serão immediatamente demittidas as sobreditas praças.

Desta sorte conseguirá V. Ex.ª duas cousas tão uteis ao mesmo systema, como são: 1.ª, desviar o Maratha das visinhanças de Goa, tirando-lhe as occasiões de descer os Gattes; 2.ª, fazer ao Estado huma barreira com os dominios daquelles dois potentados, e com os interesses que elles terão depois de serem restituidos, para em causa commum comnosco lhe ficar odiosa qualquer invasão do Maratha, de sorte que nos avisem e ajudem nas intelligencias, para se negociar que o referido Maratha se desvie daquella fronteira do Estado; sendo esta a nossa antecedente barreira, e a politica, com que o judicioso, e sempre louvado Vice Rey Caetano de Mello e Castro conservou o Estado, e o fez respeitavel a todos os visinhos.

Sua Magestade observou na mesma carta de 30 de Janeiro, que principia «O grande desejo», e nas duas do 1.º de Fevereiro, que principiam «Inclusos nestas», e «He bem notorio», o que passou a respeito da paz, que V. Ex.ª celebrou com o Bounsuló, como as condições do Tratado de 26 de Julho de 1759, do artigo secreto delle; e com a relação dos interesses, que a esse Estado se seguiram das conquistas, com que se malquistaram os governos dos antecessores de V. Ex.ª 1761 Março 26

O mesmo senhor se achava plenamente informado da nenhuma importancia das taes conquistas, contrarias ao solido systema acima referido, e contrarias á politica de Caetano de Mello e Castro, e á dos Vice Reys, que mais judiciosamente governaram esse Estado.

Por isso não teve Sua Magestade duvida alguma em approvar o sobredito Tratado de 26 de Julho de 1759 na parte substancial do que foi por V. Ex.ª contratado.

Porque renovando-se pelo artigo 2.º do mesmo ultimo Tratado o que havia sido feito em 25 de Outubro de 1754, no qual se estipulou o livre exercicio da religião nas terras do Bounsuló; a indemnidade dos Dessays vassallos do Estado, a extracção e transporte da artilharia, munições e petrechos de guerra; a liberdade do commercio reciproco; o tributo annual estabelecido pelo Tratado feito com o Vice Rey D. Rodrigo da Costa; será util e necessario que todos estes pontos se declarem e renovem especificamente na convenção que se fizer sobre as demissões das praças, que Sua Magestade manda restituir a este Regulo.

Observando o mesmo senhor que o sobredito Tratado de 26 de Julho de 1759 se acha formulado em termos, que ficou sómente pessoal, quando o outro Tratado de 25 de Outubro de 1754 he certamente real e obrigatorio dos successores, como se vê das palavras finaes do artigo 1.º «Porque promette o grandioso Sar Dessay de Cudalle em seu nome, e de seus successores, viver com a fidelidade devida a este Magestoso Estado», palavras que se acham repetidas em outros artigos, com o mesmo objecto de fazer real e perpetua a estipulação delles; observando-se, digo, por Sua Magestade esta consideravel differença, se faz preciso que na convenção, que se houver de celebrar, se incluam as mesmas palavras, para fazer perpetuo e real o contrato presente, de sorte que obrigue a todos os successores do Bounsuló.

Emfim será tambem util e necessario que na mesma nova

1761 Março 26 convenção se procure estipular, por huma parte, quando se trata da liberdade do commercio, que as embarcações, assim de guerra, como merçantes, que entrarem nos portos do mesmo Regulo, só pagarão direitos de ancoragens e de alfandegas, quando forem negociar, mas de nenhuma sorte quando entrarem occasionalmente nos referidos portos por causa de necessidade, de abrigo, ou de buscarem provimentos; e pela outra parte, que o mesmo Regulo não poderá levantar em outra parte de seus Estados as fortalezas, que tem sido, e forem demolidas; condições e clausulas que tambem se devem procurar inserir na convenção, que se celebrar com o Sunda.

O mesmo senhor convem igualmente em que sejam demittidas ao Bounsuló as praças, que delle retem ainda o Estado, com erro notorio de politica, porque ainda que as terras adjacentes a ellas fossem muito rendosas, de que serviria ao mesmo Estado pagar os encargos da manutenção das mesmas praças, para o Bounsuló perceber os fructos dos territorios dellas?

No mesmo espirito não fez difficuldade a Sua Magestade absolver o mesmo Bounsuló da pensão, com que se lhe largaram as taes terras, na conformidade do artigo secreto, e das cartas que o sobredito Regulo escreveu com aquelle assumpto.

Isto porém se deve praticar com dexteridade, e com toda a possivel conveniencia do Estado. A dexteridade póde ser a de se fazerem valer as respostas, que desta Côrte vão para o referido Bounsuló; fazendo-se avultar no seu conceito a verdadeira e natural clemencia, com que Sua Magestade quer que os seus vassallos e visinhos confinantes vivam gostosos, e sejam conservados em paz, e em justiça, etc.

A conveniencia póde ser a de se demolir não só a praça de Bicholim, como elle Bounsuló pedia, mas tambem a de Alorna; entregando-se-lhe arrasadas pelas nossas tropas antes de sairem dellas; porque se antes disso forem entregues, não cumprirá depois a palavra de as demolir, e dará isso motivo a huma nova guerra; e porque ainda que estas praças nunca fizeram mal a esse Estado, o poderão vir a fazer sensivel com o tempo, no caso de descer o Maratha os Gattes, e de as achar levantadas para se sustentar; quando pelo contrario não poderá facilmente subsistir naquellas fronteiras, sem ter com que se cubra. 1761 Março 26

A praça de Tiracol póde ficar ao mesmo Bounsuló illesa, porque sendo pouco mais de hum pombal, com quatro ou cinco peças de artilharia, como era antes de a possuir esse Estado, e reduzindo-se a estes proprios termos, ao mesmo tempo que a nós nos não assombra, nem faz prejuizo attendivel; lhe serve a elle para defender a entrada do Rio de Arandem dos insultos, que os piratas da costa possam intentar contra as embarcações, que ali estiverem.

Ultimamente, lembrando-se V. Ex.ª de que o Bounsuló só póde fazer mal com as forças maritimas, estas he que deve V. Ex.ª prevenir que não cresçam na nossa visinhança; estipulando em equivalente da demissão das referidas praças que o tal Bounsuló não poderá nem ter pallas de guerra, nem acrescentar a força das embarcações miudas, com que ao presente se achar; nem augmentar a referida praça de Tiracol; nem fortificar a contra-costa na visinhança della; no que tambem faremos conveniencia util a esse Estado.

Deos guarde a V. Ex.ª Nossa Senhora da Ajuda, a 26 de Março de 1761.—Francisco Xavier de Mendonça Furtado.

Sr. Conde da Ega.

Resposta do Vice Rey para o Secretario de Estado Francisco Xavier de Mendonça Furtado

(Arch. da India, livro das Monções, n.º 134, fol. 326.)

Ill.mo e Ex.mo Sr.—Supposto que as disposições da carta de V. Ex.ª da data de 26 de Março proximo passado, que respeitam a negociações do Regulo Bounsuló, tenham deducção das que ponderadas se resolvem na mesma carta 1762 Janeiro 9

1762 Janeiro 9 (a que já respondi em outra [1]), comtudo para maior clareza da execução me persuadi advertir o seu contexto.

Sendo inalteravel nas minhas acções o effectivo zêlo de huma séria direcção pelas determinações de Sua Magestade, me fica igualmente huma indizivel complacencia de que fosse da satisfação do mesmo senhor o Tratado da paz do sobredito Regulo, procurando que se justifique na entrega das fortalezas, e mais dependencias com a mesma regularidade.

E porque o Tratado que de novo celebrei, cuja copia remetto inclusa [2], se não póde em tudo concordar, devo prevenir a V. Ex.ª dos motivos, para que Sua Magestade melhor informado se sirva conferir-lhe a approvação.

No referido Tratado se inseriram expressas as clausulas determinadas na sobredita carta para a obrigação real e pessoal, ainda que eu no antecedente as julgava tambem estabelecidas pela relação que fazia na ratificação dos anteriores Tratados, como he estabelecido em direito, alem de que a observancia dos Tratados entre as potencias asiaticas não he tão religiosa na delicadeza destes pontos, e só a utilidade ou receio os faz conter dentro dos limites da razão e da fé publica.

Para se pôr em pratica o mesmo Tratado foi bem precisa a particular dexteridade, que V. Ex.ª me recommenda em ordem a persuadir aos ministros do sobredito Regulo a generosa beneficencia, com que Sua Magestade o attende, e para que suppozesse o beneficio sem declaração de positiva resolução da entrega das provincias e praças, porque se fosse instruido destas circumstancias, segundo a inculta grossaria da nação, produziria menos util effeito o trabalho da concordia, o que igualmente se fez preciso dispor nos

[1] He a de 24 de Janeiro de 1762, pelo Conselho Ultramarino, com a copia do Tratado com o Bounsuló de 24 de Dezembro de 1761.— Pag. 298 deste tomo.

[2] He o dito Tratado de 24 de Dezembro de 1761, pag. 288 deste tomo.

sentimentos do povo, e corpo militar, porque em huns e outros se conserva indelevel a aversão, que lhes tem justamente conciliado as infidelidades dos Bounsulós, e o sangue derramado em tantas occasiões de guerra; todos estes incentivos procurei adormecer, e embotar com os pretextos que julguei a proposito nas maximas de huma prudente dissimulação, e nem assim lhe pude extinguir a impressão de largar o Estado sem maior conveniencia aquelles padrões da sua gloria, sobre o que não duvido haja algumas representações a Sua Magestade com arguição neste procedimento, na intelligencia de ser do meu arbitrio. 1762 Janeiro 9

Estipulei a entrega das provincias e fortalezas de Alorna e Bicholim com todas as clausulas que Sua Magestade determina, e com as que me occorreram de segurança, e adiantamento do interesse do Estado, e a introduzir nos animos dos sobreditos alguma boa fé e dependencia, em lugar dos 1:000 xerafins, ou 2 cavallos arabios do tributo annual, o acrescentei a 4:000 xerafins, com a condição e hypotheca de pagamento para o futuro, pelas faltas que antes havia praticado na satisfação do referido tributo, que rarissima vez pagou.

O Sar Dessay na vehemente presumpção de ser attendido por Sua Magestade para a recuperação dos seus dominios, me requereu com as ultimas instancias que as ditas fortalezas lhe fossem restituidas illesas, e ainda que lhe fiz responder com vivas expressões a ultima resolução de serem demolidas, fui obrigado a ceder em virtude da força das suas representações, sendo de maior ponderação as que vou referir.

Que elle Sar Dessay confessára haver instado a demolição de Bicholim nas conferencias da capitulação passada, não podendo conseguir outra condição mais favoravel, mas que fôra na hypothese de ficarem as provincias no poder do Estado pelo contrato do arrendamento; agora porém cessando este, e consolidando-se aquellas no seu dominio pela generosa liberalidade de Sua Magestade que o põem na precisa e agradecida correspondencia, se achava na indispensavel obrigação de se mostrar igualmente sincero, disputando

1762 Janeiro 9 aquelle prejuizo, e a injuria que recebia na dita demolição, e o que mais era, o ficarem por esta causa os animos fóra da plena liberdade, que elle em primeiro lugar procurava, conservando-se infallivelmente na anterior desconfiança, maiormente sendo verosimil que mais ou menos annos se haviam de reedificar as ditas fortalezas, de que se haviam de originar novas discordias, e vinha elle a entender que esta acção se encaminhava só ao prejuizo de 20:000 ou 30:000 xerafins, a que quando muito chegaria a obra, por ser evidente que ao Estado não podiam as fortalezas fazer damno algum, nem ainda quando fossem possuidas por outra nação mais poderosa, e que esta expressão se acreditava de sincera por se ter sujeitado o dito Regulo ás condições mais onerosas, que em nenhuma outra capitulação se haviam estipulado, porque dellas se convencia que só tinham por objecto a utilidade do Estado, e nenhuma contemplação ao seu prejuizo, e pela mesma razão tratava destas duas fortalezas tão sómente na confiança de ser attendido como vassallo e amigo, ao presente reconciliado, favorecido e protegido pela real clemencia de Sua Magestade, e como eu reconheci a intenção do dito senhor, a verdade das instancias, e o nenhum prejuizo que se podia seguir actualmente, nem para o futuro da conservação das fortalezas, me parêceu justo deferir a proposta, e evitar por este modo os meios de suscitar ao diante occasiões de guerra.

Em tudo o que mais contêm o sobredito Tratado procurei conservar o respeito da auctoridade, socego, e os interesses do Estado, e commercio, a que a experiencia, e a necessidade fez sujeitar ao dito Sar Dessay, como participo a V. Ex.ª para informar a Sua Magestade, e resolver o que for conveniente.

Deos guarde a V. Ex.ª Goa, 9 de Janeiro de 1762. — Rubrica do V. Rey.

Carta do Vice Rey ao Secretario de Estado Francisco Xavier de Mendonça Furtado

(Arch. da India, livro das Monções, n.º 134, fol. 469.)

Ill.mo e Ex.mo Sr. — Já tenho em cartas separadas participado a V. Ex.ª a execução da ordem de Sua Magestade a respeito da paz do Bounsuló com a copia das capitulações, e os motivos por que me pareceu acrescentar o tributo annual, não obstante a liberal e gratuita determinação da sobredita ordem; e ainda que nesta contemplação poderá fazer dissonancia ao adiantar-lhe alguma multa maior, comtudo vendo eu que o dito Bounsuló mandava particular, e voluntariamente offertar, para mim, e Secretario do Estado 30:000 xerafins, em conformidade do estylo politico de gratificação, que muitas vezes se pratica na Asia, e em outros paizes, persuadido de não ser decente a acceitação, nem tambem que a rejeição cedesse em utilidade do offerente, fiz carregar na fazenda real a dita quantia de 30:000 xerafins, o que desejarei seja do agrado de Sua Magestade, e quando se alterasse neste procedimento, sempre fica no seu real arbitrio qualquer posterior disposição. 1762 Janeiro 11

Deos guarde a V. Ex.ª Goa, 11 de Janeiro de 1762. — Rubrica do V. Rey.

Alvará prohibindo que se possam carregar e transportar escravos pretos de um e outro sexo dos portos da America, Africa e Asia para os portos de Portugal

(Supplemento á collecção dos Tratados, tom. III, parte I, pag. 101.)

Eu ElRey faço saber aos que este alvará com força de lei virem que, sendo informado dos muitos e grandes inconvenientes, que resultam do excesso e devassidão com que contra as leis e costumes de outras Côrtes polidas se transporta 1761 Setembro 19

1761 Setembro 19 annualmente da Africa, America e Asia para estes Reinos hum tão extraordinario numero de escravos pretos, que, fazendo nos meus dominios ultramarinos huma sensivel falta para a cultura das terras e das minas, só vem a este continente occupar os lugares dos moços de servir, que ficando sem commodo, se entregam á ociosidade e se precipitam nos vicios, que della são naturaes consequencias: E havendo mandado conferir os referidos inconvenientes, e outros dignos da minha real providencia, com muitos Ministros do meu Conselho e Desembargo, doutos, timoratos e zelosos do serviço de Deos e meu, e do bem commum, com cujos pareceres me conformei:

Estabeleço que do dia da publicação desta Lei nos portos da America, Africa e Asia; e depois de haverem passado seis mezes a respeito dos primeiros e segundos dos referidos portos, e hum anno a respeito dos terceiros, se não possam em alguns delles carregar, nem descarregar nestes reinos de Portugal e dos Algarves, preto ou preta alguma: Ordenando que todos os que chegarem aos sobreditos reinos, depois de haverem passado os referidos termos, contados do dia da publicação desta, fiquem pelo beneficio della libertos e forros, sem necessitarem de outra alguma carta de manumissão ou alforria, nem de outro algum despacho, alem das certidões dos administradores e officiaes das alfandegas dos lugares onde portarem, as quaes mando que se lhes passem logo com as declarações dos lugares donde houverem sahido, dos navios em que vierem, e do dia, mez e anno em que desembarcarem; vencendo os sobreditos administradores e officiaes os emolumentos das mesmas certidões quatropeados, á custa dos donos dos referidos pretos, ou das pessoas que os trouxerem na sua companhia; dilatando-se-lhes porém as mesmas certidões por mais de quarenta e oito horas continuas e successivas, contadas da em que derem entrada os navios, incorrerão os officiaes, que as dilatarem, na pena de suspensão até minha mercê: E neste caso recorrerão os que se acharem gravados aos juizes e justiças das respectivas terras, que nellas tiverem jurisdicção ordinaria, para que qualquer delles lhes passe as ditas certidões com os mesmos emolumentos, e com a declaração das duvidas, ou negligencias dos sobreditos administradores, ou officiaes das alfandegas; a fim de que, queixando-se delles as partes aos regedores, governadores das justiças das respectivas relações e jurisdicções, façam logo executar esta de plano e sem figura de juizo, e declarar da mesma sorte as penas acima ordenadas.

1761 Setembro 19

Alem dellas mando que a todas e quaesquer pessoas, de qualquer estado e condição que sejam, que venderem, comprarem, ou retiverem na sua sujeição e serviço, contra suas vontades, como escravos, os pretos ou pretas que chegarem a estes reinos, depois de serem passados os referidos termos, se imponham as penas que por direito se acham estabelecidas contra os que fazem carceres privados, e sujeitam a cativeiro os homens que são livres. Não he porém da minha real intenção, nem que a respeito dos pretos e pretas, que já se acham nestes reinos e a elles vierem dentro dos referidos termos, se innove cousa alguma, com o motivo desta Lei; nem que com o pretexto della desertem dos meus dominios ultramarinos os escravos que nelles se acham, ou acharem; antes pelo contrario ordeno que todos os pretos e pretas livres, que vierem para estes reinos viver, negociar ou servir, usando da plena liberdade que para isso lhes compete, tragam indispensavelmente guias das respectivas camaras dos lugares donde sahirem, e pelas quaes conste o seu sexo, idade e figura, de sorte que concluam a sua identidade, e manifestem que são os mesmos pretos forros e livres: e que vindo alguns sem as sobreditas guias na referida fórma, sejam presos, e alimentados e remettidos aos lugares donde houverem sahido, á custa das pessoas em cujas companhias, ou embarcações vierem, ou se acharem.

E este se cumprirá tão inteiramente como nelle se contém. Pelo que mando á meza do Desembargo do Paço, Conselhos da minha Real Fazenda e do Ultramar, Casa da Supplicação, Meza da Consciencia e Ordens, Senado da Camara, Junta do Commercio destes reinos e seus dominios, Gover-

1761 Setembro 19 nadores da Relação e Casa do Porto, e das Relações da Bahia e Rio de Janeiro, Vice Reys dos Estados da India e Brazil, Governadores e Capitães Generaes, e quaesquer outros Governadores dos mesmos Estados, e mais Ministros, Officiaes e pessoas delles e destes reinos, que cumpram e guardem, e façam inteiramente cumprir e guardar este meu Alvará, sem embargo de quaesquer outras Leis, ou Disposições que se opponham ao seu conteúdo, as quaes hei tambem por derogadas para este effeito sómente, ficando aliás sempre em vigor. E mando ao Doutor Manoel Gomes de Carvalho, do meu Conselho, e Chanceller mór destes reinos e senhorios, o faça publicar e registar na Chancellaria mór do reino. E da mesma sorte será publicada nos meus reinos e dominios, e em cada huma das comarcas delles, para que venha á noticia de todos, e se não possa allegar ignorancia.

Registando-se em todas as Relações dos meus reinos e dominios, e nas mais partes onde semelhantes Leis se costumam registar, e lançando-se este mesmo Alvará na Torre do Tombo.

Dado no Palacio de Nossa Senhora da Ajuda, a 19 de Setembro de 1761. — Rey. — Conde de Oeyras.

Tratado de paz ajustado entre o Illmo e Exmo Sr. Conde da Ega, Vice Rey e Capitão General da India, e o Grandioso Sar Dessay Quema Saunto Bounsoló, conferido pello Illustre Secretario do Estado Belchior José Vaz de Carvalho, e o honrado Rogunata Xama Ráo, Ministros deputados pelos seus respectivos poderes, em 24 de dezembro de 1761.

(Arch. da India, livro 2.º de Pazes, fol. 166.)

1761 Dezembro 24 (Sêllo das armas reaes de Portugal.)

Attendendo o Illmo e Exmo Sr. Manoel de Saldanha de Albuquerque, Conde da Ega, V. Rey, e Capitão General da India, ás supplicas e instantes promessas de arrependimento, que lhe representou o Grandioso Sar Dessay Quema Saunto Bounsuló pela pessoa do seu Enviado Rogunata Xama Ráo, foi persuadido a esquecer-se das infracções repetidas dos antigos Tratados, admittindo novamente ao Grandioso Sar Dessay na amizade do Magestoso Estado, concedendo-lhe a protecção, que experimentaram sempre os seus antepassados, debaixo das condições seguintes:

1764 Dezembro 24

1.º

Haverá huma paz solida e sincera entre o Magestoso Estado e o Grandioso Sar Dessay, abolindo totalmente quaesquer passadas discordias, e promette o Grandioso Sar Dessay em seu nome, e de todos os seus successores tratar, e viver com toda a fidelidade ao Magestoso Estado.

2.º

Pelo presente Tratado se renovam e ratificam os que foram celebrados em 7 de Abril de 1712, em 25 de Outubro de 1754, e em 26 de Julho de 1759, exceptuando a parte, em que por este forem moderadas, ou alteradas as clausulas estabelecidas nos mesmos Tratados.

3.º

Ainda que pelo artigo 2.º do referido Tratado de 1754 he permittido aos Padres missionarios, e aos christãos o exercicio livre da Religião catholica com obrigação de se lhe dar lugar para a celebração do sacrificio, e administração dos sacramentos, comtudo alem da ratificação já declarada, concede tambem o Grandioso Sar Dessay que se possa edificar igreja em sitio competente, aonde houver christandade para a decencia do culto divino.

4.º

Todos os soldados, cafres, captivos, e mais pessoas, que fugirem das terras do Magestoso Estado para as do Grandioso Sar Dessay, serão restituidas com as armas, e o mais que levarem, e se lhes promette não proceder contra elles a pena de morte, e o mesmo se praticará com os Sipaes e

1761 Dezembro 24 subditos do Grandioso Sar Dessay, e de seus successores, retirando-se para as terras do Magestoso Estado.

5.º

Tendo sido huma das causas principaes das antigas perturbações o corso, que os cabos da armada do Grandioso Sar Dessay faziam ás embarcações, que tinham communicação e commercio nesta costa, e portos da jurisdicção do Magestoso Estado, promette e se obriga o Grandioso Sar Dessay a não continuar o corso da dita sua armada ligeira, nem fabricar embarcações de maior lote sem primeiro obter licença do Magestoso Estado, nem insultar, ou entender com aquellas que vierem a sahir do porto desta cidade a fazer o dito commercio, ou por outro qualquer accidente, observando, e fazendo observar os cartazes, que pelo direito da navegação costuma dar o Magestoso Estado, e da mesma sorte promette o Grandioso Sar Dessay não passar cartazes ás embarcações do Magestoso Estado, nem ainda os que voluntariamente os pretenderem.

6.º

As embarcações do Magestoso Estado, e seus vassallos, que forem aos portos do Grandioso Sar Dessay, serão isentas de pagar cousa alguma a titulo de direitos, ou ancoragem, salvo as que forem commerciar, as quaes devem pagar só os direitos das alfandegas, de que antes havia estylo, e se estipulou pelo artigo 3.º do sobredito Tratado da paz ajustado com o Sr. V. Rey Dom Rodrigo da Costa em 1712, ficando toda a communicação e commercio franco, e desembaraçado reciprocamente entre ambas as potencias.

7.º

Para não tornar mais em duvida a controversia que respeita á possuição das vargias Macazana e Ozori, sitas na provincia de Pernem, e as de Paira, Atorlá e Sinquerim, da jurisdicção da Maem, que ficam debaixo da artilharia do forte de Corjuem, cedidas nos artigos 13.º e 14.º do Tratado da paz ajustado com o Sr. V. Rey Marquez do Louriçal, cede tambem por este o Grandioso Sar Dessay por si, e pelos seus successores de todo o direito das mesmas vargias, que ficarão no perpetuo dominio do Magestoso Estado. 1761, Dezembro 24

8.º

Ao Grandioso Sar Dessay Custam Saunto Bounsuló se obriga a dar, e pagar effectivamente o Grandioso Sar Dessay 2:000 rupias das suas pertenças, na fórma que antes havia estipulado.

9.º

O Grandioso Sar Dessay se obriga a pagar á Fazenda Real do Magestoso Estado em cada anno 4:000 xerafins, e para ser mais prompta e effectiva a execução dará fiador abonado, e morador das terras do Magestoso Estado, e á sua eleição, entrando nesta quantia o tributo annual de 2 cavallos arabios, ou 1:000 xerafins, que tem obrigação de pagar como feudo, o Grandioso Sar Dessay, e em caso de se faltar em algum anno ao referido pagamento, fará aviso o Magestoso Estado ao Grandioso Sar Dessay huma só vez para a sobredita execução, e não o praticando assim, o poderá o Magestoso Estado fazer por si, tomando posse das vargias Donossi, Indalem e Digui, da aldeia de Naroá, e Vanganim da aldeia do mesmo nome, porque desde logo para então cede o Grandioso Sar Dessay por si e por seus successores o seu direito.

10.º

Os Dessays vassallos do Magestoso Estado continuarão em cobrar todos os seus Dessayados com as tenças e pertenças que lhes competirem, a que se obriga o Grandioso Sar Dessay, e ao Dessay Custangi Zassavanta Ráo se lhe dará a porção, que ultimamente se ajustou com os interessados nas terras do Grandioso Sar Dessay, ou 1:200 rupias por anno, tiradas do Dessayado originario, deixando-lhe salvo o seu direito para requerer competentemente o que lhe assistir.

11.º

1761 Dezembro 24 O Dessayado da provincia de Bicholim, pertencente ao Dessay Suriagi Sinay Suriá Ráo, e Anapurni Dessaini, se obriga o Grandioso Sar Dessay a fazer cumprir na fórma da antiga carta do mesmo Dessayado, e da que se lhe passou em 16 do presente mez, que inteiramente será executado.

12.º

Cede o Magestoso Estado ao Grandioso Sar Dessay as provincias de Pernem, Bicholim e Sanquelim, para serem reintegradas no seu dominio livres da pensão do arrendamento que até agora pagavam, ou outra alguma, exceptuando a aldeia de Maem, da provincia de Bicholim, de que Sua Magestade Fidelissima tem feito particular mercê, e da mesma sorte lhe cede as fortalezas de Alorna e Bicholim, com as pertenças que tinham no tempo em que foram conquistadas pelo Magestoso Estado, e tudo o que se achar pertencer a este, como de artilharia, petrechos, munições e viveres, será recolhido a esta Côrte, e fazendo-se a entrega depois da formal publicação destes artigos.

13.º

Tambem se obriga e promette o Grandioso Sar Dessay a não fazer metas nas margens dos rios, nem a consentir que outrem as faça sem o beneplacito do Magestoso Estado, porque se reputará por infracção.

14.º

Permitte o Magestoso Estado ao Grandioso Sar Dessay a espera que supplica de 25:000 xerafins, de que he devedor do ultimo quartel do arrendamento das ditas tres provincias pelo tempo de hum anno, com a condição de dar fiador abonado morador desta cidade á satisfação do Magestoso Estado, que haja de fazer pontual pagamento até o fim de Novembro proximo futuro de 1762.

15.º

Sendo pela occupação, que o Magestoso Estado fez das provincias e terras do Grandioso Sar Dessay, transferida a alfandega da provincia de Pernem para a passagem de Coluale, e havendo de ser agora restituida á dita provincia, em que o Grandioso Sar Dessay cobra annualmente outros tantos direitos como se pagam na sobredita alfandega na passagem de Coluale, pela substituição, ou renovação da que antes possuia, e não sendo licito ao Magestoso Estado continuar esta imposição de direitos aos seus vassallos, e mais commerciantes, por serem obrigados a pagar primeiro aquelles que antecedentemente era estylo na alfandega geral de Bardez, se obriga o Magestoso Estado a conservar tão sómente o pagamento dos direitos na dita alfandega geral, da mesma sorte que se praticava antes da conquista da dita provincia; e o Grandioso Sar Dessay se obriga igualmente a conservar na sua terra a cobrança dos direitos da alfandega do tempo antecedente, e não os adiantar em cousa alguma, ou acrescental-os em outra parte, ficando porém livre ao rendeiro do Magestoso Estado a cobrança dos direitos da dita passagem de Coluale até o mez de Maio proximo seguinte, em que finalisa o tempo do seu arrendamento. 1761 Dezembro 24

16.º

Concorrerá o Magestoso Estado com polvora e balla pelo seu justo preço, sempre que se entender necessaria ao Grandioso Sar Dessay para a sua conservação e defensa.

17.º

Quando for preciso ao Grandioso Sar Dessay conduzir pelos Rios deste Estado alguns generos, ou effeitos para as suas fortalezas, o mandará primeiro declarar, para sem falta se lhe conceder licença para o seu transporte.

18.º

As embarcações de guerra do Magestoso Estado darão ajuda e favor a todas as que pertencer ao Grandioso Sar

1761 Dezembro 24 Dessai, tanto de guerra como mercantes, contra os inimigos do Magestoso Estado e piratas, com declaração porém que devem levar cartaz do Magestoso Estado, e da mesma sorte as do Grandioso Sar Dessay, quando se offereça occasião de auxiliar as do Magestoso Estado, e assim humas e outras, como as mercantes, poderão entrar e commerciar livremente nos portos respectivos, e remediar qualquer necessidade occorrente, comtanto porém que não seja o seu numero capaz de introduzir alguma justa desconfiança.

19.º

Sendo unico objecto do presente Tratado o estabelecimento da paz em beneficio da conservação dos povos, e devendo-se procurar os meios para se fortificar com as precisas allianças, se obriga o Grandioso Sar Dessay a conservar igualmente a paz, e mais concorde união do Magnifico Rey de Sunda, em que o Magestoso Estado interpõe a sua protecção e mediação, e concorrer quanto lhe for possivel ao augmento dos interesses do mesmo Rey.

20.º

Na fórma sobredita se ajusta a concordia e paz declarada perpetua e permanente, debaixo das condições estipuladas nestes artigos, e succedendo haver falta em algum delles, o que se não espera, a parte offendida fará aviso á outra, huma só vez, para ser promptamente satisfeita com a devida e religiosa observancia do presente Tratado, e quando assim o não execute, será licito tomar as medidas que lhe parecer para conseguir a dita satisfação; o que tudo se executará inviolavelmente, assim da parte do Magestoso Estado, como da do Grandioso Sar Dessay, que o promette, e ratifica em seu nome, e de todos os seus successores.

Do presente Tratado se darão copias do mesmo teor, assignadas e selladas, para ficar huma na Secretaria do Magestoso Estado, e remetter-se outra ao Grandioso Sar Dessay, e que pela sua reciproca observancia, e perpetuo cumprimento, se extinga totalmente a memoria das discordias, e seja radicado hum indefectivel estabelecimento da paz. 1761 Dezembro 24

Goa, 24 de Dezembro de 1761.—Belchior José Vaz de Carvalho.

A copia que ficou no Livro das Monções, n.º 134, fl. 432, diz mais:

«E para inteira observancia deste Tratado será publicado a som de caixas nos lugares publicos e costumados nesta cidade, das ilhas de Goa e das provincias de Salcete e Bardez, de que os officiaes a que tocar, passarão sua certidão, e o proprio se entregará na Secretaria do Estado. Pangim, 5 de Janeiro de 1762.—Conde da Ega.»

Foi publicado o bando acima e atrás do Ill.mo e Ex.mo Sr. Conde da Ega, Vice Rey e Capitão geral da India, nos lugares publicos e costumados desta cidade de Goa, com acção *(sic)* de caixa, e acompanhado pelo Meirinho da Côrte e pelo Meirinho Francisco Marchone, com o porteiro dos leilões Miguel de Souza, commigo Francisco Salerio, escrivão das execuções, e lendo eu dito escrivão, com voz alta do dito porteiro, para que nenhuma pessoa allegar ignorancia em tempo algum; e por ser verdade passamos este, em que se assignaram os ditos officiaes commigo dito escrivão, de que porto minha fé.

Goa, 7 de Janeiro de 1762 annos, que o escrevi e me assignei.—Francisco Salerio—José Joaquim de Abreu—Francisco Marchone—Miguel de Souza.

PLENIPOTENCIA

(Arch. da India, livro 2.º de Pazos, fol. 166.)

Manoel de Saldanha de Albuquerque, Conde da Ega, do Conselho d'Estado de Sua Magestade Fidelissima, Gentil Homem da Camara do Serenissimo Senhor Infante Dom Manoel, Commendador na Ordem de Christo, Alcaide mór de Guimarães, Vice Rey e Capitão General da India, etc. 1761 Dezembro 30

1761 Dezembro 30 Por quanto Quema Saunto Bounsuló, Sar Dessay da Praganã Curale, me representou que verdadeiramente convencido, e arrependido das repetidas infracções aos Tratados concluidos com os seus predecessores, me pedia lhe concedesse huma paz permanente, e lhe restituisse em virtude della, e do seu arrependimento, a protecção e abrigo, que sempre elle e seus predecessores, acharam neste Magestoso Estado: Hei por bem conceder-lhe, e manter-lhe a dita paz na fórma das condições do presente Tratado, e que o Doutor Secretario do Estado Belchior José Vaz de Carvalho acceitou das mãos do honrado Rogunata Xama Ráo, Enviado do mesmo Sar Dessay, e para que as condições do presente Tratado como nelle se contèem hajam o seu devido effeito, concedo ao dito Secretario do Estado Belchior José Vaz de Carvalho todos os poderes necessarios para assignar o presente Tratado com o dito Rogunata Xama Ráo, e para maior vigor do mesmo Tratado não só será assignado pelos ditos Ministros Plenipotenciarios de ambas as partes, mas tambem com os sellos do dito Grandioso Sar Dessay, porque debaixo desta condição he que auctoriso tudo o que obrar o dito Secretario do Estado Plenipotenciario deste Magestoso Estado.

Dada em Goa, sob o sêllo das armas reaes da corôa de Portugal, a 30 de Dezembro de 1761.—Lugar do sêllo.—Conde da Ega.

A fl. 168 está o original maratha.

Artigo secreto entre o Magestoso Estado e o Grandioso Sar Dessay Quema Saunto Bounsuló, celebrado pelo Illustre Secretario do Estado Belchior José Vaz de Carvalho e o honrado Sabanis Givagi Sinai pelos seus respectivos poderes em 3 de setembro de 1762.

(Arch. da India, livro 2.º de Pazes, fol. 176.)

1762 Setembro 3 Sêllo das armas reaes de Portugal.

Havendo o Illmo e Exmo Sr. Conde da Ega, Vice Rey e Capitão General da India, attendido no Tratado da paz geral celebrado em 24 de Dezembro de 1761 ás supplicas do Grandioso Sar Dessay Quema Saunto Bounsuló, repetindo este as mesmas a respeito da entrega da fortaleza de Tiracol, se obriga o Magestoso Estado, que concorrendo o Grandioso Sar Dessay effectivamente por si, e seus successores, com o soccorro das tropas ao menos até o numero de 1:500 homens para a recuperação e conquista da fortaleza de Mandangoro de Pondá pelo Magnifico Rey de Sunda, logo que este estiver na sua posse, será entregue a sobredita fortaleza de Tiracol ao Grandioso Sar Dessay, com declaração porém que será antes demolido todo o acrescentamento, que de novo mandou fazer o Magestoso Estado em quanto esteve no seu dominio, e se obriga o Grandioso Sar Dessay por si e seus successores a conservar a dita fortaleza no estado em que lhe for entregue, sem innovação alguma, a qual se haverá por quebrantamento da paz. 1762 Setembro 3

Goa, 3 de Setembro de 1762. — Belchior José Vaz de Carvalho.

PLENIPOTENCIA

(Arch. da India, livro 2.º de Pazes, fol. 84.)

Manoel de Saldanha de Albuquerque, Conde da Ega, do Conselho do Estado de Sua Magestade Fidelissima, Gentil Homem da Camara do Serenissimo Senhor Infante Dom Manoel, Commendador na Ordem de Christo, Alcaide mór de Guimarães, Vice Rey e Capitão General na India, etc. 1762 Setembro 4

Por quanto havendo attendido no Tratado da capitulação geral da paz celebrada em 24 de Dezembro de 1761 ás supplicas do Sar Dessay Quema Saunto Bounsuló; repetindo este as mesmas a respeito da entrega da fortaleza do Tiracol: Hei por bem de confirmar o presente artigo secreto celebrado em 3 do corrente mez de Setembro de 1762, que o Desembargador Secretario do Estado Belchior José Vaz de Carvalho acceitou das mãos de Givagi Sinay Sabanis, Secretario do dito Sar Dessay, e para que tenha o seu devido effeito na fórma que declara no dito artigo; concedo ao dito Secretario do Estado todos os poderes necessarios para o assignar com o dito Givagi Sinay Sabanis, e para maior vi-

1762 Setembro 4 gor do mesmo artigo, não só será assignado pelos ditos Ministros Plenipotenciarios de ambas as partes, mas tambem sellado com os sellos do dito Sar Dessay, e juramento na fórma costumada, porque debaixo desta condição he que auctoriso tudo o que obrar o dito Secretario.

Dada em Goa, aos 4 de Setembro de 1762, sob o sêllo das armas reaes da corôa de Portugal.—Lugar do sêllo.—Conde da Ega.

O original maratha do artigo secreto, fl. 180.

Carta do Vice Rey Conde da Ega a Sua Magestade pelo Conselho Ultramarino

(Arch. da India, livro 2.° de Pazes, fol. 47.)

1762 Janeiro 24 Senhor.—Com esta ponho na real presença de Vossa Magestade a copia do Tratado de paz que celebrei com o Regulo Quema Saunto Bounsuló, em virtude das determinações de Vossa Magestade, que me participou o Secretario de Estado Francisco Xavier de Mendonça Furtado por sua carta de 26 de Março do anno proximo precedente, esperando que seja da real approvação de Vossa Magestade o dito Tratado, por se seguir delle grande beneficio e socego a este Estado.

A muito alta e muito poderosa real pessoa de Vossa Magestade Fidelissima guarde Deos felicissimos annos. Goa, 24 de Janeiro de 1762.—Rubrica do Vice Rey.

Fim do Tomo VII

INDICE

DOS

DOCUMENTOS CONTIDOS N'ESTE TOMO